엄일석의
장외주식
파워투자

엄일석의
장외주식
파워투자

1판 1쇄 펴냄 2017년 3월 29일

지은이 엄일석, 김동균
펴낸이 하진석
펴낸곳 참돌
주소 서울시 마포구 독막로3길 51
전화 02-518-3919
팩스 0505-318-3919
이메일 book@charmdol.com
신고번호 제313-2011-228호
신고일자 2011년 8월 11일

ISBN 978-89-98317-90-4   03320

재테크의 블루오션을 잡아라

엄일석의
장외주식
파워투자

엄일석 · 김동균 지음

참돌

주식투자란 무엇인가?

"평범한 투자자는 장내시장에 투자하고,

똑똑한 투자자는 공모주에 투자하며,

탁월한 투자자는 공모 예정주에 투자한다."

흔히 말하는 장내 주식투자자들의 90% 이상은 주식에 대한 정확한 개념 없이 접근하는 경우가 많은 것 같다. 종일 차트를 보며 주가의 급등락을 확인하는 모습은 주변에서 심심치 않게 볼 수 있는 모습이 아닌가. 그에 따른 주식투자 기법도 많이 발달하여 데이트레이딩, 스캘퍼 기법 등의 단기적 투자 방식에 대한 노하우나 사례를 공유하는 이들도 많아졌다.

기업의 가치평가보다 유통에 관한 기술만 기형적으로 발달했다고도 볼 수 있다. 안타깝게도 이것이 전형적인 한국식 투자 문화로 자리 잡은 것이다. 하지만 주식이 왜 발행되는지를 다시 생각해볼 필요가 있다. 성장성 있는 기업에 주식을 통한 자본이 유입되면서 그 생산성을 높이고 도약할 수 있는 마중물로 쓰이는 것이다.

많은 투자자가 단기 시세차익을 노린 투기 목적으로 접근할지라도 주식은 기업의 자금 유입을 위해 발행되는 통로인 것도 사실이다. 예를 들어 회사의 실질 가치가 주당 5,000원이라면 미래 가치를 포함하여 1만 원에 거래될 수도 있고, 수요가 없을 때는 3,000원에 거래될 수도 있는 것이 주식이다. 이를 두고 기업가치가 고평가 또는 저평가되었다고 얘기하는 것이다.

그렇다면 기업의 적정한 가치가 어떻게 평가되어야 하는지 고민할 필요가 있다. 회사에 대한 투자를 예정하고 있다면 객관적이고 합리적인 기준으로 실제 기업이 가지고 있는 가치와 미래 성장 가능성까지 평가하는 것은 매우 중요한 일이다.

이처럼 실질 가치와 미래 가치를 포함하는 것이 주식인데, 대한민국은 기업의 성장과 함께하는 배당금을 목적으로 한 장기투자보다는 단기적인 시세차익을 얻기 위한 유통시장이 발달한 곳이다. 유통시장이 발달하다 보니 주가의 변동성이 크고, 자연스레 뉴스나 이슈에 의한 모멘텀 투자로 접근하는 이들이 늘어나는 것이다.

그러나 장외주식투자는 장내주식투자와는 전혀 다른 가치투자 방식으로 접근해야 하는 것이 옳다. 장외주식투자 노하우와 투자 방식 그리고 주식에 대한 개념을 지금 독자들이 보고 있는 《엄일석의 장외주식 파워투자》를 통해 나눠보고자 한다.

부디 이 책을 통해 현명한 가치투자 기준을 갖고 여러분의 자산 증식에 조금이나마 도움이 될 수 있기를 바란다. 그리고 가능하다면 유튜브 검색을 통해 아시아경제TV 〈엄일석의 파워투자〉를 1편부터 시청하길 권한다.

마지막으로 사랑하는 아내 고선희와 필립에셋 임직원들에게 감사를 전한다.

– 엄일석

목 차

01

장외주식이란
무엇인가

장외주식투자, 시작을 어떻게 해야 할지 잘 모르겠다면 무엇보다 대주주 지분율이 높고 인지도가 높은 회사, 주주의 수가 적고 지분 변동이 없는 회사, 당기순이익이 자본금 이상이 되는 회사, 즉 매출 성장성이 10% 이상 되는 회사를 선택해야 한다.

주식투자란 무엇인가?

장외주식의 매력

주식을 잘 모르는 사람일지라도 최근 모 검사장이 장외주식투자를 통해 큰 수익을 올렸다는 기사를 본 사람이라면 '장외주식'이란 단어는 한 번쯤 들어봤을 것이다. 이 장외주식이 재테크의 블루오션으로 떠오른다는 기사가 심심찮게 보이면서 관심이 높아지고 있는 상황이다. 그렇다고 무턱대고 투자하다가는 큰 위험이 따를 수 있기에 제대로 알고 신중히 접근해야 안전하고 올바른 투자처가 될 수 있다.

본론으로 들어가기 전에 2015년도 신규 상장사들의 수익률을 살펴보자.

2015년 신규 상장사 수익률

기업명	업종	공모가 (원)	시초가 (원)	상승률	최고가	상승률	현재가 (원)	상승률	최고가 도달 기간(개월)
이노션	서비스	68,000	66,600	-2%	84,700	25%	57,100	-16%	8
AJ네트웍스	서비스	34,300	30,900	−10%	51,900	51%	32,500	−5%	3
평균 수익률				−6%		38%		−11%	6

기업명	업종	공모가 (원)	시초가 (원)	상승률	최고가	상승률	현재가 (원)	상승률	최고가 도달 기간(개월)
제노포커스	바이오	11,000	22,000	100%	53,100	383%	19,450	77%	3
코아스템	바이오	16,000	32,000	100%	48,500	203%	11,650	−27%	2
펩트론	바이오	16,000	32,000	100%	83,600	423%	39,150	145%	1
강스템 바이오텍	바이오	6,000	7,200	20%	22,300	272%	10,800	80%	3
씨트리	바이오	6,500	9,250	42%	16,500	154%	5,190	−20%	5
평균 수익률				72%		287%		51%	3

기업명	업종	공모가 (원)	시초가 (원)	상승률	최고가	상승률	현재가 (원)	상승률	최고가 도달 기간(개월)
픽셀플러스	반도체	30,000	27,000	−10%	38,000	27%	15,650	−48%	3
세미콘라이트	반도체	11,300	11,500	2%	19,350	71%	8,580	−24%	1
동운아나텍	반도체	10,000	12,500	25%	15,700	57%	11,250	13%	2
타이거일렉	반도체	6,000	5,720	−5%	9,650	61%	5,730	−5%	1
제너셈 (권리락)	반도체	10,500	11,000	5%	15,100	44%	5,440	−48%	2
덱스터	반도체	14,000	24,800	77%	34,850	149%	9,460	−32%	2
코디엠	반도체	4,700	7,490	59%	21,750	363%	2,105	−55%	2
평균 수익률				22%		110%		−29%	2

기업명	업종	공모가 (원)	시초가 (원)	상승률	최고가	상승률	현재가 (원)	상승률	최고가 도달 기간(개월)
경보제약	제약	15,000	30,000	100%	38,500	157%	13,950	−7%	1
케어젠	제약	111,000	101,500	−9%	131,900	19%	82,100	−26%	3
뉴트리 바이오텍	제약	21,000	23,000	10%	74,000	252%	61,500	193%	3
휴젤	제약	150,000	199,500	33%	347,000	131%	321,100	114%	5
평균 수익률				33%		140%		68%	3

기업명	업종	공모가 (원)	시초가 (원)	상승률	최고가	상승률	현재가 (원)	상승률	최고가 도달 기간(개월)
세화아이엠씨	기계	16,300	18,100	11%	18,500	13%	6,330	−61%	1
유지인트 (권리락)	기계	15,000	29,150	94%	29,150	94%	495	−97%	1
싸이맥스	기계	16,300	15,200	−7%	16,400	1%	17,750	9%	1
에스엔텍	기계	6,500	10,000	54%	18,400	183%	10,350	59%	8
LIG넥스원	기계	76,000	68,400	−10%	130,500	72%	80,500	6%	5
엔에스	기계	8,000	12,950	62%	26,500	231%	10,250	28%	1
평균 수익률				34%		99%		−9%	3

기업명	업종	공모가 (원)	시초가 (원)	상승률	최고가	상승률	현재가 (원)	상승률	최고가 도달 기간(개월)
인포마크	통신 장비	14,000	25,000	79%	27,100	94%	16,700	19%	1
에치디프로	통신 장비	8,900	9,580	8%	10,300	16%	6,650	−25%	1
평균 수익률				43%		55%		−3%	1

기업명	업종	공모가 (원)	시초가 (원)	상승률	최고가	상승률	현재가 (원)	상승률	최고가 도달 기간(개월)
유테크 (권리락)	IT	9,000	12,550	39%	17,500	94%	8,840	−2%	2
로지시스	IT	2,500	4,180	67%	10,800	332%	5,490	120%	3
파인텍	IT부품	10,500	10,200	−3%	26,900	156%	9,120	−13%	1
나무가	IT부품	37,000	33,400	−10%	86,400	134%	58,400	58%	4
육일씨엔에쓰	IT부품	6,000	6,560	9%	9,600	60%	8,500	42%	3
평균 수익률				21%		155%		41%	3

기업명	업종	공모가 (원)	시초가 (원)	상승률	최고가	상승률	현재가 (원)	상승률	최고가 도달 기간(개월)
금호에이치티	자동차 부품	10,000	9,500	−5%	12,200	22%	6,340	−37%	4
네오오토	자동차 부품	12,000	11,800	−2%	12,500	4%	6,980	−42%	3
아진산업	자동차 부품	6,500	7,620	17%	9,300	43%	9,410	45%	5
코리아오토 글라스	자동차 부품	11,000	11,600	5%	19,500	77%	16,000	45%	2
평균 수익률				4%		37%		3%	4

기업명	업종	공모가 (원)	시초가 (원)	상승률	최고가	상승률	현재가 (원)	상승률	최고가 도달 기간(개월)
아시아경제	디지털 컨텐츠	3,600	3,240	-10%	5,470	52%	4,120	14%	2
에이티젠	디지털 컨텐츠	17,000	34,000	100%	48,900	188%	35,600	109%	4
평균 수익률				45%		120%		62%	3

기업명	업종	공모가 (원)	시초가 (원)	상승률	최고가	상승률	현재가 (원)	상승률	최고가 도달 기간(개월)
포시에스	소프트 웨어	9,000	15,500	72%	16,850	87%	7,360	−18%	1
민앤지	소프트 웨어	28,000	56,000	100%	67,700	142%	30,000	7%	1
미래 테크놀로지	소프트 웨어	16,100	14,900	−7%	15,900	−1%	9,160	−43%	1
이에스브이	소프트 웨어	10,000	18,500	85	21,150	112%	10,550	6%	2
평균 수익률				62%		85%		−12%	1

기업명	업종	공모가 (원)	시초가 (원)	상승률	최고가	상승률	현재가 (원)	상승률	최고가 도달 기간(개월)
토니모리	화학	32,000	64,000	100%	81,900	156%	22,750	−29%	1
웹스	화학	7,200	7,680	7%	12,500	74%	8,070	12%	1
케이디켐	화학	16,000	14,850	−7%	17,000	6%	18,300	14%	3
평균 수익률				33%		79%		−1%	2

기업명	업종	공모가 (원)	시초가 (원)	상승률	최고가	상승률	현재가 (원)	상승률	최고가 도달 기간(개월)
흥국에프앤비	음식료, 담배	20,000	40,000	100%	71,300	257%	13,750	−31%	1
연우	음식료, 담배	25,200	40,000	59%	71,300	183%	38,550	53%	1
한국맥널티	음식료, 담배	8,000	16,000	100%	30,850	286%	13,850	73%	2
평균 수익률				62%		85%		−12%	1

기업명	업종	공모가 (원)	시초가 (원)	상승률	최고가	상승률	현재가 (원)	상승률	최고가 도달 기간(개월)
유앤아이	의료, 정밀 기기	30,000	28,650	-5%	30,250	1%	14,550	-52%	4
파크시스템스	의료, 정밀 기기	9,000	11,000	22%	13,750	53%	17,800	98%	5
멕아이씨에스	의료, 정밀 기기	4,500	8,000	78%	12,700	182%	5,990	33%	2
평균 수익률				32%		79%		26%	4

기업명	업종	공모가 (원)	시초가 (원)	상승률	최고가	상승률	현재가 (원)	상승률	최고가 도달 기간(개월)
아이쓰리시스템	일반전기전자	36,000	63,000	75%	81,900	128%	41,650	16%	1
세진중공업	조선	3,500	3,495	0%	4,550	30%	3,125	-11%	6
동일제강	철강금속	3,000	3,870	29%	3,970	32%	3,765	26%	1
제주항공	항공운수	30,000	49,500	65%	51,500	72%	25,100	-16%	1
잇츠스킨	화장품	170,000	172,000	1%	189,000	11%	43,000	-75%	2
엔에스쇼핑	TV 홈쇼핑	235,000	211,500	-10%	269,000	14%	153,500	-35%	3
아이콘트롤스	건설	32,000	31,650	-1%	41,950	31%	30,050	-6%	3
보광산업	건축자재	4,000	6,110	53%	22,000	450%	16,100	303%	12
더블유게임즈	게임	65,000	65,100	0%	71,600	10%	39,850	-39%	1
메가엠디	교육서비스	3,000	5,020	67%	5,190	73%	4,420	47%	1

				상승률	최고가	상승률	현재가(원)	상승률	최고가 도달기간(개월)
에스와이패널	금속	5,000	4,700	-6%	16,200	224%	30,400	508%	3
파마리서치프로덕트	도매	55,000	110,000	100%	131,800	140%	40,400	−27%	1
미래에셋생명	보험	7,500	7,400	-1%	7,600	1%	5,150	−31%	1
SK디앤디	부동산 임대	26,000	52,000	100%	98,500	279%	44,150	70%	3
하이즈항공	우주 항공	18,000	16,200	-10%	18,250	1%	8,190	−55%	1

2015년 신규 상장사				상승률	최고가	상승률	현재가(원)	상승률	최고가 도달기간(개월)
전체 수익률				34%		108%		32%	2

2015년도 신규 상장사들을 살펴보면 바이오, 제약, 소프트웨어, 음식료 업종들의 수익률이 좋았고, 전반적으로 시장 상황이 좋았기 때문에 신규 상장사들의 수익률도 좋은 편이었다.

20년 전만 해도 장외시장은 상장만 하면 대박을 내는 시장이었지만, 최근 상장하는 종목이 평균 100여 개를 넘어가고 있어 이전만큼의 수익은 내지 못하는 것이 사실이다. 2015년만 해도 평균 상승률이 공모가 대비 34%, 최고 상승률 108%, 상장 후 최고가 도달기간이 2개월이었다. 2016년의 평균 상승률은 22%, 최고 상승률 100%, 상장 후 최고가 도달기간은 평균 1.5개월이었다. 그래도 최근 저금리 시대에 이만한 수익을 내는 투자상품을 찾기란 하늘의 별 따기 아닌가.

여전히 장외주식은 매력 있는 투자처이고, 자금을 필요로 하는 기업에 자금을 공급하는 통로로서 순기능 역할을 하는 하나의 통로라고 생각하고 접근한다면 좋을 것이다. 기업의 성장과 함께 투자수익을 올리는 구조이므로 장외주식을 시작하려는 투자자에게 이 책이 유용한 투자지침서로 활용되길 바라며, 이를 위해 먼저 장외주식이 무엇인지에 대해 알아보자.

장외주식은 흔히 비상장주식이라고 하며, 상장주식은 장내주식, 즉 증권거래소에 등록되어 증권시장에서 매매가 이뤄지는 주식을 말한다. 반면 비상장주식은 증권거래소에 등록되지 않은 주식으로 장외시장에서 거래되는 주식을 말한다.

장외주식은 법인과 개인 또는 개인과 개인 간의 합의를 통해 가격을 결정할 수도 있고, 정부가 운영하는 코넥스, K-OTC, K-OTC BB, KSM(한국거래소 스타트업 마켓), 크라우드펀딩 등 비상장주식 유통시장을 통해 매매거래를 할 수 있다. 프로야구를 예로 들어 설명한다면 흔히 상장주식을 프로구단 입단으로, 장외주식을 아마추어 고교야구라고 생각한다면 이해가 빠를 것이다. 프로구단 입단이 고교 아마추어 야구 선수들의 꿈인 것처럼 장외주식 역시 상장을 목표로 기업을 성장시키고 있고, 하나의 목표인 셈이다.

또 개인 간 가격 협의를 통해 거래가 가능하다는 것이 장외주식의 가장 큰 특징이라고 할 수 있다. 장외시장 종목은 대부분 자본금이 적은 기업, 즉 매출이나 이익이 충분하지 못한 중소기업이지만 유망 벤처기업을 비롯해 대기업의 자회사 등 매출 규모가 큰 기업들도 있다. 기업이 최초 설립되고 등록되기 시작할 때부터 대부분의 기업은 상장 요건을 갖추기 전까지는 비상장주식(비상장법인)으로부터 시작하는 것이라고 이해하면 될 것이다.

우리가 흔히 알고 있는 모든 상장기업들은 기업공개(IPO) 과정을 통해 상장을 하기 전까지는 모두 비상장기업이었다고 할 수 있다. 현재 상장되어 매출이나 시가총액이 큰 회사들 중 셀트리온, 삼성생명, 삼성바이오로직스, 두산밥캣 등의 기업들 역시 상장하기 전에는 장외시장에서 비상장주식 거래 방식으로 거래가

된 것이다.

장외시장의 역사

그러면 장외시장은 언제부터 운영되어 왔을까. 장외시장의 역사에 대해 알아보자. 오늘날 선진 각국에서는 장외시장을 제도화함으로써 거래소시장에 준하는 조직적인 대형 시장으로 발전되고 있다. 제도화된 장외시장의 예로는 미국의 나스닥(NASDAQ) 시장, 일본의 주식점두시장, 중국의 전국 단위 장외시장인 신삼판시장, 지역 단위 장외시장인 지분거래소, 지분위탁거래소가 있으며, 한국에서는 1987년 4월부터 주식 장외시장을 개설·운영하고 있다. 1999년 들어코스닥 시장의 지수 상승과 2000년 벤처 열풍 등으로 공급에 대한 수요가 형성되어 장외시장은 중요한 주식시장으로 자리 잡을 수 있었다. 또 장외시장을활성화시키는 가장 큰 목적 중 하나는 기업의 주식 발행 등을 통해 원활한 자금이 유입되도록 하려는 이유가 있으므로 정부에서도 기존 코넥스, K-OTC, K-OTCBB 시장 외에도 2016년 장외시장 활성화를 위해 스타트업 비상장주식이 거래될 수 있는 KSM(한국거래소 스타트업 마켓), 크라우드펀딩을 신설하여비상장주식 활성화를 위해 많은 노력을 기울이고 있는 현실이다.

20년 전만 하더라도 장외거래를 중개하는 곳이 10여 군데에 불과했지만 주가지수가 상승하고 신규 상장하는 기업의 수가 증가하면서 현재는 거래업체만 해도 150여 군데 이상을 상회하고 있다. 온라인상에서 개인 간의 주가 정보를 교환할 수 있는 장외주식 거래 사이트가 생겨난 이후 그 수가 꾸준히 증가해 비상장주식 정보 사이트도 다수 활성화되어 있다. 여기에 참여와 개방이라는 특수성으로 인해 개인이 직접투자와 매매를 중개하고 정보를 공유할 수 있는 블로그와 카페 등도 많아졌고 최근에는 법인으로 설립되어 벤처투자사, 기관 등과함께 개인과 개인 간 거래가 아닌 법인과 개인 간의 거래를 중개하는 회사도 설립되었다. 개별적으로 시장에 참여하는 업체와 개인들까지 헤아린다면 안정적으로 성장 중이라고 봐도 될 것이다.

장외주식은 장내주식과 거래 방법에서부터 큰 차이를 보이는데, 이외에도 장내주식과 장외주식의 차이점이 많다. 장외주식시장은 장내주식시장과는 달리 쉽게 개인과 개인 간의 가격과 수량 등의 협의를 거쳐 거래하는 것이므로 거래 방법이 장내시장보다는 어렵다고 볼 수 있을 것이다.

또 비상장기업의 정보 노출이 적은 편이어서 일반 투자자들이 비상장기업의 정보를 얻기가 쉽지는 않은 편이다. 좀 더 구체적으로 말하면 투자할 비상장기업을 선택하고 재무제표를 확인하고 기업을 탐방하는 등의 남다른 노력이 필요한 시장이라고 말할 수 있다.

또 장외시장은 장내시장과는 다르게 가격의 제한폭이 없다. 이처럼 장외시장은 기준가라는 것이 없는 게 장내시장과 가장 크게 다른 점이다. 장외시장의 주가는 거래비용 및 환금성의 제약 등으로 인해 장내시장 주가 대비 60~80%대에 형성되며 장내시장의 지수 움직임을 후행하는 특성을 지니고 있다.

또한 장외시장은 일정한 매매 장소나 결제 방법, 매매 절차 등에 대한 규정이 없다. 장내시장은 보통 오전 9시부터 오후 3시 30분까지 거래시간이 한정되어 있지만 장외시장에서는 때와 장소를 가리지 않고 매매할 수 있다는 것도 장내시장과 다른 점이다. 장내시장은 오전 9시에서 오후 3시 30분까지만 정규시장 거래가 가능하고, 또 그 전후에 시간외 거래를 할 수 있긴 하지만 그날의 종가 기준으로만 매매가 가능하기 때문에 거래가 쉽지는 않다. 다음 날 시세가 오를 것이라는 기대감에 의한 매매라는 의미다.

반면 장외시장은 장내시장보다는 거래 방법이 어렵기는 하나 웹사이트와 중개업체를 이용하여 거래하는 것은 물론, 거래 당사자들이 서로 연락하여 언제든지 사고팔 수 있다는 장점이 있다.

요즘에 거래가 되는 방법으로는 에스크로 같은 제3자 중계 상거래 시스템에 의한 계좌이체 방식을 이용하여 거래하는 경우가 많은 편이다. 개인과 개인 간의 거래라 중고장터를 이용할 때 흔히 겪는 사기 등에 대한 위험을 회피할 목적이 큰 것 같다. 이 방식은 직접 당사자가 만나서 거래하는 것보다 시간은 단축되지만 개인 간 거래라도 증권사에 직접 방문하여 주식 계좌이체를 해야 하기에 증권사 업무 이외의 시간에는 계좌이체 방식으로 거래할 수 없다는 단점이 있다.

장외주식의 특성을 더 깊게 살펴본다면, 언제든지 사고팔 수 있는 것, 개인 간 거래가 가능하다는 것 이외에 또 장점으로는 남들이 알아보지 못하는 성장성이 좋은 우량한 주식을 초기에 발굴할 수 있다는 점, 장외주식의 주가는 거래하는 사람이 결정한다는 등의 장점이 있다. 장내시장의 호가가 정해진 정찰 가격제라면 장외시장은 가격 흥정에 의한 매매와 비슷해지는 것이다. 결국 가격 결정권은 거래 당사자의 협의를 통해 정할 수 있다는 의미다.

또한 장외시장은 종합주가지수나 국내외의 어떤 이슈에 움직이는 시장이 아니다. 개인과 개인 간의 협의에 의해 거래되는 시장인 만큼 거래가 쉽지 않기 때문에 주가의 흔들림이 적고 가치투자 상품으로 활용하기에 좋은 재테크 수단이다.

또, 장외주식은 거래 시 증권사 등이 받아 가는 중개 수수료가 없다고 할 수 있다. 장내거래 시에는 증권사별로 약간씩 차이가 있긴 하지만 거래에 따른 수수료가 있다. 몇 번 거래하다 보면 수수료가 수익률을 상회하는 경우도 종종 발생하기에 너무 잦은 거래는 자칫 큰 위험을 초래할 수도 있지만 장외거래 시에는 원칙적으로 수수료가 없다.

단, 증권사 계좌이체 시에는 거래금액과 상관없이 2,000원의 주식 이체 수수료가 발생하기도 한다. 1,000만 원의 거래든, 1억 원의 거래든 상관없이 현재는 총 수수료 2,000원이라는 의미다.

장외주식은 탄력 폭이 매우 크고 성장 가능성이 있는 종목을 조기에 발굴하여 투자할 수 있다는 장점이 있다. 장외시장에서는 미래 성장가치가 높은 종목을 잘 선별하여 투자한다면 고수익을 거둘 수 있다. 많은 사람들이 알아보지 못한 좋은 종목을 미리 선점한다면 향후 기업의 가치가 올라가고 상장 시점이 다가올수록 투자자들이 보유한 주식의 가치 역시 상승하기 때문이다.

또 장외시장은 종합주가지수나 국내외의 어떤 돌발 변수라든가 이슈 모멘텀 등에 움직이는 시장이 아니다. 하지만 장외시장은 제도적 장치가 매우 미비해서 매매 방법도 직접 거래(상대매매)를 해야 안전할 수 있다. 일면식도 없는 사람들이 인터넷 등으로 정보를 얻고 전화상으로 가격을 결정해 믿고 거래하는 방식(신용거래)을 주로 취하므로 거래소나 코스닥 시장에 비해 위험요소가 뒤따르기 때문이다.

따라서 투자를 할 때는 매사를 꼼꼼히 살피고 매매거래 시 상대방의 신분, 주소, 전화번호 등을 확실하게 확인하는 것이 좋다. 거래가 이뤄졌다면 필히 매매계약서를 작성하여 매수·매도가를 기입해야 양도소득세 납부 등의 세금 관련 문제가 발생했을 때 소명 자료로 활용이 가능하기 때문이다.

그리고 정부에서 직접 운영하는 코넥스 시장을 이용하는 방법도 안전하다고 할 수 있다. 코넥스(KONEX: Korea New Exchange)는 자본시장을 통한 초기 중소기업 지원을 강화하여 창조경제 생태계 기반을 조성하기 위해 개설된 중소기업 전용 신시장이다. 코스닥 시장 상장 요건을 충족시키지 못하는 벤처기업과 중소기업이 상장할 수 있도록 2013년 7월 1일부터 개장한 중소기업 전용 주식시장이다.

코넥스 진입 요건으로는 자기자본 5억 원, 매출액 10억 원, 순이익 3억 원 가운데 한 가지만 충족하면 되며, 코넥스 상장기업은 64개 항목에 대한 공시를 하고 있는 코스닥 상장사들과는 달리 29개 항목에 대해서만 공시하면 된다.

특히 코넥스 시장에는 지정자문인이 된 증권사가 중소기업을 발굴해 코넥스에 상장시키고 관리하는 역할까지 담당하게 되는 지정자문인 제도가 신설되었으며 지정자문인은 상장 예비기업에 대한 적격성 심사, 전문투자자 대상 주식판매 주선 등을 관할하고 상장 이후에는 공시·신고 대리 업무, 유동성 공급자 호가 제출 의무 등을 갖게 된다. 아울러 코넥스의 시장참가자는 전문투자자를 대상으로 하는데, 자본시장법상 전문투자자로 분류되는 연기금·금융회사 등과 함께 벤처캐피털이 참여 가능하며, 개인투자자의 경우 예탁금 3억 원 이상의 개인만 참여 가능하다.

안전하게 거래하기 위해 주식 중개업체의 소개를 통해 거래하는 방법도 있다. 이런 경우는 일단 주식 중개업체에 회원으로 가입한 상태에서 중개를 통해 거래를 하는 것으로 신뢰성 면이나 안전성 면에서 기존 방법보다 월등하다고 할 수 있다.

무엇보다 전문 중개업체를 이용할 때의 장점이라면 개인이 접근하기 어려운 정보라든가, 성장성 및 재무현황 등을 좀 더 전문적인 관점에서 객관성 있게 분석해주기 때문에 개인투자자 혼자 하기보다는 훨씬 안정적인 투자를 할 수 있다. 특히 장외시장 거래 주식이 실물로 발행되어 증권예탁원에 예탁된 통일주권일 경우 매도자와 매수자가 증권계좌, 은행계좌를 통해 주식과 자금을 서로 이체할 수 있다.

아울러 장외시장에서도 섣부른 묻지마식 투자는 금물이다. 기업공개를 통한 투명성 확보가 안 되어 있는 비상장주식이기 때문에 정보가 아무래도 부족하다. 꼼꼼한 기업 분석을 통해 회사의 성장 가능성, 실적 등 우량성을 판단한 뒤에 투자하는 것이 리스크를 줄이는 방법이다. 재무제표의 대차대조표, 손익계산서를 통해 면밀히 살펴보는 것이 어느 때보다 중요하다. 이런 점 때문에 장외주식을 처음 접하거나 경험이 적은 투자자라면 필히 장외주식 전문 중개업체나 회계법인 등에 의뢰 후 종목을 선택하길 권한다.

어떤 기업에 투자해야 할까?

그렇다면 기업을 선별할 때는 어떤 점을 구체적으로 살펴봐야 할까? 장외에서는 제도적 장치가 거의 없는 편이다. 장외시장 오픈 당시 과열 양상을 보일 때에는 하루 만에 수십 배가 오른 적도 있었다. 사실 장래성 측면에서 전망이 밝은 기업들이 모여 있는 곳이고 아직까지 기업의 내재가치가 충분히 반영되지 않은 것도 이런 고수익을 창출하는 데 일조하는지도 모른다.

그러나 모든 투자에는 어느 정도의 리스크가 존재한다는 사실을 기억해야 한다. 주식투자 자체가 원금을 보장하지 않고, 환금성이 떨어지며, 상장 시기를 정확히 예측하기 어렵다는 점을 반드시 명심해야 할 것이다. 장외주식은 그 기업의 특성과 가치에 따라 가격이 매겨지고 있고, 이왕이면 미래 성장성이 높고 안정적인 투자수익률이 예상되는 공모 예정주를 선별하는 것이 중요하다. 여기서 공모 예정주라 함은 아직 상장되지는 않았지만 1~2년 뒤 상장 계획이 있는 회사의 주식을 말한다.

많은 사람들이 장외주식은 블루오션이라는 기사도 접했지만, 존폐의 기로에 있다는 기사도 접한 적이 있으며 괜히 투자했다가 부도가 나서 보유한 종목의 주식 가치가 휴지가 되지는 않을까 하는 걱정을 하기도 한다. 정부에서 안정적인 비상장주식투자를 유도하기 위해 지금의 제3시장이 2000년 3월 27일 코스닥 증권시장 내에서 K-OTC BB팀으로 정식 출범시켰다. 제3시장 개설 전까지 비상장주식은 명동의 사채시장이나 인터넷, PC통신 등을 통해 매매가 이루어지고 있었다. 그러나 비상장주식의 거래는 회사 내용을 자세히 알 수 없기 때문에 매매 당사자들의 판단에 의하거나 증시 주변에 떠도는 루머에 의해 거래가 되었다. 특히 코스닥 시장이나 거래소 시장에 등록된다는 루머를 통해 주가를 올려 매매하는 경우가 많이 발생했고 그에 따른 피해도 발생하게 되었다.

또 최근 L 모 씨의 원금보장, 확정수익 등의 유사수신 행위로 장외주식을 팔았던 사실이 밝혀지며 대한민국을 떠들썩하게 만들기도 했다. 이러한 부작용을 줄이고 비상장업체들의 자금을 원활히 마련하기 위해 만들어진 시장이라고 보면 된다. 제3의 주식시장에서 거래할 수 있는 주식은 비등록, 비상장기업 중에서 다음의 요건을 충족한 기업들이다.

외부감사인인 회계법인의 감사의견이 적정의견 또는 한정의견 이상인 기업, 예탁원에 주식예탁이 가능한 기업, 명의개서 대행 계약을 체결한 기업, 사모의 경우 1년이 지난 기업 이상의 요건을 갖춘 기업은 증권업협회에 지정을 신청하면, 증권업협회가 심사한 후 승인을 하게 된다. 등록 승인을 받은 거래대상 기업은 정기공시나 수시공시 등을 통해 기업현황을 투자자에게 알려야 하며, 이 같은 공시의무를 이행하지 않거나 1년간 주식의 매매가 이루어지지 않은 경우 지정이 취소된다.

제3시장은 증권거래소나 코스닥 시장과 달리 일일 가격제한폭이 없었으나 2002년 9월 30일부터 상하 50%의 가격제한폭이 도입되었다. 좀 더 안정적인 장외주식투자를 원한다면 정부 기관이 검증한 기업이나 장외주식 전문 중개업체 등을 통해 투명하고 정확한 정보를 습득한 후 투자하길 권한다.

장외시장은 미래 성장 잠재력을 지닌 유망기업 및 성장기업에 대한 자금 공급원으로, 그리고 개인투자자에게는 가치투자의 기회를, 주식 보유자에게는 유동성을 공급해줌으로써 주식시장의 하부구조를 형성하고 있다. 따라서 이와 같은 존재 가치를 지니고 있는 한 장외시장의 규모는 더욱 커질 수 있으며 시장에 대한 이해와 성장, 기업에 대한 연구 및 기업가치에 대한 분석과 판단을 통한 투자만이 큰 수익률로 되돌아온다는 점을 명심해야 한다.

장외주식투자, 시작을 어떻게 해야 할지 잘 모르겠다면 무엇보다 대주주 지분율이 높고 인지도가 높은 회사, 주주의 수가 적고 지분 변동이 없는 회사, 당기순이익이 자본금 이상이 되는 회사, 즉 매출 성장성이 10% 이상 되는 회사를 선택해야 한다. 주관 증권사 선정 또는 IPO, 즉 기업공개 일정 확인이 가능하고 투자조합이나 창투사가 포함된 회사, 해외 수출비율이 큰 회사 최고의 기술력 특허 관련 비중이 높고 초일류기업의 파트너 사 바이오기업은 특허 관련 사항과 시장점유율 그리고 후원사 등을 확인하는 것, 이 점을 우선시해야 한다.

02

장외주식 투자에 실패하지 않는 방법

신원이 확실하고 믿을 만한 사람이나 회사와 거래하는 것이 중요하다. 그런데 보통 얼굴을 마주하고 거래하는 경우보다는 전화를 통해 상대를 확인하는 경우가 많은데 그럴 때는 반드시 주소, 연락처, 주민등록번호, 증권계좌 번호 등 확인할 수 있는 모든 신상 관련 자료를 확보해두는 것이 유일한 방법이라고 볼 수 있다.

장외주식 투자 방법

장외주식, 리스크는 무엇일까?

장외주식의 장점은 충분히 살펴봤지만, 그만큼 리스크가 있다는 단점도 명심하길 바란다. 누구나 알고 있는 투자처에 투자하면서 수익이 나기를 바라는 것은 이미 포화 상태인 시장에서 치킨집을 차려놓고 수익을 얻길 바라는 것과 다를 바 없다. 많은 사람이 아닌 소수의 사람이 시도하는 투자수단에 투자해야 좀 더 나은 수익을 기대할 수 있다.

또 비상장기업의 주식을 저가에 매수하는 것도 중요하다. 애초에 기업은 상장을 목표로 만들어졌기 때문에 비상장주식은 상장이라는 골을 위한 투자라 할 수 있다. 누구나 알고 있는 정보는 이미 정보의 가치를 상실한 것임을 명심하고 투자에 임해야 할 것이다.

투자할 비상장기업 수는 2016년 1월 6일 한국거래소 발표에 따르면 2015년 말 기준 코스피, 코스닥, 코넥스 시장 등 3곳에 상장된 기업이 2,030개로 집계되었다. 2016년만 해도 1월 1일부터 12월 31일까지 약 137개의 기업이 신규 상장되었고, 예비심사청구가 들어간 기업은 145개다. 이와 같은 내용을 쉽게 확인할 수 있는 방법으로는 KIND(대한민국 대표 공시채널)에 들어가서 IPO 현황에 들어간 후 신규 상장기업과 예비심사기업을 통해 실시간으로 확인할 수 있다.

그리고 비상장기업을 살펴보면 금융감독원과 중소기업청에 등록된 상장 요건을 갖춘 비상장기업은 약 2만여 개 이상으로 파악된다. 그중 매년 상장의 관문을 통과하는 기업은 2014년에 113개, 2015년에 177개인데, 2016년도 상장기업 수는 1,200개사를 돌파했으며, 신규 상장 기업수도 137개로 2002년, 2015년 다음으로 높은 실적을 나타냈다.

2016년만 해도 신규 상장 기업수 감소에도 불구하고, 상장기업 규모의 증가로 인해 자금조달액은 약 2조 2,000억 원으로 전년 대비 3.2% 증가했다. 2014년 이후 매년 평균 100여 개 이상의 기업이 상장을 추진 중이다. 상장 준비가 완료되고 1년 내지는 3년 이내에 상장을 진행할 만한 기업에 투자하는 것은 크게 리스크가 없으며, 상장 발표 전 저가에 매수해서 수익을 내는 구조로 인식하면 큰 무리가 없겠다. 하지만 단순히 시세차익만을 노리고 접근하기보다는 기업의 성장과 함께 자연스레 투자수익이 발생한다는 생각으로 기업을 분석하고 접근한다면 가치투자가 워런 버핏이 자주 강조하는 가치투자 방식에 가장 근접한 투자가 아닌가 생각된다.

상장을 준비하는 기업을 찾는 게 급선무

그러면 일단 상장을 준비하는 기업을 찾는 게 급선무라고 할 수 있다. 비상장기업이 상장을 준비하는지, 언제 상장할 것인지는 간단하게 알아볼 수 있다. 첫 번째로, 상장을 준비하는 기업은 최소한 3년간의 회계감사 결과를 제출해야 한다. 상장이라는 것은 일반인에게 투자의 개방을 의미하므로 투자자를 보호하기 위해 안전성과 건전성, 성장성을 평가받기 위해 외부 회계법인의 감사를 통한 3년간의 감사 결과 보고서를 제출해야 하므로 이를 제출하거나 실시한 기업은 상장을 준비하는 것으로 판단하면 된다.

두 번째는 주관 증권사의 선정 여부다. 상장하기 위해서는 최소 6개월 이전에 특정 증권사와 상장 준비 작업을 한다. 일명 '공개지도계약'이라는 것으로 예비심사청구 최소 6개월 전에 진행돼야 한다. 대부분의 증권사는 계약과 동시에 해당 기업에 팀을 구성해서 상장 관련 업무를 지도하고 준비하므로 일반적인 기업은 1~2년 이내에 상장을 추진한다.

상장을 준비하는 기업을 찾았다면 이제 투자를 할 차례이다. 높은 수익을 낼 수 있다는 건 다시 말하면 리스크가 높다는 말이기도 하다. 장외투자가 가지는 비제도적이라는 장점 덕분에 많은 투자자의 관심이 몰리는 반면 비제도적이기 때문에 가지는 단점 또한 많다. 개인이 직접투자하는 것이기 때문에 막대한 투자 손실을 봐도 보호를 받을 길이 거의 없다고 볼 수 있다. 따라서 모든 투자의 책임이 본인에게 있음을 명심해야 한다.

장외시장 거래 시 주의할 점

하지만 이런 단점을 분명히 알고 대처하며 종목 선정에 충분한 시간을 투자하고 정확하고 객관적인 정보로 접근한다면 좀 더 안정적인 수익을 낼 수 있다. 비제도적이라는 특징이 투자자 보호에 취약하다고 말할 수 있기 때문에, 이를 대비하여 장외시장 거래 시 주의할 점을 몇 가지 살펴보자.

먼저 거래 상대에 대한 주의가 필요하고, 위조된 주식은 아닌지 따져보아야 한다. 장외주식의 평균 매매가를 확인해야 하고, 매수할 때 쉽게 팔 수 있는지를 따져봐야 하며, 매매가격이 기업의 실질 가치에 근접한 가격인지, 다시 말해 고평가된 가격은 아닌지 확인하며 투자해야 한다.

다시 한 번 말하면, 가장 좋은 방법은 신원이 확실하고 믿을 만한 사람이나 회사와 거래하는 것이 중요하다. 그런데 보통 얼굴을 마주하고 거래하는 경우

보다는 전화를 통해 상대를 확인하는 경우가 많은데 그럴 때는 반드시 주소, 연락처, 주민등록번호, 증권계좌번호 등 확인할 수 있는 모든 신상 관련 자료를 확보해두는 것이 유일한 방법이라고 볼 수 있다.

그래도 신뢰하기 어렵다 싶으면 장외 중개업체나 사모펀드 등을 통해 좀 더 면밀하게 회사 정보를 확인한 후 투자하는 방법이 있다. 일반 개인이 접근하고 알기 어려운 회사 정보라든가 재무제표, 기업탐방 등을 대신해주고, 좀 더 다양한 관점에서 객관적이고 투명한 정보를 공유하고 공개한다는 점에서 신뢰할 수 있을 것이다.

위조된 주식인지를 따져보라고 했지만 위조 주식은 일반 사람이 쉽게 알기 어려울 것이다. 위조 유가증권이란 발행 권한이 없는 자가 본래의 유가증권 모습과 비슷하거나 동일하게 유가증권을 작성하는 것을 말하며, 변조 유가증권이란 본래 유가증권의 일련번호, 금액, 날짜 등 기재 내용을 변경하는 것을 말한다.

증권도 위조하거나 변조할 수 있기 때문에 명의개서 여부를 확실히 알고 거래하는 것이 좋다. 명의개서는 신분증을 가지고 해당 기업의 공시 담당자를 찾아가 주주명부의 명의를 교체하는 것이기 때문에 훨씬 안정적인 거래 방법이라 할 수 있다. 법인이 가지고 있는 주식의 경우 일정 기간 매매가 금지되므로 명의개서 시점을 명확히 알고 있어야 한다. 일반주권 이외의 서류는 가능하면 발행 회사에 직접 문의하든지 방문해서 발행 여부와 날인된 인감을 확인해야 한다. 그런데 대부분의 주식 유가증권은 저액권이므로 위조사건이 거의 일어나지 않는다고 봐도 좋다. 또 통일주권일 경우엔 증권사를 통해 주식 이체 확인이 가능하기 때문에 주식 입고 확인 후 송금하는 방식을 취한다면 크게 문제는 없을 것이다.

장외주식의 평균 매매가를 확인하는 것도 중요하다. 장외주식은 정확한 가치산정 방법이나 절대적인 가격이 없다. 따라서 어떤 종목의 현재 가격을 정확히 알 수는 없다. 요즘 장외시장의 주식 매매가는 여러 웹사이트에 게시된 매매 기준을 통해 형성되기도 하고 장외주식 전문 거래업체가 파악한 매매가에 의해 결정되기도 한다.

한곳에서 정해진 가격을 그대로 신뢰하지 말고 여러 경로를 통해 최적의 매매가를 산정해야 한다. 인터넷 사이트의 경우엔 개인이나 업자가 일정 사용액을 내고 주식의 시세를 임의적으로 형성시키는 이른바 '작전'을 하는 경우가 많으므로 필히 전문 기관이나 업체를 통해 기업의 실질 가치와 평균 거래가격을 확인한 후 거래하는 것이 좋겠다. 또 종목 게시판의 매물 제공자를 중심으로 휴대폰 번호 등을 적어두고 전화를 걸어 시세를 확인하는 절차가 보편화되어 있다. 법인으로 등록된 장외주식 중개업체를 이용하는 것도 한 방법이다. 무엇보다 장외시장에서의 거래는 개인과 개인, 개인과 법인 간의 거래이기 때문에 거래가 쉽지 않다.

이처럼 거래가 어렵기 때문에 많은 수요가 발생된 가치가 아닌 기업의 자본금 대비 자산 규모나 부채 영업이익 등을 꼼꼼히 따져서 실질 가치를 파악한 후 가격을 결정하고 거래해야 한다고 강조하고 싶다. 이렇게 사전에 많은 준비를 해서 주식을 매매했는데 팔고 싶을 때 팔리지 않는다면 그것도 문제이다. 쉽게 팔기 위해 주의할 점이 있다.

장외주식을 매수할 때는 반드시 환금성을 고려해야 한다. 다시 말해 필요할 때 주식을 팔아서 현금을 확보하기 쉬워야 한다는 것이다. 이럴 때는 매매 가격과 함께 투자할 종목의 거래량 추이를 파악해두어야 한다. 그 이유는 장외주식은 환금성이 장내주식보다는 절대적으로 떨어지기 때문인데, 애초에 거래가 잘 이루어지지 않는 종목은 피하는 것이 좋다.

장외시장에서는 정보가 상당 부분 차단되어 있어서 개인이 회사를 분석할 때 접근성이 제한되는 것이 일반적이다. 결국 주식을 살 때 느긋하고 여유로운 마음으로 미리 회사의 정보를 충분히 알아본 다음 매수해도 늦지 않다.

마지막으로 장내주식과 마찬가지로 장외주식 또한 테마를 형성하는 경우가 많고, 양 시장 사이에 상관관계가 높으므로 장내시장의 주테마를 항상 눈여겨보고 그에 따른 매수·매도 전략을 가질 필요가 있다. 투자 후 매도 타이밍을 잡기 어렵다면 상장 직후 주가가 단기 급등하는 때를 매도 시점으로 보는 것도 한 방법이다.

이와 같은 주의점을 모두 유념하고 있다고 가정하고 본격적으로 장외주식에 투자하려고 한다면 구체적으로 어떤 업종에 투자하면 좋을지 살펴보자. 일반 개인투자자들이 장외주식에 접근할 때 실패하는 유형은 크게 세 가지로 나눌 수 있다. 기업에 대한 정확한 정보를 얻기 어려워 상장 가치도 없는 기업에 투자해 시작부터 수익실현이 불가능한 경우, 기업이 상장 자체를 미루는 경우, 마지막으로 기업이 정상적인 기업공개에 들어갔으나 심사청구 과정에서 미승인되는 경우인데 장외주식에서 실패하지 않으려면 공모 예정주에 투자하는 것이 제일 좋은 방법이다.

비상장기업이 기업공개를 하고 상장하기 위해 일반 청약을 받는 물량이 공모주다. 투자자의 입장에서 보면 공모주는 당연히 저평가되어 있다. 따라서 수익이 예상되는 공모 예정주에 투자하는 것이 효율과 성과 측면에서 좋은 결과를 가져올 것이다. 특히 최근 들어 정부에서 기술특례 상장제도로 상장 요건을 완화시키는 바이오 업종에 많은 관심을 가질 필요가 있다.

프리보드는 크게 보면 장외주식에 포함된다고 보기도 하는데, 프리보드와 장외주식에는 차이가 있다. 프리보드는 거래소 상장 또는 코스닥 상장 요건을 갖추지 못한 기업들이 발행한 주식이나 상장이 폐지된 주식에 대해 유동성을 부여하기 위해 도입된 장외주식의 호가중개 시스템을 말한다. 유가증권시장과 코스닥 시장에 이어 세 번째로 문을 열었다는 뜻에서 이를 제3시장이라고 한다.

프리보드는 제도권 시장 진입이 어려운 기업에 공모를 통한 자금조달 기회와 공모에 참여한 투자자들에게는 환금성 기회를 제공하는 유통시장적 성격을 가지는데, 2000년 3월에 제3시장이 개설되어 운영되다가 호가중개 시스템을 한국증권업협회가 전담으로 운영하게 되고 2005년 7월에 시장 명칭을 프리보드로 변경했다.

2014년 8월 25일 금융투자협회가 운영하던 비상장주식 장외 매매시장인 '프리보드'를 확대 개편해 현재는 K-OTC 장외주식시장으로 개장했다. K-OTC 시장에서 매매하기 위해 투자자는 증권사에서 증권계좌를 개설하고화, 컴퓨터(HTS) 등을 이용해 매매 주문을 하면 된다.

코스피·코스닥, K-OTC, 장외시장 비교

구분	코스피·코스닥 (제1, 2시장)	K-OTC (제3시장)	장외시장 (제4시장)
거래시간	전장 동일호가: 8-9시 단일장: 9-15시 30분	전후장 구분 없이 단일장 운영: 9시-15시 30분	
가격제한폭	상하한가 30%	상하한가 30%	
매매 방식	경쟁매매 동시호가 매매	단일의 매도자와 매수장에 의한 상대매매, 시간 우선의 원칙 적용, 동시호가제 없음	
양도소득세	없음	중소기업: 10%(주민세 포함) 대기업: 20%(주민세 포함)	중소기업: 10% (주민세 포함)
증권거래세	농특세 없음, 0.5%	0.5%	양도세에 포함
매매 단위	1주	1주	제한 없음
수도 결제	3일 결제	3일 결제	입고 확인 후 바로 결제
데이트레이딩	가능	불가능	불가능

증권계좌를 보유하고 있는 경우에는 해당 계좌를 이용할 수 있다. 다만 투자자는 증권사가 고지하는 비상장주식투자 위험성 등 유의사항을 확인해야 주문을 할 수 있다. K-OTC 시장은 거래소 시장이나 코스닥 시장의 경쟁매매 방식과는 달리 지정가 호가에 의한 상대매매로 거래가 이루어지므로 정해진 시장가가 없는 것이 특징이다. K-OTC 시장에 등록된 종목들도 장외에서 거래가 가능하지만 세금 때문에 큰 부담이 된다.

코스닥과 K-OTC 시장, 장외시장의 큰 차이점을 정리한 내용은 앞 쪽의 표를 참고하길 바란다.

03

기업이
상장하려는 이유

투자라는 게 단순히 말하면 싸게 사서 비싸게 파는 것인데 저렴할 때라고 해도 아무 때나 사는 건 아니다. 2~3년 안에 상장이 가시화된 기업의 주식을 적정 주가에 매입해서 묻어두고 기업공개라는 작업이 진행되는 과정 중에 수요 예측과 일반 공모청약 사이의 매도 시점에 매도한다면 최고의 수익이 가능할 것이다.

기업은 왜 상장하려고 할까?

기업이 상장하면 좋은 이유는?

기업 입장에서는 상장되면 여러 가지 좋은 점이 따라온다. 구체적으로 설명하면 첫 번째로 상장기업이라는 신뢰와 이미지를 얻을 수 있다. 기업이 최초 상장되고부터는 수많은 언론과 뉴스 등에 자연스레 노출되며 기업의 홍보와 이미지 재고에 크게 기여한다.

두 번째로 상장 후 막대한 자금 확보가 가능해진다. 비상장기업일 때는 개인과 개인 간의 거래로 주식 매매가 이뤄져왔기에 주식의 공급과 수요가 원활하지 못해 자금 확보에 어려움이 많았지만, 상장 이후에는 전 국민 누구나 HTS, MTS, 증권사 매매 대행 등을 통해 매매가 단순화되고 필요시 추가 주식 발행 등을 통해 자금의 확보가 쉬워진다.

세 번째로 연구개발, 공장 증설, 해외시장 개발 등 기업의 유동성 확보가 쉬워지고, 네 번째로 일반 공모주주 확대를 통해 경영권 방어수단 강화의 계기가 된다. 쉽게 말하면 경영권 방어를 위한 대주주의 주식 지분 외에 나머지 지분을 일반 공모주주들에게 퍼뜨려 기업 사냥꾼 등의 적대적 M&A를 방어하는 수단을 강화한다는 의미기도 하다.

그리고 다섯 번째로 추가적 자금조달 등의 수단이 확보된다는 의미도 있다. 기업에 자금이 필요할 때 추가적 주식 발행, 또는 회사채 발행 등이 쉬워져 자금을 수혈하는 수단이 되기도 한다.

많은 기업이 상장하길 원하고 있는데, 현재 상장기업의 현황을 알아보자. 2016년 초 언론 보도를 통해 코스피, 코스닥, 코넥스 시장을 통틀어 국내 주식시장의 전체 상장 기업수가 사상 처음 2,000개를 돌파했다는 소식이 있었다. 상장사 수를 연도별로 확인해보면 2013년엔 1,831개, 2014년엔 1,905개를 거쳐 2015년엔 2,000개를 넘어섰다고 한다. 최근까지 상장사 총수를 파악해보면 약 2,100여 개 이상인 것으로 파악된다. 또 최근엔 매년 100여 개 이상의 기업이 상장되었고, 2016년 정부 발표에 따르면 기업공개 시장을 확대해 약 150개 이상이 상장될 것이란 전망을 내놓고 있다.

그런데 투자라는 게 단순히 말하면 싸게 사서 비싸게 파는 것인데 저렴할 때라고 해도 아무 때나 사는 건 아니다. 2~3년 안에 상장이 가시화된 기업의 주식을 적정 주가에 매입해서 묻어두고 기업공개라는 작업이 진행되는 과정 중에 수요 예측과 일반 공모청약 사이의 매도 시점에 매도한다면 최고의 수익이 가능할 것이다. 따라서 비상장주식의 투자는 1년에서 3년 이내에 목표수익 실현이 가능한 시점에 투자하는 것이 가장 타당하다.

투자기간을 짧게 두더라도 최소 6개월에서 1년 이상을 바라보는 게 좋다. 지금 시점의 해당 기업 주가가 적정한지 판단하고, 적정하다면 3년 전의 투자가 가장 이상적이다.

상장 규정 중에 대주주 지분이 5% 이상 이동을 했다면 1년간 상장을 할 수 없다는 내용을 확인할 수 있다. 기업을 선정하고 투자를 결정하기 전 가장 먼저 확인해야 할 부분으로 주관 증권사 선정이라든가, 대주주 지분이 5% 이상

이동했는지 확인하는 것은 필수 조건에 해당된다고 보면 된다. 이를 흔히 공모 예정주라고 부르는 것이며 비상장주 투자에서 투자의 시기는 상장이라는 목표가 확정적이라면 조금이라도 일찍 시작하는 것이 답이다.

비상장기업이 공개되는 단계와 시간에 대해 알아보자. 실제 기업공개 과정은 크게 2단계로 구분할 수 있다. 1단계는 기업공개를 진행하기 위한 기업과 증권사의 준비 단계이고, 2단계는 실제 기업공개의 진행과 상장까지의 실시 단계이다.

구체적으로 준비 단계는 기업의 외부감사 실사와 주관 증권사의 선정과 계약, 기본적인 심사청구 서류 준비, 정관과 주주변동, 주권발행 등의 준비를 진행한다. 실시 단계는 예비심사청구–심사–승인–수요예측–일반 공모청약–상장의 단계를 거치며, 이 과정에서 심사청구로부터 승인까지 약 2개월이 걸린다. 승인 이후에는 수요예측까지 약 2개월, 수요예측 이후 일반 공모청약과 상장까지 약 2~3주의 시간이 걸리므로 실제 심사청구부터 상장까지는 약 5개월이 걸린다.

투자금액 회수 시점은 언제가 가장 좋을까? 투자금액 회수 시점은 크게 두 가지로 나누어볼 수 있다. 첫째, 1차적인 수익실현은 투자기간 중간에 목표수익이 만들어졌을 경우 1차 매도를 통해 수익을 실현한다. 목표수익률은 큰 욕심을 내기보다 은행 금리보다 조금 높게 설정해서 안정적인 수익을 실현하는 게 좋다. 둘째, 2차 수익실현은 해당 기업의 기업공개를 진행하는 꼭짓점인 수요예측과 일반공모 청약 시점이다.

장외에서 매도하는 이유

상장하면 주가가 더 좋아질 텐데 장외에서 매도하는 이유를 사례를 통해 살펴보자. 2010년 전반기 상장기업의 상장 이후에 50%가 넘는 기업이 공모가

밑으로 주가가 형성된 사실을 확인할 수 있다. 대표적인 기업이 2010년 5월 상장된 삼성생명이다. 공모가 11만 원에서 1년이 넘도록 단 5일만 공모가를 넘었을 뿐 계속 공모가 하단에서 맴돌고 있다.

2016년 12월 6일 신규 상장된 신약개발 기업 신라젠의 경우는 이미 상장되기 2~3년 전부터 장외시장에서 많은 관심을 받았던 종목으로 기억한다. 4,000원대에서 3만 원대까지 올랐고, 상장 직전 공모가 1만 5,000원 확정 후 장외시장 거래가는 2만 2,000원을 기록하며 공모가 대비 40% 이상 높은 가격에 거래되며 우려를 낳기도 했다.

결론적으로 확실하게 수익실현이 가능한 현재에 매도해서 수익을 실현할 것이냐, 아니면 50%의 좋아질 확률을 가지고 다시 모험을 할 것이냐의 싸움이다. 주식은 매수 전 목표가를 정하고 탐욕을 부리지 않는 현명함이 반드시 필요하다고 생각한다. 주식투자는 탐욕보다는 절제를 해야 함을 명심하자.

기업의 가치를 평가하는 금액이 주가라고 할 수 있는데, 기업의 가치를 평가하는 기준을 살펴보자. 총 일곱 가지 정도의 기준이 있다. 우선 첫 번째로, 영업이익률은 기업의 수익창출 능력을 측정하는 1차적인 지표가 되는데 영업이익률이 13%가 넘는 회사는 상위 15%에 드는 우수한 기업이다.

두 번째로, 순이익률은 기업의 이익창출 능력을 측정하는 지표인데 순이익률이 12%를 넘는 회사는 상위 15%에 드는 우수한 기업이다.

세 번째로, 투자수익률을 판가름하는 1차적인 지표는 자기자본순이익률이다. 이것이 높을수록 투자자들의 투자수익은 빠르게 증가한다. 자기자본순이익률이 15% 이상이 되면 상위 15%에 드는 우수한 기업이다.

네 번째로, 주당순이익은 기업의 수익창출 능력을 측정하는 지표로 활용되는데, 유가증권시장에서는 1154원, 코스닥 시장에서는 225원 이상의 분기별 주당순이익을 거두는 기업이 상위 15%에 드는 우수한 기업이다.

다섯 번째로, 부채비율은 자기자본으로 타인자본을 얼마나 갚을 수 있는지 측정하는 지표이다. 기업 가치평가 기준에서 부채비율이 100%를 넘지 않는 기업을 선택하는 것이 좋다.

여섯 번째로, 주당순자산은 자기자본을 주식 수로 나눈 것으로 유가증권시장에선 4만 3,900원, 코스닥 시장에선 9,000원을 넘으면 15%에 드는 기업이다.

일곱 번째로, 주가순이익배수는 순이익에 비해 시가총액이 얼마나 큰지를 나타낸다. 코스피 종목을 기준으로 주가순이익배수가 10 이하이면 평균보다 저평가된 기업으로 볼 수 있다. 제시한 가치의 기준은 참고자료로만 활용하면 되고 절대적인 수치로는 적용이 부적절하다. 다만 2,500p 이상의 주가형성 이전에는 기준점을 제시할 수 있다.

최근 정부 발표에 따르면 기술특례 상장제도를 완화해 상장을 쉽게 할 수 있도록 하겠다고 했는데, 어떤 종목이 유리할까? 현명한 투자자라면 바이오, 제약 등 기술특례 상장제도를 통해 상장을 준비 중인 비상장기업에 투자하는 것도 바람직해 보인다.

비상장주식의 유통 형태

장외주식에도 여러 종류가 있다. 비상장기업 주식은 아직 상장이 안 됐다는 이유만으로 대부분의 투자자에게 불신의 대상으로 치부되는 경향이 있다. 그래서 비상장주식의 유통 형태에 대해 알아보자.

먼저 비상장주식은 총 네 가지 종류가 있다고 보면 된다. 명의개서라고도 하는 주식미발행확인서, 통일된 양식의 유통주식인 통일주권, 주식보관증, 그리고 가주권이다.

기업이 설립되면서부터 유통주식의 형태로 발행하는 회사는 드물기 때문에 우선 주식을 발행하지 않았다는 확인서를 기업에서 작성해 투자자에게 배

포하는 증서를 주식미발행확인서라고 한다. 비상장기업의 약 40%가 이런 형태이며, 이 증서는 일정 시점이 지나고 나서 회사가 통일된 양식의 주식을 발행하는 시점에 미발행확인서와 신분증 등을 지참하고 회사에 제출하면 주식을 입고시키거나 실물주권을 받게 된다.

사람에 비유하자면, 태어나서 출생신고를 하고 주민등록상 등재가 되고 주민등록등본에 이름이 적힌 형태라고 보면 된다. 실제로 비상장투자에서 수익을 극대화하는 방법은 미발행확인서를 발행하는 시점에 투자하는 것인데 초기에 투자하는 것이기 때문이다.

다음으로 통일주권이다. 이 미발행확인서 형태의 기업이 일정 시점이 지나거나 회사 규모가 성장하면 관리 측면과 대외적인 신인도 문제, 주식 유통의 문제와 양수, 양도의 문제로 정부가 규정하는 통일된 주식 형태인 주권을 발행하는데 이것이 통일주권이다.

통일주권은 규격화된 양식이며 판별하는 10여 가지 방법 중 대표적인 것으로 불빛 아래서 비춰 보았을 때 '대한민국'이라는 음영체가 중앙에 나타나도록 제작되어 있다. 일반적인 중소기업의 경우 통일주권을 만드는 시점이 상장에 임박했음을 알리는 시기다. 앞서 언급했듯 사람으로 비유하면 성인이 되어 주민등록증이 만들어지는 시기라고 생각하면 된다.

주식보관증이란 실제 주식을 미발행확인서나 통일주권으로 교부하지 않고 미발행한 사실이나 통일주권을 은행이나 증권사 기타 기관, 개인 등이 보관하고 이를 증명한다는 보관증을 작성해서 발행하는 것을 의미한다. 이런 경우 거래할 때 특정 기업 주식을 담보로 하거나 세무사나 변호사 등의 공증 절차를 취하는 보완장치를 취하는 것이 보다 확실한 방법이다.

이렇게 세 가지 방법의 거래가 가장 일반적이며 주로 주식미발행확인서와 통일주권 방법으로 거래된다고 보면 무리는 없을 것이다.

가주권은 말 그대로 진짜가 아닌 주권이란 말이다. 가주권은 명의개서와 통일주권 사이에서 만들어지는 것으로 통일주권처럼 주식계좌 간 이체가 되지 않고 통일주권처럼 정식 유통 형태가 아니므로 주의가 필요하다. 가주권을 받을 경우 분실에 대비하기 위해 반드시 복사본을 따로 보관하고 발행번호를 별도로 기록해두어야 재발행 받을 수 있다.

가주권을 받았을 때 이중 안전장치로 명의개서를 병행하는 것이 가장 안전하다. 통상 가주권을 은행이나 투자기관이 명의개서만으로는 불명확하므로 추가적으로 발행하는 보완수단의 발행주식으로 해석하면 큰 무리가 없다.

장외주식투자를 위한 팁

이쯤에서 장외주식투자의 몇 가지 팁을 알아보자. 모든 투자가 그렇듯이 기준 없이 투자한다는 것은 나침반 없이 목표를 향해 항해하는 것과 다름없다. 일단 세 가지 팁을 말하면 종목에 대한 분산, 시간의 분산, 자금의 분산이 그것이다.

첫째, 투자를 결정한 시점에 정보를 제공해주는 기관의 추천 종목 3~5개 정도에 자금을 분산해서 투자하는 것이 안전하며, 이것은 곧 리스크 관리와 연관된다.

둘째, 대부분의 투자자들이 조급한 마음으로 짧은 기간 내에 수익을 실현하고자 한다. 워런 버핏은 '긴 언덕'을 얘기했다. 이는 긴 투자기간을 의미한다. 공모주 역시 투자 시간이 긴 종목일수록 수익이 높아진다는 개인적인 확신에는 변함이 없다. 그렇더라도 자금의 원활한 유동성을 고려해야 하므로 단기투자도 병행하시길 권한다. 단기투자 40%, 장기투자 60% 정도면 적절하다.

셋째, 투자자금의 분산은 종목의 리스크 관리와 더불어 중요하다. 특정 종목이 좋다고 해서 많은 자금을 투자하고 어떤 종목은 수익이 적을 것 같다고 적게 투자하는 형태를 갖지 말라는 것이다. 예를 들어 4개의 종목에 투자한다고 가정하면 총 투자자금을 4등분하고 종목별 25%의 자금을 투입하는 것으로 기준을 설정하면 된다.

다음으로 무상증자, 유상증자 용어에 대해 알아보자. 무상증자란 회사가 자본금을 늘리기 위해 회사 자금으로 기존 주주들에게 무상으로 주식을 배분하는 방법을 말한다. 한마디로 기업이 사업을 잘해서 이익을 많이 내고 있다는 의미로 이해하면 된다.

유상증자란 회사가 자본이 필요해서 기존 주주들에게 주식을 발행해서 돈을 받고 주식을 나눠 주는 방법이다. 회사의 자금 사정이 좋지 않아 당장 급한 자금을 기존 구주주들에게 주식을 발행해주고 대신 자금을 모집하겠다는 의미로 이해하면 된다. 그리고 기업이 유상증자와 무상증자를 하면 배정기준일을 정해 기존의 주주들에게 신주를 부여한다. 하지만 배정기준일이 지나면 혜택을 받을 수 없는데 이때 신주를 받을 권리가 없어진 상태를 권리락이라고 한다.

04

투자 종목
발굴하기

유망종목을 고른 후 주가지수의 변동에 흔들리지 말고
장기 보유하는 투자전략이 필요하다. 단기 조정을 저가
매수의 기회로 삼고, 저가주라고 무조건 비우량주라고
판단하는 우를 범하지 않아야 한다.

장외주식에서의 종목 선택

장외주식에서 종목 선택이 중요한 이유는?

주식 할 때 종목 선택을 잘해야 되는 것이야 당연한 말이다. 특히 장외주식에서 종목 선택이 중요한 이유는 무엇일까? 장외시장이기 때문에 장기투자에다가 가치투자를 해야 함을 투자자가 반드시 기억해야 한다. 2~3년 뒤, 또는 5~10년 뒤를 내다보는 투자가 바로 장외주식투자다. 장외시장과 장내시장은 분명히 다르다.

갑자기 영업환경이 약화되는 종목이 있어서 팔려고 하면 그게 쉽지 않다. 따라서 종목 선택에 있어서도 강한 확신과 거시경제적 관점, 그리고 정부의 규제 완화나 세제 혜택 등의 정책적 지원이 뒷받침되는 유망종목을 잘 선별하여 투자하는 자세가 필요하다. 또한 기업을 잘 선별해야 하며 그만큼 가치분석이 중요하다. 일단 장외주식을 선택할 때 성장 가능성이 높으면서 수익이 뒷받침되는 저평가주를 고르는 것이 기본인데, 최근 장외시장에서 이런 종목들은 어떤 게 있는지 알아보자. 최근 장외시장에서도 미래 성장가치가 높은 종목의 상승 흐름이 두드러졌다.

바이오, 친환경, 전기차 관련주의 흐름이 좋았는데 바이오는 정부에서도 경제적인 뒷받침이 되어주며 성장 관련 규정을 완화시켜 주는 등의 효과를 보았다고 볼 수 있다. 친환경은 여러 번 강조하지 않아도 지구온난화, 녹색성장운동 등을 통해 알 수 있듯이 전 세계적으로도 지속적인 관심을 갖고 추진 중인 사업이라 할 수 있다.

특히 전기차는 최근 불거진 경유차, 옥시, 미세먼지 등의 이슈를 타고 그 관심이 커진 상태이다. 관심이 커진 만큼 정책적으로 뒷받침이 될 가능성이 있다. 이렇게 정책적으로 뒷받침이 되거나 될 만한 종목과 업종을 선별해서 투자한다면 손실을 보지 않을 것이라 생각된다.

일단 기업에 대한 정보가 많을수록 유리하다. 기업이 발행한 주식 총수, 주주의 구성현황 및 해당 종목의 향후 발전 가능성은 물론 기업의 안정성, 활동성, 성장성 등을 평가해야 한다. 특히 기업이 최초 사업을 시작하고 대표이사가 자주 교체된다든가 자금 유동성이 떨어져 많은 부채를 안고 있지는 않은지 면밀히 살펴볼 필요가 있다. 또한 기업의 경영 능력, 기술력 등도 평가해봐야 한다. 이를 다른 말로 '기업의 가치평가'라고 한다. 기업의 가치를 제대로 평가해두어야 투자를 효율화시킬 수 있다.

기업의 가치평가를 할 때는 그 외에도 질적 분석과 양적 분석으로 나눠서 평가할 수 있는데, 일단 질적 분석은 투자대상으로 기업을 분석할 때 재무제표에 직접 나타나지 않는 회사의 장래성, 경영 능력, 업계의 경기 동향, 금융 동향, 경기침체에 대한 저항력 등을 분석하는 것을 말한다. 이러한 요인들은 재무제표에는 나타나지 않지만 회사의 성장과 발전에 큰 영향을 미친다. 따라서 이들 질적 요인을 분석하는 것은 기업의 투자가치를 평가하는 데 매우 중요한 사항이다.

양적 분석은 재무제표에 나타나는 사항들을 말한다. 다시 말해 재무제표상에 나타나는 매출액, 자본금, 부채 등을 상호 비교 분석해 장래 기업의 수익성이나 안정성을 판단하는 방법이 양적 분석이다.

기업 분석을 끝내고 매수를 하려고 할 때는 어떤 점에 주의해야 할까? 장외 시장에서 환금성을 확보하는 것은 쉽지 않다. 따라서 매수를 고려할 때 전체 주식 수량 중 장외에서 유통 가능한 주식수를 파악하여 투자 리스크를 피해야 한다.

유통 가능한 주식수를 파악하려면 회사 홈페이지에 나와 있는 본사에 전화를 걸어서 주식 담당자에게 총 주식수를 물어보는 방법이 제일 확실한 방법이다. 장내주식의 경우는 포털 사이트에 종목 검색만 해도 주식 총 발행수와 시가총액, 재무제표 등을 확인할 수 있는데 장외주식은 그것이 안 된다. 종목을 선별할 때 주식수는 재료, 다시 말해 액면분할, 유상증자, 무상증자 등 보유 종목이 아닌 경우에는 최소 600만 주 이상이 적합하며 유통 가능 수량이 전체 수량의 30% 이상이 되어야 한다. 또한 대주주의 지분이 적을 경우에는 그 원인을 파악해두는 것이 안전하다.

따라서 유망종목을 고른 후 주가지수의 변동에 흔들리지 말고 장기 보유하는 투자전략이 필요하다. 단기 조정을 저가 매수의 기회로 삼고, 저가주라고 무조건 비우량주라고 판단하는 우를 범하지 않아야 한다. 시장의 변동성에 따라 하락하게 되면 리스크를 줄이기 위해 현금화가 이어질 것이고 이는 우량주라 해도 하락의 대열에서 빠지지 못하는 것과 같기 때문이다.

이와 같은 기준에 의해 기존 유통 종목의 하락 원인과 하락폭을 계산하고 장내 시장의 유사 종목과 매출액 증가율 등을 비교하여 매수에 참여하는 것이 올바른 투자 자세이다.

유망종목을 선정해서 소위 대박이 났다고 하는 예를 알아보자. 2007년 2월 상장한 이트레이드증권은 투자자에게 대박을 안겨줬다. 상장 후 며칠 안에 200%가 넘는 수익률을 기록한 것이다. 그러나 아쉬움을 나타내는 투자자들이 많았다. 좀 더 사지 못한 것에 대한 아쉬움이다. 상장 직전만 해도 상장 후 주가의 절반 수준에서 살 수 있었기 때문이다. 이트레이드증권은 청약 경쟁률이 1,000:1을 넘어 1만 주를 신청한 투자자도 불과 10주밖에 받을 수 없었기 때문이다. 이트레이드증권과 함께 대박 종목으로 꼽히는 오스템임플란트도 233.8:1의 경쟁률을 기록해서 하늘의 별 따기인 것은 마찬가지였다.

기술특례 상장제도의 혜택을 받는 바이오 업종도 마찬가지였다. 2015년 기술성특례 상장제도를 통해 상장했던 바이오 업종 중 펩트론도 5년째 적자임에도 1,000:1의 청약률을 나타냈고, 동종 업종인 제노포커스 역시 1,206.75:1의 청약률을 나타냈다. 공모주 시장이 달아오를수록 주목받는 투자처가 장외주식이다. 장외주식은 원하는 양만큼 살 수 있다는 점이 공모주 투자와는 비교되는 큰 장점이기 때문이다.

매수 종목 선별과 안정적인 투자 방법

매수 종목 선별과 안정적인 투자 방법에 대해 더 자세히 알아보자. 공모주 청약경쟁이 치열해지면 열기가 자연스레 장외시장으로 확산되는데, 비상장기업 중 우량종목 주가는 상장을 앞두고 장외에서 급등하는 경우가 많아 투자자들에게 기회를 안겨주고 있다.

그런데 일반 장외주식도 선택의 폭이 매우 다양해져서 종목의 옥석 가리기가 더욱 어려워졌는데 현 장세에서 매수 종목 선별과 안정적인 투자 방법에는 어떤 것들이 있을까? 일단 대략적으로 먼저 살펴볼 것은 종목 선별 시 코스닥 등록, 실적 호전, 액면분할 및 유·무상증자 등을 확인하는 것이다. 그리고 매출액 규모가 해당 업종 시장에서 차지하는 비율이나 매출액의 연간 추이를 파악해본다.

그리고 시장 최소 규모가 500억 원대 이상인지를 체크해보고, 해당 기업의 매출액 대비 순이익 비율이 평균 10% 이상인지를 체크해본다. 또 매출액 대비 매출 채권의 비율을 점검해보고, 특허권이나 사업에 영향을 미칠 수 있는 소송 여부를 파악해본다. 마지막으로 단기적 투자종목은 IPO 종목에 국한시키고 실적 호전주나 대형주들은 중장기 투자를 고려하는 것이 바람직하다.

위 사항에 대해 대략적인 파악이 끝났다면 다음 8가지 항목을 중심으로 분석해봐야 한다.

첫 번째, 종목 선별 시 유통 가능 물량을 파악하여 전체 주식의 30% 이상이 유통 가능 물량인지를 파악하고 매수에 참여해야 한다.

두 번째, 코스닥 등록이라는 재료보다는 액면가 배수, 매출액 증가율을 따지는 투자전략을 우선시해야 한다.

세 번째, 장내시장에서도 마찬가지이지만 장외시장에서도 분산투자하는 습관을 들이는 것이 안정적이고 바람직하다. 한 종목에 몰아넣기 식의 종목 구성은 신규 유망종목 발굴 시 자금 유동성에 악영향을 미친다. 따라서 대형주의 비중을 60%, 벤처 주식의 비중을 30~40%로 투자하는 전략을 택해야 한다.

네 번째, 매매 회전 주가를 짧게 잡는다. 1년 정도의 투자는 수익에 큰 도움이 되지 못한다. 물론 매매가 어렵다는 점은 있지만 우량 벤처 주식을 장기투자 종목으로 묶어두고 대형주들은 매매 타이밍을 빠르게 하여 유동성을 확보하는 전략을 갖도록 하는 것이 바람직하다. 현금 유동성에도 주의를 기울여야 한다.

다섯 번째, IPO 종목의 경우 본질 가치가 낮은 종목, 특히 장외시세가 공모가 대비 2배 이상의 가격이 산정되어 있는 종목은 수익률 대비 위험률을 산정하여 투자에 임하는 태도를 지녀야 한다.

여섯 번째, 주식은 시대의 유행과 투자자의 심리에 기대는 특성을 가지고 있다. 투자는 사람이 하는 것이다. 사람의 심리나 특성을 연구하는 사람이 투자에 성공하는 경우가 많은 이유도 이 때문이다. 유행을 벗어난 돌출성 투자나 금리가 올라 투자자들이 증시를 외면하고 있을 때의 투자는 위험성이 크고 모험 심리가 반영된 투자이다. IMF 이후 인터넷 IT 산업을 활성화시키려는 움직임이 있었기 때문에 인터넷 IT 관련 주식에 투자하는 것이 올바른 투자였으나 지금은 다를 수 있다.

일곱 번째, 자신의 종목 선별 원칙에 따라 종목을 선정했다 하더라도 해당 종목에 대한 지나친 믿음은 실패를 초래할 수 있다. 대한민국의 주식투자 행태를 살펴보면 유행이 짧기 때문에 지나친 믿음으로 시장의 흐름을 꿰뚫어 보는 혜안을 놓친다면 큰 손해로 이어질 수 있다.

여덟 번째, 매매 타이밍을 알기 위해서는 거시 경제의 흐름을 잘 파악해야 한다. 상승 장세가 이어지는 상태에서는 그 흐름에 따른 테마나 성장가치가 높은 종목들이 그룹을 형성하는 것이 일반적인 현상이다. 장외시장에 투자를 처음 해보는 투자자든, 전문투자자든 시장에 형성된 테마를 이해하지 못하고서는 원활한 투자를 할 수 없다. 한 가지 덧붙여 기업의 총자산이 120억 원을 넘는다면 외부감사를 받도록 규정하고 있으니 해당된다면 금융감독원이 운영하는 금융감독원 전자공시시스템(http://dart.fss.or.kr/)에 들어가 해당 기업의 외부감사 자료를 확인해보길 바란다.

기술특례 상장제도

13장에서 자세히 다루지만 기술특례 상장제도에 대해 잠깐 살펴보자. 수익성은 크지 않으나 무한한 성장성을 가진 회사가 상장할 수 있도록 상장 기준을 완화해주는 제도이다. 기술력이 뛰어난 회사가 상장할 수 있도록 상장 기준을 낮춰주는 제도로 2005년 도입됐다. 회사의 보유 기술이 유망하다고 판단될 경우 재무제표상 적자가 있더라도 상장 기회를 제공한다.

설립 3년 이상, 자기자본 30억 원 이상이라는 일반 상장 조건과 달리 설립 기간에 제한이 없고 자기자본 10억 원만 있으면 된다. 당기순이익 20억 원, 자기자본이익률 10%, 매출 100억 원 및 시가총액 300억 원, 매출 50억 원 및 매출증가율 20% 중 한 가지를 충족해야 하는 코스닥 시장 신규 상장기업의 수익성 기준도 적용하지 않는다.

기술보증기금, 나이스평가정보, 한국기업데이터 등 기술평가기관 세 곳 가운데 두 곳에서 A나 AA등급 이상을 증명 받은 회사는 상장예비심사를 청구할 수 있다. 2005년부터 10년 동안 27개 기업이 이 제도를 통해 코스닥 시장에 상장했으며 2015년에는 기술력을 가진 중소기업의 상장 기회를 더 확대하기 위해 기술특례 상장제도의 규제를 완화했다. 기술평가기관을 선정하고 통보하는 데 기존 9주가 걸리던 것을 4주로 단축했고, 평가 수수료를 건당 1,500만 원에서 500만 원으로 줄여 상장 문턱을 낮췄다.

특히 바이오 종목이 많은 혜택을 받았는데 2015년에만 기술특례로 상장한 바이오기업이 사상 최다인 12개에 달했다. 바이오기업뿐 아니라 이 제도를 활용해 코스닥 시장에 진입하는 기업도 늘어나는 추세이다. 이 제도로 입성한 업체들은 몸값이 크게 뛰는 사례가 많다. 성장성에 대한 기대가 높기 때문이다. 2005년 기술특례로 코스닥에 올라온 바이로메드 주가는 지금껏 470%가 넘게 올랐다. 2011년에 상장한 인트론 바이오는 580% 이상 올랐고, 2015년 상장한 펩트론 역시 상장 후 1개월 만에 공모가 대비 420% 넘게 상승하기도 했다.

05

투자 기업을
판별하는 방법

주식은 보통 성격에 따라 분류할 수 있는데, 장외주식이 향후 거래소나 코스닥 등록 시 성격이 어떤 방향으로 나아갈지 가늠해보고 투자전략을 세우는 차원에서 주식을 가치주, 경기순환주, 성장주, 자산주, 전환주 이렇게 다섯 가지로 나누어볼 수 있다.

질적 분석과 양적 분석

질적 분석의 요소들

투자 유치를 신청한 기업 가운데 실제 투자를 유치하는 경우는 10% 내외라고 한다. 당연한 말이겠지만 실제로 투자 결정을 위해 심사하는 기준은 무척 까다롭다. 투자 심사역들이 가장 중요시하는 부분이 해당 기업을 이끄는 CEO와 회사 구성원들의 능력이다. 이는 질적 분석에서 가장 중요한 요인이라 할 수 있다.

최고경영자와 구성원을 평가하는 작업은 그 회사의 성장 가능성을 판단하는 가장 유용한 근거 자료이다. 특히 벤처기업일 경우에는 기업의 규모가 작아 개개인의 능력에 의해 사업의 성패가 좌우되는 경우가 더욱 많다. 예를 들어 엔지니어 출신의 개발자가 세운 벤처기업에서 자주 볼 수 있는 현상 중 하나로 CEO의 역량이 기술개발 능력에 집중되어 마케팅이나 영업 능력이 뒤처지는 경우이다. 이러한 기업의 경우 비즈니스 마인드가 특화된 인력이 구성원 중에 포함되어 있는지 면밀히 판단해야 한다.

그런데 어떤 투자자든 투자의 목적은 결국 투자금 회수이다. 회사의 기술이 아무리 좋아도 상품성이나 시장성이 없다면 투자의 대상이 될 수 없다. 투자할 대상의 시장성이 어떤지가 두 번째로 꼭 살펴봐야 할 질적 분석의 한 요인이다. 시장성은 그 기술이 상품화되었을 때 어느 정도의 수요를 창출할 수 있는가에 대한 것이다. 상품화 가능성과 시장성은 특히 바이오 벤처 같은 회사의 투자 결정에서 상대적으로 큰 변수로 작용된다.

시장성이 어떠냐 하는 문제는 얼마나 기술이 뛰어나냐 하는 문제와도 관련되어 있다. 정보통신, 솔루션 개발 및 바이오 벤처 업체들은 기술력이 투자 평가의 주요 관건이다. 참신한 아이디어와 함께 이를 뒷받침하는 기술력이야말로 이들 기업이 갖춰야 할 자질이며, 이러한 기술력과 연구개발력 등이 시장성에 앞서 평가되어야 할 기본 요소이다.

시장성, 기술력 등이 뒷받침된다면 기업의 수익도 나올 것이다. 수익 모델은 가장 중요한 투자결정 요소라고 할 수 있다. 수익 모델은 기업이 어떻게 수익을 내고 이익을 발생시키고 투자에 대한 최고의 수익률을 내는지 설명한 것이다. 장기적이고 안정적인 수익 모델의 파악은 쉽지 않다. 하지만 투자자의 식견과 지식에 의해 주관적으로라도 투자 의사결정 요인에 포함시켜야 한다.

그런데 사실 같은 기술에 같은 상품이라도 어떻게 마케팅을 하느냐에 따라 천차만별로 달라지기 때문에 마케팅도 중요하다. 앞에서 언급했듯이 대부분의 기업들이 엔지니어가 설립하는 경우가 많아 마케팅 능력과 판매망 확보 및 영업력이 취약할 수밖에 없다. 따라서 당연히 이런 부분도 투자 의사결정에 포함시켜야 하는 요인이다.

이외에도 질적 분석에서 살펴봐야 할 요인으로는 투자기간 대비 수익률이 있다. 길게 잡아도 3년 안에는 투자수익을 올리는 기업을 투자대상 업체로 선정한다. 대기업의 경우 기업공개 시 가장 적절한 가치평가를 받는 타이밍을 잡기 위해 일부러 상장 시기를 늦추는 경우가 많고, 중소기업의 경우는 대부분

상장을 꿈꾸고 있기에 매출이 늘어나는 적절한 시기와 요건이 충족되는 시점을 찾으려 한다. 중소기업이나 벤처기업 같은 경우 공모자금을 통해 공장 증설이나 설비 투자 또는 기술개발 비용에 투입하는 경우가 많다.

주식은 보통 성격에 따라 분류할 수 있는데, 장외주식이 향후 거래소나 코스닥 등록 시 성격이 어떤 방향으로 나아갈지 가늠해보고 투자전략을 세우는 차원에서 주식을 가치주, 경기순환주, 성장주, 자산주, 전환주 이렇게 다섯 가지로 나누어볼 수 있다.

공모자금을 통해 공장 증설이나 설비 투자를 하는 중소기업이나 벤처기업 같은 경우는 상장 후 더 가치가 올라갈 수도 있는데 이와 같은 경우는 경기순환주나 성장주 정도가 될 수 있다.

우선 가치주라고 하면 양적 분석을 통해 기업의 가치를 분석했을 때 주가가 분석 결과보다 낮게 평가된 주식을 의미한다. 양적 분석, 즉 주당순이익, 주당순자산가치, 자기자본이익률이 낮게 평가된 주식을 찾아 투자하는 것은 가치투자자들이 선호하는 투자전략이다.

경기순환주는 경기가 변동함에 따라 이익도 함께 변동하는 주식을 의미한다. 다른 투자자들보다 경기의 변화를 먼저 읽어낼 수 있는 선견이 필요하다. 상당한 경제적 지식을 갖고 있어야 자신 있게 투자할 수 있으며 자동차, 반도체, 가구 업종 등이 대표적이다.

성장주란 경기의 상승, 하락 여부와 관련 없이 성장하는 기업의 주식을 말한다. 장기적인 투자전략을 구사할 때 투자할 만한 주식이다. 음식료 업종이나 제약주가 대표적이다. 경기의 상승, 하락에 상관없이 먹어야 하고 아픈 곳은 치료해야 하기 때문이다.

자산주는 주식에 숨은 가치가 내재된 주식을 말한다. 가치란 자산을 의미한다. 예를 들어 토지를 많이 보유하고 있거나 은행에 예금, 적금이 많은 기업의 주식을 가리킨다. 자산주 투자일 경우 기업의 업종, 시장 경쟁 상태 등은 중요하지 않다. '주가순자산비율'이라는 분석지표를 통해 주가가 해당 순자산보다 낮게 평가되어 있을 경우 매수를 고려할 수 있다.

전환주란 부도가 나거나 부도 직전의 상황에 있어서 주가가 하락된 주식을 말한다. 기업이 다시 일어설 수 있다는 확신이 있을 때 투자할 경우 큰 수익을 거둘 수 있겠지만 잘못된 경우 큰 리스크를 감내해야 한다.

양적 분석의 요소들

이제 양적 분석에 대해 알아보자. 양적 분석에서 중요한 분석지표에는 기업의 성장성, 정성, 활동성, 수익성, 생산성 및 손익분기점 분석 등이 있다. 여기서는 손익분기점 분석을 제외한 다섯 가지 분석 방법을 살펴보자. 분석을 위한 각 요소들은 대차대조표와 손익계산서 등에 모두 나와 있는 것들로 각 요소의 사칙연산을 통해 분석하게 된다.

우선 성장성 분석에 대해 먼저 알아보자. 기업이 전년도에 비해 얼마나 성장했는지 알 수 있는 분석지표다. 기업의 규모가 경영성과 중심이며 본 분석을 통해 기업의 경쟁력과 수익 창출 능력에 대해 검증할 수 있다.

이 성장성 분석을 위한 모든 계산 결과가 20% 이상으로 나오면 해당 기업은 양호한 것으로 파악되며, 10% 이하로 결과가 나올 경우에는 불량한 것으로 판단한다.

총자산 증가율 = 당기말 총자산 ÷ 전기말 총자산 × 100 − 100

유형자산 증가율 = 당기말 유형자산 ÷ 전기말 유형자산 × 100 − 100

유동자산 증가율 = 당기말 유동자산 ÷ 전기말 유동자산 × 100 − 100

> 자기자본 증가율 = 당기말 자기자본 ÷ 전기말 자기자본 × 100 - 100
>
> 매출액 증가율 = 당기말 매출액 ÷ 전기말 매출액 × 100 - 100

　기업이 부도로 망할 것인가, 아닌가를 판단하는 분석 방법이 바로 안정성 분석 방법이다. 즉 채무 상환 능력이 양호한지, 불황이 닥쳐와도 슬기롭게 헤쳐나갈 역량이 있는지를 판단하는 지표이다.

　안정적이라고 파악될 때에는 기업의 향방을 가늠할 수 있으며 불안정하다는 분석 결과가 나왔을 때에는 판매 부진, 하청업체의 부도 등 불안정의 원인을 파악할 수 있다.

　유동비율과 당좌비율은 안정적 분석의 중심이다.

> 자기자본 비율 = 자기자본 ÷ 총자본 × 100
> (결과값: 30% 이상 양호, 20% 이하 불량)
>
> 유동비율 = 유동자산 ÷ 유동부채 × 100
> (결과값: 150% 이상 양호, 100% 이하 불량)
>
> 당좌비율 = 당좌자산 ÷ 유동부채 × 100
> (결과값: 100% 이상 양호, 50% 이하 불량)
>
> 부채비율 = (유동부채 + 비유동부채) ÷ 자기자본 × 100
> (결과값: 200% 이하 양호, 400% 이상 불량)
>
> 차입금 의존도 = 차입금 ÷ 총자본 × 100
> (결과값: 30% 이하 양호, 60% 이상 불량)

　활동성은 기업에 투자된 자본금이 기업의 영업활동을 위해 얼마나 활발하게 운용되었는지를 판단하는 자료로, 회전율이라는 말로 바꿔 부르기도 한다. 이 분석을 통해 기업이 보유한 자산의 정도를 파악할 수 있으며 분석 결과를 경쟁업체 및 산업군과 비교하여 해당 기업 보유 자산의 적정성을 판단할 수 있다.

> 총자산 회전율 = 매출액 ÷ 총자산(결과값: 1.5회 이상 양호, 1회 이하 불량)
>
> 자기자본 회전율 = 매출액 ÷ 자기자본(결과값: 3회 이상 양호, 2회 이하 불량)
>
> 유형자산 회전율 = 매출액 ÷ 유형자산(결과값: 3회 이상 양호, 2회 이하 불량)
>
> 매출채권 회전율 = 매출액 ÷ 매출채권(결과값: 6회 이상 양호, 4회 이하 불량)

수익성 분석은 그 기업이 돈을 벌고 있는지를 판단하는 것으로 주로 손익계산서의 지표를 많이 활용하는데 총자산, 자기자본, 매출액 등의 비율 계산을 통해 분석한다.

> 총자산 법인세 차감 전 이익률 = 법인세 차감 전 이익 ÷ 총자산 × 100
> (결과값: 6% 이상 양호, 3% 이하 불량)
>
> 총자산 순이익률 = 당기 순이익 ÷ 총자산 × 100
> (결과값: 6% 이상 양호, 3% 이하 불량)
>
> 매출액 순이익률 = 당기 순이익 ÷ 매출액 × 100
> (결과값: 5% 이상 양호, 2% 이하 불량)

마지막으로 생산성 분석은 말 그대로 생산을 위해 투입되는 인력 혹은 자본 대비 산출되는 생산량을 측정하는 분석 방법이다.

> 종업원 1인당 부가가치 증가율 = 당기 종업원 1인당 부가가치 ÷ 전기 종업원
> 1인당 부가가치 × 100 – 100(결과값: 20% 이상 양호, 10% 이하 불량)

종업원 1인당 매출액 증가율 = 당기 종업원 1인당 매출액 ÷ 전기 종업원
1인당 매출액 × 100 − 100(결과값: 20% 이상 양호, 10% 이하 불량)

총자본 투자효율 = 부가가치 ÷ 총자본 × 100
(결과값: 30% 이상 양호, 10% 이하 불량)

부가가치율 = 부가가치 × 100(결과값: 30% 이상 양호, 20 이하 불량)

양적 분석은 질적 분석보다 좀 복잡해 보이긴 해도 수치상 확실히 나타나는 부분이니 잘 참고해야 한다. 좀 더 구체적으로 알기 위해서는 회계학을 공부해야겠지만 여기서 설명한 내용만으로도 간단한 기업 분석 업무는 수행할수 있을 것이다.

재무제표는 금융감독원의 전자공시시스템에 접속하면 쉽게 구할 수 있다. 전자공시시스템은 기업이 금융감독위원회 등의 관계 기관에 제출하는 신고 또는 보고서를 전자문서로 제출받아 일반인에게 공시하는 시스템인데 기업의 개황, 각종 보고서별 검색 등에 용이하다.

06

시장가치 평가 &
기업 예상주가 산정 방법

비상장주식의 가격은 내 주식의 가격이 아니라 팔기 위
해 내놓은 주식의 가격이며 상장회사처럼 전체 주식의 가
격도 아니다. 아무리 주가가 움직여도 내가 현재의 가격
에 팔겠다고 하면 사려는 사람은 그 가격에 사야 한다.
그게 비상장주식가격 형성의 메리트라고 할 수 있다.

기업의 가치를 계산하는 방법에 대해

기업 주식가치 평가 방법

실제 가치보다 저평가되었다, 고평가되었다고 할 때 실제 가치라는 게 어떻게 산정되는 걸까.

기업의 주식은 통상 보통주를 말하는데 기업 주식의 평가는 크게 세 가지 접근법이 적용된다. 기업의 현재 순자산가치를 주식가치로 평가하는 방법과 대상 기업의 미래 수익의 창출 능력을 주식가치로 평가하는 수익가치 평가법, 그리고 시장에서 형성되는 시가를 기업의 가치로 평가하는 시장가치 평가법이 있다.

우선 순자산가치로 평가하는 방법에 대해 자세히 알아보자. 자산가치는 기업의 순자산가치를 발행하는 총수로 나눈 것이다. 기업의 순자산가치는 총자산가액의 부채총액을 차감한 것이기 때문에 주식의 자산가치는 보통주에 귀속될 수 있는 기업의 회계적 가치에 해당하는 것이라 할 수 있다.

'유가증권인수업무규정'에 의하면 순자산을 발행주식의 총수로 나누어서 산정한 것을 자산가치라고 규정하고 있다. 자산가치에 대한 평가 방법은 실제로 나타난 객관적인 자료에 의해 평가함으로써 객관성이 확보된다고 할 수 있다. 하지만 시장가격과 일치한다고는 볼 수 없다.

자산가치와 순자산은 유가증권신고서 제출일이 속하는 사업연도 직전 사업연도 말의 대차대조표를 기준으로 다음의 식에 의해 계산한다.

주당순자산(자산가치) = 순자산 ÷ 발행주식의 총수

보통 순자산이라 하면 대차대조표상의 자산의 합계액에서 부채의 합계액을 뺀 금액이다. 좀 더 자세히 알아보자.

순자산 = 최근 사업연도 말 총자산 - 이연자산 - 무형 비유동자산 - 부도어음 및 회수불능 채권 - 투자유가증권 평가손 - 퇴직급여 충당금 부족액 + 환율조정대 + 유상증자금액 + 자본준비금 증가액 - 이익잉여금 사외 유출액 - 특별손실 - 전기손익 수정 손실

다음으로 기업의 가치를 미래 수익가치로 평가하는 방법에 대해 알아보자. 수익가치란 주식의 본질적 요인에 기초한 가치로서, 주식의 미래 수익을 자본비용으로 할인하여 얻은 자본환원가치 또는 현재 가치를 말한다. 수익가치는 발행회사의 장래 수익력을 현재 가치로 할인한 가액을 말하며, 향후 2개년 사업연도의 추정 재무제표를 기준으로 다음의 식으로 계산한다.

수익가치 = 주당 추정이익 ÷ 자본환원율
(자본환원율은 시중은행의 1년 만기 정기예금 이자율의 1.5배)

주당 추정이익 = (추정법인세 차감전 이익 + 유상증자 추정이익 - 법인세 등 우선주 배당 조정액) ÷ 사업연도 말 발행주식수

계산을 하기 위해서는 먼저 현재의 사업연도를 포함한 향후 2년간의 추정 손익계산서를 작성한 후, 위의 산식에 따라 산출되는 각 사업연도의 1주당 추정이익을 가중 평가한 가액으로 한다. 가중치는 1차 사업연도는 3년, 2차 사업연도는 2년이다. 단, 2차 사업연도의 주당 추정이익이 1차 사업연도의 이익보다 적을 때는 단순평가액으로 한다.

마지막으로 시장에서 형성되는 시가를 기업의 가치로 평가하는 시장가치 평가법이 있다. 일반적으로 당해 주식의 평가는 자산가치와 수익가치를 포함하며, 평가의 용도 및 주체에 따라 여러 가지의 모델이 있을 수 있으나 기업공개 시에는 투자자 보호 측면에 비중을 두어 증권관리위원회가 정한 '유가증권 인수업무규정'에 따르게 된다.

위 기준에 따르면 인수가액은 동종 업종 상장주식의 시장가격과 비교한 당해 주식의 상대가치, 당해 주식의 순자산액과 장래의 수익력을 기준으로 평가한 본질가치로 결정하도록 하고 있다. 여기에서 주당 순자산액과 상대가치는 과거 자료를 기준으로 하므로 위 기준에서 정하는 산식에 따라 기술적으로 산출하면 된다. 이는 장래의 수익력에 대한 평가가 주안점이 된다. 본질가치는 자산가치와 수익가치를 산술평균하여 계산했지만 1996년도부터는 수익가치에 1.5의 가중치를 두어 2.5로 나눈 값을 본질가치로 계산한다.

본질가치 = (자산가치 + 수익가치 × 1.5) ÷ 2.5

본질가치는 자산가치와 수익가치를 각각 가중 산술평균한 가액을 말한다. 그래서 자산가치와 수익가치를 정확히 산출해야 본질가치가 정확히 구해지는 것이다. 즉 평가 기준일 현재 대차대조표상의 자본총계에서 여러 사항들을 가감하여 산출된 순자산을 총 발행주식수로 나누면 자산가치가 산출된다.

그런데 자본총계에서 가감하는 사항에는 차감할 항목과 가산할 항목이 있다. 실질 가치가 없는 무형자산, 회수 불가능 채권, 투자주식의 평가손, 규정상 퇴직급여 충당금의 부족분, 전환권 조정계정과 신주인수권 조정계정에 상당하는 조정권 대가와 신주인수권 대가의 금액, 분석 기준일이 속하는 사업연도에 이미 발생한 특별손실과 전기오류수정손실 등을 말한다.

가산항목은 자기주식, 분석 기준일이 속한 사업연도에 기 증가한 자본잉여금 등을 말한다.

기업의 예상주가 산정 방법

이제 기업의 예상주가를 산정하는 방법에 대해 살펴보자. 기업의 주가는 그 기업의 현재와 미래 가치를 반영하고 있다. 실제로 주가를 계산하는 다양한 방법은 일반인에게는 생소하다.

그래서 전문적인 애널리스트가 아닌 바에는 이를 단순화할 필요가 있다. 상장기업의 주가는 기업의 가치가 아닌 사는 사람과 파는 사람의 수요공급의 법칙에 의해 결정되는 시장가격이다. 그러나 비상장기업의 주가는 수요공급에 의한 가격결정보다는 기업의 진정한 현재와 미래 가치에 의해 결정된다고 봐도 큰 문제는 없다. 물론 비상장기업 주가도 수요공급에 의한 가격결정에 영향을 받고 기업 환경의 영향을 받긴 하지만 그 영향이 미미하다.

상장이든 비상장이든 기업의 주가를 계산하는 기본적인 항목에는 주당순이익, 주가수익비율, 주당순자산가치, 주가순자산비율, 자기자본이익률, 영업이익률 등이 있다.

하나하나 자세히 살펴보자. 우선 주당순이익은 'Earning Per Share', 즉 EPS라고 하는데 한 주당 순이익을 의미한다. 주당순이익은 기업의 연간 당기순이익을 발행주식수로 나눈 값이다. EPS가 높다는 것은 투자가치가 높다는 것을 의미한다. 예를 들어 100주로 구성된 100만 원짜리 기업이 10만 원을 벌었다면 주식 한 주는 1만 원이 되고, 수익이 10만 원이므로 주식수 100주로 나누면 1,000원이 주당순이익이 된다. A라는 기업의 EPS가 2,000원이고 주가수익비율이 6이라면 해당 기업의 현재 적정 주가는 1만 2,000원이다. 이 기업의 상장 시 주가는 동종 업종의 평균 주가수익비율을 곱하여 산출하면 되는데, 즉 어떤 기업의 예상 EPS가 1,000원이고 동종 업종 상장기업의 평균 주가수익비율이 11이라면 이 기업의 상장 시 목표주가는 1만 1,000원이 된다.

주가수익비율은 'Price Earning Ratio', 다시 말해 PER이라고 부른다. PER은 기업의 현재 주가를 EPS로 나눈 값이다. 기업의 주가가 적정한지 판단하는 기준이 되는 척도라고 생각하면 되는데 PER가 10이라는 것은 1주의 수익에 비해 10배 비싸게 팔리고 있다는 것을 의미한다. 통상적으로 PER의 기준값은 10인데 10 이상이면 고평가, 10 이하이면 저평가된 것으로 판단하면 된다.

기업의 주가를 계산하는 가장 일반적이고 보편적인 방법은 기업의 평균 PER와 EPS만을 가지고 계산하는 것이다. 바이오 산업 등 특수한 미래 가치를 가진 업종을 제외하고 일반적인 기업들을 오직 현재 데이터로만 평가할 때 가장 기초가 되는 계산 방식이며, 특히 비상장기업은 이 방법이 정확하다고 할 수 있다.

동종 유사기업의 평균 PER이 15라고 할 때 어떤 기업의 EPS가 1,000원이라면 이 기업의 목표주가는 15×1,000=1만 2,000원이 된다.

다음으로 주당순자산가치는 'Book Value Per Share', 다시 말해 BPS인데, 청산가치라고 부르기도 한다. BPS는 순자산을 발행주식수로 나눈 것이다. BPS가 1,000원이라고 하면 회사가 문을 닫고 모든 자산을 처분했을 경우 1주당 1,000원씩 돌려준다는 의미다. BPS가 높다는 것은 자기자본의 비중이 크

고 실제 투자가치가 높다는 것을 의미한다. BPS가 높을수록 기업내용의 충실
도가 높다고 볼 수 있다. 청산가치와 현재의 주가를 비교해보면 된다.

계산 방법은 이와 같다.

주당순자산 = (자기자본 − 무형자산 − 사외유출금) ÷ 기말 발행주식수

순자산 = 자기자본 − 무형자산(상표권, 영업권) − 사외유출금(배당금, 임원 상여금)

순자산 ÷ 발행주식수 = 주당순자산 = 청산가치

주가순자산비율은 'Price Book Value Ratio', 다시 말해 PBR이라고 부른
다. PBR은 주가를 BPS로 나눈 비율이다. 즉 주가가 순자산에 비해 1주당 몇
배로 거래되고 있는지를 측정하는 지표이다. PBR이 2라는 의미는 회사가 망
했을 때 10원을 받을 수 있는 주식이 20원에 거래되고 있다는 의미다. 다시 말
해 PBR이 1 미만이면 현재 주가가 장부상 순자산가치(청산가치)에도 미치지 못
한다는 것을 의미한다. 때문에 PBR이 1 미만인 곳은 조심하는 게 좋다.

자기자본이익률은 수익과 관련된 지표인데 'Return On Equity', 다시 말해
ROE라고 부른다. 수익과 관련된 대표적인 지표이다. ROE는 당기순이익을 자
기자본으로 나눈 것으로 주주들이 투자한 돈을 얼마나 잘 굴렸는가를 나타
내는 지표이다. 자기자본이 1,000원이고 당기순이익이 100원이라면 ROE는
10%가 된다. 쉽게 말해 주주들이 1,000원을 투자한 회사에서 100원을 벌었
다는 의미다.

대략 건실한 대기업의 경우 12 정도를 보며, 은행의 경우 10 정도로 보면 타
당하다. 8 이하이면 고려해보는 것이 일반적인 견해이며 ROE가 높은 기업일
수록 수익을 많이 내고 있다고 보면 된다.

마지막으로 영업이익률은 기업의 수익 관련 지표로서 영업이익을 매출액으로 나눈 수치로 얼마나 사업을 잘했는지 알 수 있는 지표다. 매출액이 1,000원인 회사가 영업이익을 100원 냈다면 영업이익률은 10%가 되는 것이다.

주가가 내렸을 때 비상장주식을 팔려면 싸게 내놓아야만 할까? 보통 주식은 그 기업의 주식을 팔겠다는 사람이 많으면 주가가 내려가고, 사겠다는 사람이 많으면 주가가 올라가기 마련이다. 하지만 비상장주식은 그렇지 않다. 상장이라는 과정이 없으니 개인과 개인 간 협상과 조정으로 가격이 결정된다. 대부분의 투자자는 일부 사이트를 보고 주가가 내렸다고 걱정하는데, 이것은 비상장 주가의 흐름을 잘 모르는 사람들의 오해이다.

비상장주식의 가격은 내 주식의 가격이 아니라 팔기 위해 내놓은 주식의 가격이며 상장회사처럼 전체 주식의 가격도 아니다. 아무리 주가가 움직여도 내가 현재의 가격에 팔겠다고 하면 사려는 사람은 그 가격에 사야 한다. 그게 비상장주식가격 형성의 메리트라고 할 수 있다.

07

코스닥 시장 상장 요건

코스닥 상장을 준비하는 기업들과 투자자분들에게 당부하고픈 말이 있다면? 현재 상황에서 회사가 신기술을 보유해 계속적인 성장 속에서 매출이 향상되고 있는지 여부와 회사가 재무적인 건전성과 신뢰성이 밑바탕이 되는지를 사전에 판단하기를 당부하고 싶다.

코스닥 시장 상장 요건

코스닥 시장이란?

코스닥 시장의 개념부터 간략하게 다시 한 번 알아보자. 코스닥 시장은 미국의 나스닥 시장을 벤치마킹하여 국내 유망 벤처기업 및 중소기업의 직접 자금조달을 지원하기 위해 1996년 7월에 개장한 장외주식 거래시장이다. 규모는 작지만 우수한 벤처기업이라든지 성장 잠재력이 큰 중소기업들이 모여 있는 시장으로, 쉽게 말해 코스피는 매출 및 시가총액이 큰 대기업, 코스닥은 코스피 종목 대비 매출액과 시가총액이 적은 중소기업이 모인 곳이라고 말할 수 있다.

국내의 수많은 기업들, 그러니까 비상장회사들이 코스닥 시장 상장을 목표로 노력하고 있는데, 한 기업이 상장하게 되면 자금조달이 용이하고, 정부로부터 각종 세제상의 혜택을 받을 수 있다는 장점과 기업의 언론 노출 빈도가 높아져 기업 이미지 격상, 그리고 HTS, MTS, 증권사 대행을 통해 대한민국 국민 누구나 매매가 자유로워지는 이점 때문에 코스닥 상장을 위해 노력하고 있다.

코스닥 시장 상장 요건

요건		코스닥시장 상장 요건(2014.6.18 개정규정 기준)		
		일반기업	벤처기업	기술성장기업
설립 후 경과년수		3년 이상	미적용	미적용
규모 (①or②)	①자기자본*	30억 원 이상*	15억 원 이상*	10억 원 이상*
	②기준시가총액			
지분의 분산		다음 요건 중 택일 1) 소액주주 500명 이상, 지분 25% 이상 & 청구 후 모집 5%(25% 미만 시 10%) 2) 자기자본 500억 이상, 소액주주 500명 이상, 청구 후 모집지분 10% 이상 & 규모별 일정 주식수 이상 3) 공모 25% 이상 & 소액주주 500명		
자본상태*		자본잠식* 없을 것 (※ 대형법인 미적용)		자본잠식률 10%미만
감사의견		최근 사업연도 적정일 것 (연결재무제표 작성대상법인의 경우 연결재무제표에 대한 감사의견 포함)		
경영성과		계속 사업이익 시현 (※ 대형법인 미적용) (연결재무제표 작성대상법인의 경우 연결재무제표 기준)		미적용

이익규모*
매출액** & 시가총액
		다음 요건 중 택일
		1) ROE* 10%
		2) 당기순이익* 20억
		3) 매출액*100억
		   & 시가총액 300억
		4) 매출액 증가율 20%
		   (& 매출액 50억)
			다음 요건 중 택일
			1) ROE* 10%
			2) 당기순이익* 20억
			3) 매출액** 50억
			   & 시가총액 300억
			4) 매출액 증가율 20%
			   (& 매출액 50억)
				미적용

최대주주 등 지분의 매각제한		6월		1년
기타 외형요건		주식양도 제한이 없을 것		

*연결재무제표 작성대상법인의 경우에는 연결재무제표상 자기자본(자본금)을 기준으로 하되 비지배지분은 제외
**재화의 판매 및 용역의 제공에 한함(단, 지주회사는 연결재무제표 기준)
주1) POE(자기자본이익률) = 당기순이익 ÷ 자기자본 × 100
주2) 기술성장기업 : 전문기관 기술평가(복수) 결과 A등급 이상인 기업(녹색인증기업은 단수)
주3) 대형법인 : 자기자본 1,000억 원 또는 기준시가총액 2,000억 원 이상 기업(상장예비심사청구일 현재)

코스닥 상장 요건에는 객관적 심사 요건인 '양적 요건'과 주관적 심사 요건인 '질적 요건'이 있다.

보통 기업은 일반기업, 벤처기업, 성장형 벤처기업으로 분류된다. 벤처기업이란 첨단의 신기술과 아이디어를 개발하여 사업에 도전하는 기술집약형 중소기업을 말하고, 성장형 벤처기업이라는 것은 바이오나 제약같이 성장 업종에 종사하고 있고 기술 평가 A등급 이상을 받은 경우에 해당하는데, 몇 가지 요건들을 비교하면 일반기업은 설립 후 3년 이상 지나야 상장이 가능하지만 벤처기업은 제한이 없다. 또 자본금 기준이 일반기업은 30억이지만 벤처기업은 15억 원, 성장형 벤처기업은 10억 원이다.

또 일반기업은 자기자본비율이 10% 이상, 당기순이익이 20억 이상이어야 하거나, 매출액이 100억 원, 시가총액이 300억 원이거나, 매출액 증가율이 20%이면 된다. 이는 벤처기업도 마찬가지다. 또 벤처기업은 자기자본비율 5%, 당기순이익이 10억 원 이상이거나 매출액 50억 원, 시가총액 300억 원이면 된다. 성장형 벤처기업의 경우에는 많은 조건들에서 제한 없이 상장이 가능하다.

기업 성장 요건

다음으로 세 가지 기업 성장 요건에 대해 공통적으로 충족시켜야 할 요건을 알아보자(주식 분산의 요건, 자본 상태, 감사의견, 경영성과·최대주주 등 소유주식 비율 변동 제한, 기타 외형 요건에 대한 설명이다).

투자자들이 구체적으로 눈여겨봐야 할 부분으로는 투자대상 회사가 순이익이 발생했는지, 투자대상 회사의 올 순이익이 전년 대비 증가할 것으로 보이는지, 투자대상 회사의 내년 순이익이 증가할 것으로 기대되는지, 즉 기업의 순이익이 중요하다.

전년도에 순이익이 발생했고, 올해 순이익이 전년 대비 증가할 것으로 기대되고, 내년에도 순이익이 증가되는 기업이라면 설령 지금 시가총액이 90억 원 미만이라고 해도 빠른 시일 안에 조건을 충족시킬 수 있다.

지분의 분산은 공모주 모집 과정에서 자연스럽게 해소될 수 있는 사항이다. 즉 달성 요건이 아니라 대주주의 선택사항이다. 주식은 언제든지 분산시킬 수 있다. 또 전년도에 순이익이 발생했고 올해 순이익이 전년 대비 증가할 것으로 기대되고 내년 순이익 또한 기대되는 기업은 설령 지금 자본잠식 상태라고 하더라도 매년 벌어들이는 이익 잉여금으로 곧 자본잠식 상태가 해소될 것이다.

그리고 일반기업이냐 벤처기업이냐에 따라 다양한 기준이 있고 그에 따른 조건을 하나만 충족시키면 되는데 작년에 순이익이 발생했고 올해는 작년보다 순이익이 늘어날 것으로 예상되고 내년에는 올해보다 더 큰 폭의 순이익 증가가 예상된다면 경영성과 이익 규모 기준은 당연히 충족된다.

코스닥 시장 상장 실패 사례

코스닥 시장 상장의 양적 요건에 대해 알아봤는데 계속해서 코스닥 시장 상장의 질적 요건과 코스닥 시장 상장 실패 사례를 살펴보자. 코스닥 등록 미승인 사례를 보면 양적 요건보다 질적 요건이 미흡한 경우가 대부분인데 대체로 기업의 성장성, 안정성, 투명성을 기준으로 심사가 이루어지게 된다. 심사 기준은 크게 5가지로 나뉜다.

주력 시장 등의 규모와 성장 잠재력, 대체시장 존재 여부와 규모, 그리고 시장점유율과 경쟁자 현황, 진입장벽의 고저 등을 따져보는 '시장성'이 있고, 생산비용의 비교 우위성, 원자재의 안정적 확보 유무, 그리고 매출 규모 및 매출 안정성, 제품 마진율, 매출채권의 회수기간을 따져보는 '수익성', 매출 성장률과 영업이익의 규모 및 성장률, 1인당 부가가치, 법인세 차감 전 이익률, 재무

안정성과 재무자료의 신뢰성을 통해 '재무 상태'를 확인하고, 기술의 완성도와 핵심 기술 보유 유무, 지적재산권 소유 유무, 기술의 수명주기와 제품 응용범위, 기술인력의 수준과 기술 사용화 경쟁력을 따져보는 '기술성', 그리고 '경영성'으로 나눌 수 있다.

기업 분류별 심사 항목의 우선순위가 다른데 벤처기업은 1순위 기술성, 2순위 시장성, 3순위 수익성, 4순위 경영성, 5순위 재무 상태로 하고, 일반기업은 1순위 수익성, 2순위 시장성, 3순위 재무 상태, 4순위 경영성, 5순위 기술성 기준으로 한다.

5가지 이외에 세부사항으로는 다음과 같은 것들이 있다.

① 예비심사청구서 및 첨부 서류에 허위 기재 또는 누락 사항이 없을 것.
② 유동비율, 당좌비율, 차입금 의존도 또는 금융비용 부담률 등에 비추어 재무적 안정성이 인정될 것.
③ 관련 법령의 위반으로 정상적인 영업활동이 어려운 경우, 부도 발생 가능성으로 재무상황에 위해 요인이 있는 경우 및 업종이 등록에 부적합한 경우가 없어야 할 것.
④ 벤처금융의 임직원, 등록 주선인의 협회 등록 업무 관련 임직원이 자기의 재산으로 당해 등록 예정 벤처기업의 주식 등에 투자한 사실이 없을 것. 단, 모집 매출에 의한 경우, 상속 등 불가피한 사유에 의한 경우, 주식 처분 후 2년 이상이 경과한 경우에는 예외를 인정할 것.
⑤ 감사보고서 등 회사 경영과 관련된 주요 자료가 주주에게 적법하게 공시될 것.
⑥ 재정 상태, 경영 실적, 특수관계인에 관한 주요 사항 등을 적시에 공시할 수 있는 관리조직이 구비되어야 함.
⑦ 코스닥 등록 심사 도중 자진 철회 시 재청구를 위한 기간을 새로이 적용하여

등록 심사청구가 늦어짐.

⑧ 코스닥 등록 심사 1년 전 대주주 및 특수관계인 지분 변동이 없어야 함.

⑨ 등록기업과 합병하는 비등록 기업도 등록 심사 대상에 포함됨.

이렇게 많은 요건이 필요하기 때문에 코스닥 시장의 문턱이 높은 것도 같다. 코스닥 상장 승인 보류 사례를 참고해서 실패 요소를 하나라도 줄여보자. 실패하는 요소에는 승인 보류 사례의 60% 이상이 사업성 미흡이고, 약 20% 정도가 재무안전성 미흡, 나머지 20%는 회사 내부 통제구조 구축 미비나 경영투명성 미흡에 의한 것으로 나타나 있다. 실제 사례를 통해 살펴보자.

(1) 재무의 안전성

2007년 A사의 총자산 430억 원 중 투자 유가증권 110억 원, 매출채권 7억 원, 재고자산 90억 원 수준으로 과다하여 전년 대비 자산 회전율이 대폭 하락했다. 특히 2006년 매출(169억 원) 대비 재고자산 비율 60%, 매출채권 비율 45%로 현금 유동성이 떨어졌다.

2000년 단기 차입금 6억 원에서 2004년 IT 경기침체로 매출이 부진해짐에 따라 단기차입금이 40억여 원 증가하여 재무구조가 악화되었다. 또한 신규 사업 지연으로 인한 투자 유가증권의 고착화, 사옥 건설에 따른 유동자금의 부족 등 자금 차입 수요가 지속적으로 있었다.

부품 제조를 위한 시설 투자를 확대함에 따라 비유동자산 및 장단기 차입금이 큰 폭으로 증가했다. 이에 따라 비유동 비율이 동종 업계 평균 94%보다 높은 184%, 부채비율은 동종 업계 평균 102%보다 높은 173%의 재무비율을 보이고 있다. 특히 부채 158억 원 중 단기차입금이 97억 원(61%) 규모를 차지하여 현금 유동성이 악화될 소지가 있었다.

(2) 안정성 및 성장성

B사는 2003년 말에 설립하여 2005년부터 본격적으로 매출이 발생했다. 기술 평가에서 BBB를 받아 기술력과 수익성은 인정받았으나, 실제 영업기간이 1년에 불과했기 때문에 시장에서 안정성과 성장성을 검증하기 위해 추가 기간이 필요하게 됐다. 매출 구성상 수주에 의존하는 비중이 68%로 과다하여 매출의 안정성에 대한 의문이 제기되었다. 주 거래처와의 매출채권 회수 문제로 매출이 중단되어 매출이 큰 폭으로 하락했다.

대규모 용역 수주 위주의 매출구조를 제품 위주로 전환할 필요성이 대두되고 있다. 전체 매출의 78%가 한곳에 집중되어 있었고, 매출채권 또한 증가하여 영업의 현금흐름이 악화되었다. 2003년 매출채권 회수율은 92%였으나 2007년 매출채권 회수율이 50%대를 보이고 있고, 주 거래처의 매출채권 회수기간이 10개월 수준에 육박한다. 경기침체로 매출채권의 회수 리스크도 증대했다.

(3) 수익성

A사가 속해 있는 업종의 특성상 경쟁이 치열하여 수익성 보전을 위해서는 외형이 커야 하지만 동종 업계 대비 매출 규모가 작아 수익성 개선이 힘들 것으로 전망되었다. A사가 속해 있는 시장 자체가 초기 형성되어 가는 단계로, 그 산업 자체에 대한 시장성 검증기간이 필요한 상태다. 비록 반기 실적상 경상이익률이 28% 수준에 이르지만 매출액 규모가 25억 원에 불과하여 시장 및 산업 검증에 추가기간이 필요하다.

B사는 유명 게임업체로 2007년 코스닥에 등록 신청을 했지만 단일 게임 매출구조로 향후 수익 모델을 검증하기 어려운 것으로 판단해 승인이 보류되었다. 심사위원회는 게임 개발사의 경우 자체 개발 게임 2개 이상, 퍼블리싱 게

임 3개 이상 보유를 기준으로 코스닥 심사 기준을 강화한 바 있다.

코스닥 상장을 준비하는 기업들과 투자자분들에게 당부하고픈 말이 있다면? 현재 상황에서 회사가 신기술을 보유해 계속적인 성장 속에서 매출이 향상되고 있는지 여부와 회사가 재무적인 건전성과 신뢰성이 밑바탕이 되는지를 사전에 판단하기를 당부하고 싶다.

장외주식이 부동산에 비해 매력적인 재테크 수단으로 각광받는 이유가 세금 때문이라고들 하는데 세금에 대해 알아보자. 우리나라의 양도소득세는 토지 및 건물, 부동산에 관한 권리, 비상장주식 및 기타 자산에 대해 부과하고 있다. 주식 관련으로는 비상장주식, 기타 자산 중 특정 주식, 부동산 과다 보유 법인의 주식 및 주식형 시설물 이용권 등이 있다.

양도소득세는 과세대상이 비상장주식이냐, 기타 자산이냐에 따라 세율 및 과세 방법 등에 차이가 크다. 장외일 때 주식을 보유하고 있다가 상장이나 등록 후 주식을 매도하면 주식 보유자가 개인일 경우 양도소득세 부담 문제가 발생하게 된다. 비상장주식을 소유한 개인 보유자가 그 주식이 증권거래법에 의한 주권 상장법인 또는 협회 등록법인으로 상장된 후 코스닥이나 증권거래소 장내에서 이 주식을 매각하면 소액주주인 경우에는 양도차익의 과다에 상관없이 양도소득세를 부담하지 않아도 된다.

특히 사설 사이트나 중개 온라인 딜러들을 통해 비상장주식 거래를 하시는 분들이 많은 것으로 알고 있는데 거래 전 반드시 매도자가 양도세 자진 신고를 했는지, 또는 중간에 매도자와 매수자를 연결해주는 중개자 역시 양도세 신고를 통해 세금을 정확히 납부하는지 살펴봐야 한다. 요즘은 전산 시스템이 잘 갖춰져 있기 때문에 계좌 간 이체 내역 등이 잘 드러나도록 되어 있다. 자진 신고이긴 하지만 누락 시 국세청으로부터 가산세 등이 부과될 수 있기 때문에 거래 시 양도소득세 신고를 꼭 확인해야 한다.

08

장외주식 매매
상식과 절차

장외주식도 직접 사람과 사람이 만나지 않고 증권계좌를
통해 주식을 이체함으로써 매매가 가능하다. 단, 거래하
려는 주식이 명의개서가 아닌 통일주권으로 발행된 상태
여야 한다.

장외주식 매매 상식과 절차는?

장외주식 매수 시 체크할 사항

거래소나 코스닥 시장은 인터넷의 저변 확대로 홈트레이딩 시스템이 활성화됐고, 스마트폰으로 누구든 쉽게 접할 수 있어 개인투자자들이 장소를 가리지 않고 매매할 수 있는 시스템으로 바뀌어졌다. 또 어느 증권사나 고객 서비스센터를 두고 있어서 투자자가 알고 싶어 하는 내용을 전문가와의 상담을 통해 즉각적으로 알려주고 있기도 하다. 반면 장외시장은 공인된 거래소를 가지고 있지 않을뿐더러 정확한 현재가도 없고, 하루에 얼마나 거래가 이루어지는지 거래량도 알 수 없는 것이 현실이다. 또 주식을 사려면 스스로 매도자를 찾아 주식을 받고 돈을 보내야 한다.

여러 인터넷 사이트와 장외 전문 중개업체가 있지만 대부분 전담 헬프 데스크가 없어 고객 서비스 측면이 약하고 주로 온라인을 통한 거래가 잦다 보니 양도소득세 신고 여부를 확인하기도 어려운 현실이다. 이런 점들을 보완하기 위해 금융투자협회에서는 코넥스, K-OTC, K-OTC bb 등을 운영하고 있다.

장외주식은 개인과 개인의 거래를 원칙으로 하기 때문에 반드시 필자가 말한 사항을 체크해야 한다. 무사히 거래가 이루어졌다면 한숨을 돌리겠지만 허위로 신분을 가장한 채 사기 거래를 하는 사고 사례가 많았기에 개인 사이의 주식거래는 서로 만나서 하는 것이 바람직하다.

사고자 하는 종목의 매도 매물을 알아보고 가격과 수량이 일치할 경우 매도자에게 직접 전화를 걸어 거래한다. 장외시장의 경우 정보가 절대적으로 부족한 만큼 본인이 먼저 장외주식에 대해 충분히 이해하고, 미리 사고자 하는 종목에 대해 공부를 한 다음 주식의 실질 가치 등을 반영한 가격을 결정하길 권장한다. 나름대로의 논리를 바탕으로 가격협상 등에서 유리한 입장에 설 수 있기 때문이다. 그렇지 않으면 막상 팔 사람을 만났을 때 나쁜 조건으로 해당 주식을 살 가능성이 높다.

장외주식도 직접 사람과 사람이 만나지 않고 증권계좌를 통해 주식을 이체함으로써 매매가 가능하다. 단, 거래하려는 주식이 명의개서가 아닌 통일주권으로 발행된 상태여야 한다.

주식계좌를 만들어두면 지방에 있거나 멀리 있는 사람을 직접 만나지 않고도 편리하게 증권회사를 통해 주식을 거래할 수 있다. 또한 주식을 입고하거나 출고했을 때 사고 주식인지 아닌지 확인이 가능하며, 배당금 및 주식 관리를 증권회사에서 대행해주기 때문에 편리하다. 가까운 증권사에 신분증을 가지고 가서 개설하면 요긴하게 쓸 수 있다.

증권계좌를 개설한 다음에는 가장 먼저 회사와 관련된 정보 수집을 해야 한다. 장외주식은 보다 다양한 종목에 대한 정보를 광범위하게 수집해야 한다. 비상장기업에 대한 정보를 수집하고 분석해서 종목을 선정해야 한다. 파는 종목에 대한 정보는 경제신문의 광고면과 사이버상 혹은 장외 전문 중개업체에서 구할 수 있다. 예전에는 경제신문의 광고면을 보면 장외주식을 팔겠다는 광고에 의한 정보가 주를 이루었는데, 요즘에는 주로 인터넷 사이트의 '매매 코너'가 실제적인 매매 정보 제공처가 되고 있는 것이 현실이다.

또, 코넥스 상장 종목들은 HTS 등을 통해 거래가 가능하다. 정보 수집한 이후에는 매수·매도 호가에 따른 대략적인 현재 시세를 확인하고 희망 매매 가격과 매매수량을 결정한다. 매도를 희망하는 상대방에게 전화나 기타 통신 수단을 이용하여 연락을 취한 후 협상을 해서 가격과 수량에 대한 합의점을 도출한다. 대략적인 매매가격 정도는 사전에 맞추어야 직접 만나서 거래할 때 불필요한 시간 낭비를 줄일 수 있기 때문이다. 그러지 않으면 의견을 좁히지 못한 채 그대로 돌아설 수도 있다.

정보 수집을 하고, 만나기 전에 가격 협상을 한 후, 만난 다음에는 반드시 신분을 확인해야 한다. 주민등록증이나 운전면허증 등을 교환해서 상대방의 정확한 신원을 파악해두고, 여러 군데 전화번호도 받아두어야 한다. 신분증은 가능하면 복사를 해두는 것이 좋다. 사고가 난 주식인지 아닌지도 현장에서 따져봐야 한다. 사고가 난 주식일 가능성이 많은 것은 아니지만 만일의 경우를 대비해 최소한의 검증 여부는 증권예탁결제원을 통하면 쉽게 확인할 수 있다. 만나서 거래하는 경우에는 반드시 주식 양수도 계약서를 쓰는 걸 빠뜨리면 안 된다. 보통 만나서 거래를 하다 보면 별 의심 없이 주식과 돈을 바꾸는 경우가 있다. 하지만 장외주식 거래에서 계약서를 빠뜨리는 것은 절대 금물이다. 이 때문에 사업자등록을 필한 업체를 찾아 거래하는 것이 중요하다. 훗날 매도 시 양도세 부분이 문제가 될 소지가 있기 때문에 매매계약서 작성을 위해서라도 정식으로 사업자 등록을 마친 업체를 방문해야 한다.

매매 협의가 되고, 신분 확인을 했다면 진짜 거래를 해야 한다. 거래가 협의되었을 경우 주식을 이체 받고 매수대금을 지급해야 하는데, 먼저 매도자가 주식을 증권계좌로 이체시키고, 매수자는 계좌의 입고를 확인한 다음 대금을 지불해야 한다. 증권사마다 입·출고 소요시간이 다르고 입고 확인까지 걸리는 시간이 크게는 1시간 이상 소요될 수 있으므로 주식 이체를 확인하고 돈을 지급하는 것이 좋다. 이런 체크 사항을 정리하면 아래와 같으니 참고 바란다.

① 증권계좌 개설 ② 장외주식 정보 수집 ③ 가격 절충 및 거래 상대방 신분 확인 ④ 주식 이체 ⑤ 주식입고 확인 후 대금 지급

장외주식 매도할 때 알아야 할 것

계속해서 장외주식 매매 시 알아야 할 상식에 대해 살펴보자. 장외주식을 매수·매도할 경우, 항상 신용을 우선시해야 한다고 하는데 그 이유는 장외주식의 매매에서 발생하는 문제들은 개인의 직접적인 피해로 연결되고 모든 책임 또한 개인에게 있기 때문에 항상 안전장치를 마련해두는 자세가 바람직하기 때문이다. 장외주식 매매 과정에서 발생하는 피해를 최소화하기 위해서는 다수의 매도자 중에서 본인이 매수를 원하는 종목과 가격대에 알맞은 매도자를 선정해야 한다. 이 경우 증권사를 통한 계좌이체 방식의 거래가 가능한가 여부를 확인해야 한다. 계좌이체는 해당 기업이 통일주권을 발행하고 명의개서가 가능한 주식에 한해 가능하므로 이를 먼저 확인해두는 것이 좋다.

매도자를 선정한 후에는 매도자의 신원을 확인한다. 우선 유선전화를 통해 신원을 확인하고, 계좌이체 거래를 위해서는 주로 증권사 객장에 가야 하므로 직접 객장에 전화를 걸어 직원이 매도자와 통화하게 만드는 절차도 때에 따라 필요하다. 선 증권 이체 후 대금 지급 방식을 말하는 것인데, 장외주식 매도자의 입장에서 바라본 매매 흐름 역시 매수자의 입장과 큰 차이가 없지만 대금이 지불되지 않을 경우에는 계좌이체 취소 주문을 내고 확인해두었던 매수자의 신분사항을 경찰에 즉각 신고하는 것이 피해를 최소화하는 방법이다.

장외시장 홈트레이딩 시스템 이용 시 개별적으로 매수자, 매도자를 찾아가

는 것보다 안정적인 거래를 할 수 있고 가격이 투명하다는 장점이 있다. 그러나 아쉽게도 장외주식 거래는 코넥스에 상장된 주식을 거래하거나 주식 이체 이외의 홈트레이딩 거래는 불가능하다. 같은 증권사 계좌끼리의 이체는 증권사 업무 종료시간인 오후 4시 전까지만 주문을 접수시키면 되지만, 타 증권사로의 이체는 대개 오후 2시까지 주문을 접수시켜야 한다.

주식 이체의 경우에도 별도의 대체전표가 있다. 대체전표에는 먼저 이체시킬 주식의 종목명과 수량, 본인의 계좌번호와 비밀번호 그리고 계좌명을 적는다. 그리고 이체해줄 계좌의 계좌번호와 계좌명, 그 계좌의 해당 증권사 이름과 지점 이름, 그 지점의 전화번호를 기재하고 서명을 날인한다.

이 주문표를 신분증과 함께 창구 직원에게 제출하면 된다. 타 증권사 주식 이체의 경우 이체할 해당 지점과 이체 받을 해당 지점의 담당자들끼리 전화통화를 해서 이체 확인 절차를 거치게 된다. 따라서 이체 받을 해당 증권사 이름과 지점명, 전화번호를 알려주어야 업무를 처리하기가 훨씬 용이해진다. 이체 주문을 처리하면 업무 종료시간인 4시에 본사끼리 조치해서 이체 받는 계좌로 주식이 들어가게 된다.

따라서 이체 받는 계좌의 경우에는 이체 주문을 처리한 다음 날부터 매매가 가능하다. 입고 여부의 확인은 당일 오후 4시 이후에 HTS 등을 통해 할 수 있고, 같은 증권사 지점 간 이체할 경우 이체가 주문 처리 즉시 이루어진다. 따라서 이체 받은 계좌에서 입고가 확인되는 당일에도 매매를 할 수 있다.

명의개서가 안 되는 주식의 처리는?

명의개서가 안 되는 주식을 처리해야 할 때엔 어떻게 해야 할까? 명의개서란 주주로서의 권리를 행사할 수 있도록 주권을 자신의 소유로 만드는 것이다. 즉 주주명부에 자신의 성명과 주소 등을 기재하는 것이다.

명의개서를 하려면 예탁원에 비치된 명의개서 청구서, 신규 주주인 경우 인감표 2매, 본인 인감, 주권을 제출해야 한다. 간혹 이런 명의개서 장치가 마련되지 않은 주식을 만나는 경우가 있다. 이때에는 거래 절차가 복잡해지기 때문에 거래 중개업체나 장외 펀드매니저의 도움을 받아 공증 등의 절차를 밟아두는 것이 안전하고 편리하다. 명의개서가 안 되는 주식은 대부분 경영권 보호 차원에서 주권 발행회사가 미래 어느 시점까지 자사주의 명의개서를 금지한다는 조항을 넣는 경우가 있다.

명의개서가 안 되는 주식은 명의개서 시작 시점의 파악은 물론, 거래 시 반드시 공증을 받아두는 것이 좋다. 일각에서는 주식 보관증을 받아두는 것이 좋다고 하는데 모든 거래의 책임을 본인이 져야 하므로 가능한 한 모든 방법을 동원해서 안전장치를 만들어놓아야 한다. 주주의 성명, 주소, 보유하고 있는 주식의 종류, 수량, 1주의 금액 등의 내용으로 차후 주권이 발행되었을 때 회사가 교환을 약속하는 일종의 증명서를 주식보관증이라고 한다. 회사의 명의로 써준 주식보관증이 본인의 이름으로 되어 있다면 법적 효력이 있고, 향후 주식 실물 발행 시 실물로 대체 가능하다.

그러나 주식보관증이 타인의 이름으로 되어 있을 경우에는 법적 효력을 가지지 않으며 문제가 발생할 수 있다. 즉 주식보관증을 받았어도 그것이 본인 명의가 아니면 주식 권리를 행사할 수 없으며, 매도자에 대해 사기죄로 재판을 걸 수 있다.

주식 양수도 계약서도 마찬가지다. 한 사람이 다른 사람에게 주식을 매도하고 동일한 주식을 다른 사람한테 다시 팔았을 경우 명의개서가 되어 있지 않은 상태에서는 주식의 권리를 주장할 수 없기 때문에 매도자에 대해 사기죄를 적용해야 한다. 또한 공증은 재판 절차를 줄이기 위해 받는 것으로 공증을 받아서 주식에 대한 권리를 인정받는 것은 아니다. 그러나 거래 단위가 큰 경우에는 보다 확실한 승소를 위해 공증을 받아두는 것이 유리하다.

장외주식시장에서 거래되는 주식가격이 상장 후에도 반영되지는 않는다. 장외시장 마지막 날 거래된 단가와 상장 첫날 시초가는 직접적인 관계가 없고 상장 시 시장조사를 사전에 하며, 주가가 결정된다. 상장 첫날의 시초가는 공모가의 90~200% 범위 내에서 합치된 금액으로 결정된다.

09

장외주식 거래 방법

장외주식 거래 방법은 크게 직접투자와 간접투자로 나뉜다. 직접투자는 투자자가 주식을 가진 상대방과 만나는 등 직접 거래를 하는 방법이고, 간접투자는 중개업체나 중개업자를 거쳐서 거래하는 방법이다.

직접투자와 간접투자

직접투자 방법

장외주식 거래 방법은 크게 직접투자와 간접투자로 나뉜다. 직접투자는 투자자가 주식을 가진 상대방과 만나는 등 직접 거래를 하는 방법이고, 간접투자는 중개업체나 중개업자를 거쳐서 거래하는 방법이다.

먼저 직접투자 방식에 대해 알아보자. 거래 방법으로는 실물 거래, 증권계좌 거래, 우편 거래, 장외주식 사이트를 통한 거래 방법을 중심으로 살펴보자.

가장 쉬운 장외주식 거래 방법은 파는 사람과 사는 사람이 만나서 거래하는 것이다. 이때 반드시 주식이 사고 주식 혹은 위조 주식이 아닌지 확인해야 하는데, 일단 주식을 증권계좌로 입고시킨 후, 증권계좌 간 대체하는 방법이다. 주식계좌 대체 방식이 불편한 것처럼 보이지만 생각 외로 쉬울 뿐만 아니라 가장 안전한 방법 중 하나이다. 참고로 증권사 주식 실물 입고는 오후 3시까지다.

주식을 발행하면 보통 증권예탁원에 맡겨 유통시키는 것이 일반적이다. 거래소 상장기업이나 코스닥 등록기업, 제3시장 지정기업들은 모두 증권예탁원에 맡겨놓고 거래를 한다. 이런 주식들은 모두 계좌이체가 가능하다. 그러나 장외시장 종목 가운데는 증권예탁원에 맡기지 않고 회사 차원에서 주식을 유통시키는 경우가 있는데 이런 회사의 주식은 계좌이체가 안 되기 때문에 직접 만나 주권과 현금을 주고받아야 한다.

가장 안전한 방법은 회사에 직접 방문하여 주식 실물 및 주주명부를 확인한 후 주주명부 변경을 하는 것이다. 명의개서에서 통일주권으로 변경 발행 시 바로 증권계좌에 입고가 되지 않기 때문에 직접 만나서 주고받는 것이 좋다. 그러면 며칠 후에 입고 및 계좌이체가 가능해진다.

회사에서 발행하는 실물이나 통일주권이 없고 주식보관증만 있는 경우 가장 안전한 방법은 회사에 직접 방문하여 주식 실물 및 주주명부를 확인한 후 주주명부 변경을 하면서 현금을 주고받는 것이다.

증권계좌를 통한 거래 방법

이어서 증권계좌를 통해 거래하는 방법을 알아보자. 통일주권으로 계좌입고가 가능한 경우에 활용할 수 있는 방법으로 매도인이 매수인에게 먼저 증권계좌를 통해 주식을 계좌이체 하는 방법이 있다. 주식은 바로 현물로 출고가 안 되지만 돈은 은행에서 바로 출금이 가능하기 때문이다. 현금을 입금시키는 측에서는 먼저 돈을 보내는 것은 위험하다. 물론 서로 간의 신뢰사회에서 출발하기 때문에 방법은 서로 간에 정한다.

주식을 매입하는 사람은 주식 계좌이체 확인 후 바로 매도자에게 약속한 주식 매입대금을 입금하면 된다. 만약 돈을 송금 받지 못한 매도인은 주식계좌 이체 취소를 시킬 수 있다. 주식을 파는 사람의 신분을 꼭 확인하는 것이 안전하다. 증권계좌로 거래를 하려면 주식을 사는 사람과 파는 사람의 증권회사가 같으면 좋지만 달라도 상관없다. 서로의 증권회사가 같은 경우 주식입고

후 5분 내로 확인이 가능하다. 단, 지점이 아닌 출장소는 바로 확인이 안 되는 수가 있다. 동일 증권회사 간 계좌이체는 오전 9시부터 오후 4시까지 계좌이체가 가능하다. 서로 거래하는 증권회사가 다른 경우 증권회사마다 다를 수 있는데, 대개 오후 1시 30분까지 가능하며 주식입고 확인은 3시 30분 이후에 가능하다. 입고된 주식은 3시 30분경에 증권사별로 주식을 대체시킬 종목들이 증권예탁결제원에 모인 후 증권사별로 주식이 분배되기 때문이다.

참고로 상대방의 신분이 확실할 경우에는 주식을 매입하는 사람이 주식 금액을 먼저 보낸 후 주식을 이체 받아도 된다. 이러한 증권계좌 이체 방식은 서로의 신용이 보장되지 않으므로 신중을 기해야 한다. 매도 시 계좌로 주식을 입고시켰지만 대금을 지연하는 경우가 있으므로 거래를 하기 전에 상대방의 신원을 꼭 확인해야 하며 주식을 입고한 후 취소 주문은 입고일에만 가능하다는 것도 염두에 두어야 한다.

우편과 인터넷을 통한 거래 방법

요즘에는 많이 쓰이지 않는 거래 방법이지만 거래하는 당사자들의 지역이 먼 경우 우편으로 거래하는 경우도 있다. 우편 거래 방법은 쉽다. 일단 분실이나 사고의 가능성을 염두에 두고 주식의 번호를 적어놓은 후 우체국을 찾아가서 보내면 된다. 오전 10시 이전에 특급우편으로 주식을 보내면 당일 날 주식을 받아볼 수 있다. 통상 주식을 먼저 우편으로 보내고 대금을 결제하는 방식이다. 전문적으로 주식거래를 하는 사람들은 이 방법도 많이 이용한다.

참고로 특급우편의 경우 오후 4시 이후에는 접수를 받지 않는다는 점을 알아두자. 유가증권을 우편으로 보낼 경우 분실우편물 손해배상제도를 활용할 수 있다. 분실우편물 손해배상제도는 우편물을 분실했을 경우 유가증권 금액 2,000만 원 이하만큼을 보상받는 제도이다.

거래소 시장이나 코스닥 시장을 보면 인터넷을 통한 홈트레이딩이 크게 증가하고 있음을 알 수 있다. 증권사 객장에 나가지 않아도 거래가 가능한 데다 수수료도 일반 거래의 절반에 가깝기 때문에 이용자들이 폭발적으로 증가하고 있다. 시스템이 같은 것은 아니지만 장외주식도 사이버 거래를 할 수 있다. 장외시장 주식에 대한 정보를 제공하는 업체들이 만든 코너 등을 통해 사이버상에서 주식을 사고팔 수 있는 공간을 제공하고 있기 때문이다.

하지만 그 방법은 거래소 시장 등의 홈트레이딩과 크게 다르다. 예를 들어 매도할 때 거래 절차를 보면 우선 팔고 싶은 주식이 있으면 장외주식 사이트에 들어가 '팝니다' 코너에 자기 주식을 올린다. 물론 팔려고 하는 주식의 가격과 수량 등도 함께 기재해야 한다. 또한 본인 이름과 주소, 연락처 등을 함께 기재해야 한다. 이런 절차가 끝나면 일단 기다린다.

그러다가 주식을 사고 싶어 하는 사람에게 연락이 오면 조건을 맞추어 거래 여부를 결정하면 된다. 조건은 서로 만나 조정할 수 있으므로 상대방과 충분한 대화를 나눈 다음 정하는 것이 좋다. 주식을 살 때도 이와 같은 방법으로 하면 된다. 그리고 거래 후에 매도자가 양도소득세를 납부했는지 확인해야 한다.

장외주식을 살 때에는 '삽니다' 코너에 들어가면 된다. 장외주식은 개인과 개인 간의 거래를 원칙으로 하기 때문에 반드시 정확한 기업가치 평가 등을 통해 주식을 선택하고, 이를 올린 사람에게 연락을 취해 거래를 하면 된다. 다만 조건은 팔 때와 마찬가지로 조정할 수 있으므로 팔 사람에게 자신이 원하는 거래 조건을 말하면 수정될 수 있다는 점을 염두에 둘 필요가 있다.

간접투자 방법

계속해서 간접투자 방법에 대해 알아보자. 중개업체나 중개업자를 거쳐서 거래하는 방법 외에도 요즘에는 장외 중개업체의 도움을 받는 경우가 많다.

장외 중개업체를 이용하는 주된 이유 두 가지는 다음과 같다. 첫 번째는 안정적인 투자수익 관리를 꾀하는 것이고, 두 번째는 투자자가 보유하고자 하는 종목에 대한 지식 및 경험이 부족할 경우, 이를 보완하기 위해서이다.

중개업체를 통해 장외투자를 할 것인지 여부를 결정하는 것은 자신의 손익이 걸려 있는 만큼 매우 중요한 일이다. 하지만 자신에게 맞는 장외 전문 중개업체를 선정하는 일이 쉽지는 않다. 서비스를 제공할 수 있는 중개업체들이 그만큼 많기 때문이다. 또한 이들 업체는 이미 많은 투자자를 대상으로 주식 중개를 통한 수익창출 능력을 발휘했기 때문에 그 능력의 높낮이를 가늠하기도 힘들다.

문제는 가장 합리적인 비용으로 가장 많은 이익을 남겨줄 수 있는 업체를 어떻게 산정하느냐 하는 것이다. 특히 초보 장외투자자들에게는 가장 필요하면서도 익숙하지 않은 일이기 때문에 자신의 장외투자 스타일에 알맞은 중개업체를 찾을 때 무엇을 질의해야 하며 심지어는 어디서부터 시작해야 하는지도 모르는 경우가 많다.

알맞은 중개업체를 찾기 위해 우선 투자자는 스스로 자문해봐야 한다. 그 질문은 "기업을 정확히 객관적이고 과학적으로 분석했는가?" 혹은 "기업에 투자 후 목표 수익과 기간은 어느 정도로 잡을 것인가?" 등이다.

이러한 몇 가지 자문을 통해 투자의 방향이 불분명하고 자문이 필요하다고 판단되는 경우에는 전문 중개업체의 도움을 받도록 해야 한다.

보유한 장외주식을 확인하는 방법

장외시장에서 여러 종목의 주식을 수시로 사고팔다 보면 현재 자신이 보유하고 있는 주식이 정확히 얼마나 되는지 잘 모르는 경우가 많다. 알아볼 수 있는 방법으로 명의개서인 경우에는 보유 중인 기업의 주식 담당자에게 직접 전화를 걸어 신분을 확인시켜 준 후에 주주명부를 확인해달라고 하는 것이 있다. 이때 자신의 소유 주식을 정확히 확인할 수 있다.

또, 본인이 직접 증권결제예탁원에 가서 확인하는 방법이 있다. 주주의 등록인감과 신분증을 가지고 가서 소정의 신청서에 발행회사명, 주소, 이름 등을 기재하고 인감을 날인해야만 현재 각 주주별 소유주식수가 기재된 주주명부 사본을 볼 수 있다. 단, 본인이 방문할 여유가 없을 때는 대리인을 통해 볼 수도 있다. 이때 대리인의 신분증과 함께 주주의 인감도장과 신분증을 반드시 지참해야 한다.

통일주권인 경우에는 주식을 입고 받은 증권사에 직접 전화를 하거나 HTS, 스마트폰 등으로 실제 수량을 확인할 수도 있다.

10

K-OTC와
K-OTC BB

K-OTC 시장에 오르는 기업들은 두 가지 유형으로 나뉜다. 첫 번째, 일정 자격 요건을 갖춘 기업의 신청에 따라 금융투자협회가 매매거래 대상으로 등록한 등록기업부가 있다. 두 번째 유형은 기업의 신청 없이 협회가 지정한 비상장기업인 지정기업부이다.

K-OTC 시장과 K-OTC BB 시장

K-OTC 시장

K-OTC 시장과 K-OTC BB 시장에 대해 알아보자. 먼저 K-OTC는 금융투자협회가 운영하던 비상장주식 장외 매매시장인 '프리보드'를 확대 개편한 장외주식시장으로 2014년 8월 25일 개장했다.

출범 배경을 살펴보면, 한국금융투자협회는 비상장 중소·벤처기업의 직접금융 활성화를 위해 2005년 7월부터 프리보드를 운영해왔으나, 주식거래 대상기업이 소수의 중소기업 위주로 한정되어 시장의 역할이 크게 저하되었고, 2013년 7월 중소기업 전용 주식시장인 코넥스 시장이 개설되면서 그 역할이 모호해졌다.

이에 중소·벤처기업의 직접금융 활성화에 중점을 두던 시장운영 방식을 개선하여 중소기업을 포함한 모든 비상장법인의 주식을 투명하고 원활하게 거래할 수 있는 실질적인 장을 제공하는 데 중점을 두고 시장개편을 추진하게 되었다. 이를 통해 국내 주식거래 인프라를 완비함으로써 투자자의 주식거래 편의성을 제고하고 기업의 자금조달을 지원하는 데 의미를 두고 있다.

K-OTC 시장에서 매매하기 위해 투자자는 증권사에서 증권계좌를 개설하고 전화, 컴퓨터(HTS) 등을 이용해 매매 주문을 내면 된다. 증권계좌를 보유하고 있는 경우에는 해당 계좌를 이용할 수 있다. 다만 투자자는 증권사가 고지하는 비상장주식투자 위험성 등 유의사항을 확인해야 주문을 할 수 있다.

K-OTC BB는 비상장기업 주식의 매매거래를 지원하기 위한 호가 게시판이다. 유가증권 및 코스닥 시장에 상장되지 않은 기업 주식을 매매하는 거래 시장으로 K-OTC에 들어가지 못하는 비상장기업들이 쉽게 자금을 조달할 수 있도록 돕기 위해 형성되었다.

KDB대우증권, NH투자증권 등 일부 증권사를 통해 거래할 수 있는데 K-OTC에서는 132개 종목이 거래되지만 K-OTC BB에는 최소 요건을 갖춘 모든 비상장회사의 주식거래가 가능하다. 최소 요건으로는 '통일규격증권을 발행할 것, 명의개서 대행계약이 체결되어 있을 것, 정관상 주식양도에 제한이 없을 것'이 있다.

K-OTC 시장에 오르는 기업들은 두 가지 유형으로 나뉜다. 첫 번째, 일정 자격 요건을 갖춘 기업의 신청에 따라 금융투자협회가 매매거래 대상으로 등록한 등록기업부가 있다. 두 번째 유형은 기업의 신청 없이 협회가 지정한 비상장기업인 지정기업부이다.

일정 자격 요건을 보면 등록기업부에 신규 등록을 하려면 자본전액잠식 상태가 아니어야 하며, 최근 사업연도의 매출액이 5억 원 이상이어야 한다. 그리고 감사인의 감사의견이 적정이어야 하며, 한국예탁결제원이 정한 통일규격증권이어야 한다. 또한 명의개서 대행계약을 체결하고 있어야 하며 정관 등에 주식양도에 대한 제한이 없어야 하는 등의 조건을 충족시켜야 한다.

지정기업부에 속한 기업은 조건이 따로 없다. 기업이 굳이 신청하지 않는데도 올려준다는 건 그만큼 괜찮은 기업이라는 뜻이다. 투자자들에게 익숙한 장외 우량기업들이 여기에 포함되어 있다.

K-OTC 시장 개설로 비상장주식투자의 안정성이나 편의성이 한층 높아졌다고 볼 수 있는데 이전에 비해 구체적으로 좋아진 점을 알아보자. 지금까지는 사설 중개업체를 통하거나 매매 당사자끼리 거래 상대방을 찾아 서로 합의하에 주가를 정한 뒤 주식과 거래대금을 맞교환하는 형태로 매매가 이뤄졌기 때문에 거래 편의성이나 신뢰성에 문제가 있었다. 사고 가능성도 상존했으며 중개업체를 통할 경우 거래 상대방과 직접 연락을 할 수 없기 때문에 거래를 이어주는 대가로 그들이 어느 정도의 수수료를 취하는지 알 수 없었고 중개업체와 중개업자마다 다른 가격을 제시하기 때문에 시세 정보도 투명하지 못했다.

그런데 K-OTC 시장이 열리면서 투자자들이 주로 찾는 인기 비상장주식을 기존에 거래하던 증권사 HTS를 이용해 매매할 수 있게 된 것이다. 이 매매는 예탁결제원을 거치게 되어 있어 거래의 안정성과 편의성을 동시에 해결할 수 있다. 거래 수수료 또한 증권사마다 정해져 있으므로 바가지를 쓸 걱정을 할 필요가 없다. 여기에 기본적인 기업 정보도 제공된다.

투자자가 아닌 K-OTC에 등록 지정된 기업에게도 혜택이 주어진다. K-OTC 시장에 등록 지정된 기업이 코스닥 시장에 문을 두드릴 경우 우선심사권이 부여되고 상장심사 수수료 및 상장 수수료도 면제된다.

K-OTC 시장이 활성화되면 투자자는 물론 기업, 증권사 등 시장 구성원 전반에게 긍정적인 효과가 있다. 투자자는 주식거래의 편의성이 제고되고 개인 간 직접거래에 따른 투자자 피해가 감소될 수 있다. 기업은 K-OTC를 통한 비상장기업의 주식거래 활성화로 기업의 직접금융 조달이 원활해질 수 있고, 증권사는 비상장주식의 거래 중개 등 증권사의 새로운 수익기반이 확대되며 비상장기업의 주식을 거래할 수 있는 인프라가 완비됨으로써 자본시장 발전에

도 기여할 수 있다.

다음은 K-OTC 시장의 특징에 대해 알아보자. 비상장 대기업, 중견기업 주식이 새롭게 시장에 편입된다. 장외에서 활발하게 거래되고 있는 비상장 대기업, 중견기업 등 공모 실적이 있는 사업보고서 제출대상 비상장법인의 발행주식이 비신청 지정제도 도입을 통해 K-OTC 시장에서 거래된다.

또, 투자자에게는 새로운 투자기회를 제공한다. 고위험·고수익을 추구하는 투자자가 성장 가능성이 있는 비상장기업에 대해 투자할 수 있는 시장이다. 비상장주식투자의 편의성 및 결제 안정성을 제공한다.

투자자는 K-OTC 시장을 통해 비상장주식을 편리하게 거래할 수 있으며, 호가 정보와 시세 정보가 투명하게 공개되고, 매매 체결 시 결제가 안전하게 이루어진다. 또, 투자자의 자기책임 원칙이 강조된다. 규제가 최소화된 장외시장이므로 투자자는 기업내용과 투자 위험성 등을 충분히 검토하고 철저히 자기 판단과 책임 하에 투자해야 한다. 우리나라의 대표적 주식시장인 코스닥을 육성한 노하우를 가지고 있는 한국금융투자협회가 운영하는 시장이다.

그러면 K-OTC 시장은 안전한가. 우리나라의 대표 주식시장인 코스닥을 육성한 노하우를 가지고 있는 한국금융투자협회가 운영하는 시장이므로 일반 비상장 매매보다는 안전하다고 할 수 있다. 그러나 규제가 최소화된 장외시장이므로 투자자는 앞서 언급했듯 기업내용과 투자 위험성 등을 충분히 검토하고 철저히 자기 판단과 책임 하에 투자해야 한다.

K-OTC BB 시장

K-OTC 시장의 동생뻘이 K-OTC BB 시장이라고 할 수 있을 것 같다. K-OTC BB는 K-OTC 시장에 들어가지 못하는 비상장기업들의 주식을 거래할 수 있는 시장으로 계좌끼리 들고나는 데 문제만 없다면 전부 거래가 가능

하기 때문에 적자기업, 심지어 자본잠식기업 주식도 거래할 수 있는 시장이다.

K-OTC BB의 거래 방법은 K-OTC 시장과 크게 다르지 않다. 거래일은 기존 시장과 같다. 거래시간은 오전 9시부터 오후 3시 30분까지로 동시호가, 시간외거래는 없다. 100% 증거금이 있어야 매매가 가능한데 투자자가 증권사에 주문을 제출하면 해당 증권사는 K-OTC BB에 호가를 게시한다. 증권사 중개를 통한 수량, 가격 등 거래조건 협의를 통해 일대일 상대매매 방식으로 매매 체결 및 결제가 이뤄진다.

K-OTC BB 시장에서 유의해야 할 점을 알아보자. K-OTC BB에서는 공시가 이뤄지지 않으므로 재무건전성 등 기업내용을 투자자가 직접 확인해야 하며 증자, 감자, 주식소각 등 주식 권리변동 정보도 반영되지 않는다는 점에 유의해야 한다.

그럼 K-OTC BB 시장은 등록 자격 요건을 대폭 낮췄다고 볼 수 있다. 특별히 기준이라고 할 만한 건 없지만, 통일증권을 발행해야 하고 명의개서 대행계약이 체결되어 있어야 하며, 정관상 주식양도에 제한이 없어야 한다.

이 세 가지 정도인데 온라인상에서 거래하는 데 문제가 없는 주식이라면 전부 가능하다. 회계감사 의견이 적절하지 않더라도 된다는 의미이기도 한다.

투자위험도가 높은 비상장주식까지 거래할 수 있는 시장을 만든 이유는 무엇일까? 비상장기업이 모두 다 위험한 것은 아니다. 오히려 일반 상장주식보다 더 우량한 회사들이 많은 경우도 있고, 이런 비상장거래 시장을 활성화시키려는 목적은 무엇보다 기업 경쟁력 강화를 위해 원활한 자금 유입의 통로를 만들어주고 그로 인해 기업의 설비나 기술개발에 필요한 자금을 주식발행을 통해 유입해주는 효과를 나타내기 위한 것이라고 이해하면 된다.

반면 상대적으로 상장주식은 제도권 안에서 자금 유입의 통로도 많고 또 증자나 기업설명회 등을 통한 다양한 방식으로 자금을 유치할 수 있다. 특히 비상장주식 거래를 개인 간 혹은 중개업체를 통한 장외주식 직거래를 증권사를 통하도록 유도해 정부의 과세가 용이해지도록 만들고 투명한 거래를 유도하기 위한 노력의 결과라고 볼 수도 있다.

현재 거래 가능한 종목은 2013년 기준으로 대한상공회의소 자료에 따르면 법인으로 등록된 기업은 51만 개이고, 그중 상장이 가능한 기업은 2만여 개 정도인 것으로 파악되고 있다. 2015년 금융투자협회는 K-OTC 시장 기업분석 자료집을 통해 등록기업 43사, 지정기업 90사 등 총 133사개의 기업현황을 공개한 바 있다.

사고유가증권이란 도난, 분실 또는 멸실 등의 사유로 사고신고, 공시최고 및 제권판결된 유가증권, 법원으로부터 압류, 가압류 또는 가처분을 통지 받은 유가증권을 말한다. 사고유가증권의 범위는 주권은 상장주권, 코스닥 등록주권, 제3시장주권, 기타 증권예탁원에서 예탁지정한 회사의 주권이며, 채권은 상장채권이다. 사고주권을 조회하는 방법은 증권예탁원 사이트에서 주권번호로 확인할 수 있다.

투자자 입장에서 활용할 수 있는 사전 방지책으로는 보호예수제도를 활용하는 방법, 채권의 경우 등록채로 하는 방법이 있으며 발행자의 입장에서는 주권불소지제도를 활용하기도 한다. 주식이나 채권을 분실한 경우에는 법원에 공시최고를 제기하는 등의 방법으로 사후 처리를 할 수 있도록 법률로 규정하고 있다.

11

장외주식투자
노하우 I

기업은 살아서 움직이는 생명체와도 같다. 기업이 태어나서 활동하고, 자라는 데 많은 변수들이 영향을 준다. 이런 하나하나가 실적과 연관이 될 텐데, 그 실적에 영향을 줄 수 있는 요소들도 따져봐야 한다.

장외주식투자할 때 알아야 할 것

배당, 매출이익, 저평가

흔히 장외주식투자를 "남들이 알아보지 못한 진주를 찾는다"라는 표현을 많이 하는데 그만큼 가치투자를 강조하고 있음을 기억해야 한다. 장외주식투자에 있어 '배당, 매출이익, 저평가' 이 세 가지를 기억해야 한다.

먼저 '배당'이라는 것은 기업이 일정 기간 동안 영업활동을 해 발생한 이익 중 일부를 주주들에게 나눠 주는 것을 말한다. 장외주식에서도 배당이 중요하다. 장내주식에서도 배당이 중요하지만 장외주식에서도 특히 더 투자자에게 매력적인 이유가 있다.

우선 배당은 과거와 현재의 배당수익률이 좋은 것을 말한다. 무조건 배당을 많이 주는 것이 좋은 기업이라고 단정하기는 어렵지만, 기업의 성장성이 높고 더 많은 투자를 필요로 한다면 내부 자금유보를 통해 자본 이익률을 높여가는 것이 당장의 현금유출보다 주가에 유리하게 작용하는 경우도 많기 때문이다.

또, 과거에는 주식시장이 현재의 유통시장보다는 배당을 바라고 투자를 하는 경우가 많았으나 어느 시점부터 대한민국 장내주식시장이 단타, 스캘퍼, 모멘텀, 투자 등이 발달한 단기투자의 장이 되고, 배당보다는 유통시장이 확대된 점에 대해서는 안타깝게 생각한다.

　주식에서 내가 투자한 주식이 100% 올라간다는 보장이 없다. 때로는 매수 가격보다 주가가 내려가서 투자손실을 볼 수 있다. 투자한 주식의 펀더멘탈이 아무리 좋더라도 갑자기 국내외 주식시장 상황이 급격히 나빠져 휘청거리면 함께 타격을 받을 수 있다. 하지만 배당금은 그렇지 않다. 실적이 좋고 매출 대비 영업이익이 꾸준히 늘어나는 기업은 주식시장이 상승하든 하락하든 늘 지급된다는 점이 그렇다. 그리고 기업이 배당을 한다는 이야기는 기업의 실적이 나쁘지 않다는 증거가 되고, 자금 여력이 되기 때문에 그 이익을 주주들에게 나눠주는 것이다. 투자에 들어가야 할 돈이 부족한 기업은 배당을 하고 싶어도 할 수가 없고, 이익이 없으면 배당도 없다. 특히나 실적이 나빠 배당금을 지급할 수 없는 회사인데도 배당금을 지급하는 곳은 주의해야 할 필요가 있다. 망해가는 집안의 마지막 끝물로 나오는 재산을 나눠 갖는 것과 다름없기 때문이다. 잘되는 집안에 투자해야 한다는 것을 잊지 말아야 한다.

　잘되는 집안은 '매출과 이익 성장률'이 높은 기업이다. 한마디로 말하자면 우량주에 투자하는 것을 말한다. "우량주란 무엇인가?" 이 물음은 주식투자에 있어 누구나 떠올리는 개념이기도 하다. 투자자들은 우량한 주식을 장기적으로 투자 보유하여 수익을 올리는 구조를 생각할 것이다. 장외주식도 예외는 아니다. 어떤 것이 우량주인지 늘 고민하지만 실제 살펴보면 많은 조건이 필요치는 않다. 바로 매출과 이익, 즉 양과 질이 모두 개선되는 회사를 우량주로 봐야 한다. 삼성이나 현대, SK와 같이 시가총액이 크고 계열사를 많이 보유한 회사만을 우량주라고 보기보다는 중소기업이라도 매출과 영업이익이 꾸준히 증가하는 회사 역시 우량주로 볼 수 있다.

우량주를 바라볼 때 우리는 여러 가지 요소를 고려해야 하는데, 기본이 되는 지표인 매출액이 얼마인지를 살펴보아야 한다. 매출액은 쉽게 말해 그 회사가 물건을 얼마나 팔았는지 그 물량과 가격을 곱한 것이다. 주가와 매출 간의 관계를 알아볼 때 쓰이는 지표가 있는데, 바로 주가를 한 주당 매출액으로 나눈 수치다. 주가매출비율이라고 하는 PSR이 그것이다.

현재의 주가가 주당매출액의 몇 배인가를 보는 것이다. PSR이 높으면 이 기업의 향후 성장성이 시장에서 높게 평가받고 있다는 뜻이기 때문에 정말 좋은 것일 수도 있지만 만일 이 수치가 동종 업체에 비해 너무 높다면 주가에 거품이 있을 수도 있어 주의할 필요가 있다. 매출액은 최소 3년 이상 지속적으로 매출이 증가하는지 보는 게 좋다. 회사는 매출만 크다고 무조건 좋은 게 아니고, 이익률이 좋은 알짜 주식을 골라야 한다.

좋은 알짜 주식을 고르려면 증가율 이면의 허점을 잘 알아야 한다. 순이익의 규모는 앞서 말했던 것처럼 장기적인 차원에서 분석하는 것이 중요하다. 순이익과 관련해 또 하나 조심할 것은 특별이익의 함정이다. 기업의 이익에는 영업이익과 특별이익이 있다. 특별이익은 공장부지 등의 회사 부동산을 처분하거나 갖고 있던 유가증권을 처분해 얻은 이익 등 특별한 사유로 발생한 이익을 말한다.

특별이익은 특성상 다분히 일회적이고 단발성인 경우가 많다. 이번 회기에 특별이익이 많다고 다음 회기에도 똑같은 이익이 발생하는 것은 아니다. 이론상 특별이익보다 영업이익을 많이 낸 회사의 주식 가치를 더 높게 평가하는 경우가 많기 때문에 이런 부분을 유의해서 투자해야 한다.

기업 실적에 영향을 주는 요소들

기업은 살아서 움직이는 생명체와도 같다. 기업이 태어나서 활동하고, 자라는 데 많은 변수들이 영향을 준다. 이런 하나하나가 실적과 연관이 될 텐데, 그 실적에 영향을 줄 수 있는 요소들도 따져봐야 한다.

그 요소들 중 첫 번째는 경기다. 경기는 소비자들의 주머니 사정이 경기에 달려 있기 때문에 중요하다고 볼 수 있다. 기업은 소비자에게 물건을 팔고 소비자로부터 받은 돈을 가지고 회사를 운영한다. 따라서 소비자들의 지갑이 열리고 있는지, 국민들이 경기를 어떻게 느끼고 있는지 그 체감지수를 알면 기업의 실적을 파악하는 데도 도움이 된다.

두 번째는 환율이다. 우리나라는 대표적인 수출 주도형 경제이다. 따라서 환율이 오르고 내리는 것이 기업 실적에도 큰 영향을 끼친다고 볼 수 있다. 일반적으로는 고환율 기조가 유지되면 수출기업에는 유리하다. 하지만 원자재 등을 수입하고 외국산 중장비를 들여오는 기업이라면 타격이 클 것이다.

세 번째는 유가 동향이다. 국제 원자재 가격 상승을 가늠케 하는 대표적인 지표는 유가이다. 유가가 오르면 대부분의 기업에서는 어려움을 겪는다. 대표적인 예가 많은 양의 기름을 사용하는 항공주이다. 비행기를 운영하는 데 어마어마한 기름이 들어가기 때문이다. 대부분의 수출기업들은 늘어나는 비용 때문에 직간접적으로 피해를 입는다. 운송을 위해 원유를 소모하는 항공, 해운주도 마찬가지다. 하지만 오히려 간접적인 수혜를 보는 종목도 없지 않다.

유가 상승 시 대안으로 풍력, 원자력, 태양전지, 전기자동차 등 소위 녹색 성장주들이 수혜를 볼 가능성이 높다. 플랜트 업체들이 유가 상승기에 발주를 늘리기 때문에 원유의 대체적인 성격을 띠는 태양전지나 태양광 산업의 원재료인 폴리실리콘을 생산하는 업체도 유가 강세에 반사적인 수혜를 볼 수 있다.

이처럼 경기, 환율, 유가 동향을 살펴보면 기업의 실적이 어떤지 살펴볼 수 있고, 비상장주식 역시 미시경제, 거시경제 등과 경기의 민감도 등을 잘 판단하여 기업을 잘 선별하는 기준을 갖는 것이 중요하다.

우량기업을 감별하는 지표

이 모든 것을 고려해서 알짜 주식을 찾았다고 가정하자. 우량기업의 주식을 매력적인 가격에 구입하려면 어떻게 해야 할까? 우량한 회사인지, 아닌지 확인할 때 일반적으로 사용하는 지표들이 있다.

대표적으로 ROE가 있는데 이는 자기자본이익률의 줄임말이다. 예를 들어 포스코의 2001~2010년 평균 ROE는 15.6%로, 2011년 기준 국내 철강 업체 중 가장 높은 순이익률을 기록했다. ROE는 쉽게 말해 순이익을 자기자본으로 나눈 것이다. 경영자가 주주의 자본을 써서 어느 정도의 이익을 올리고 있는지를 나타내는 지표라고 볼 수 있다. 다시 말해 주주지분을 얼마나 효율적으로 사용하고 있는 것인지를 보여주는 것이라 할 수 있다. 대개 자기자본이익률이 높을수록 주가도 높게 형성되는 경향이 있어 투자지표로 즐겨 사용된다.

두 번째 지표는 EV/EBIIDA(이비에이타)이다. EV를 EBIIDA로 나눈 값으로, 이 지표를 보면 내가 이 주식을 사서 몇 년 뒤에 투자원금을 회수할 수 있는지를 알 수 있다. EV란 기업의 시장가치(Enterprise Value)를 줄인 말이다. 여기서 EV는 시가총액+순차입금을 말하며 순차입금은 차입금−현금성자산이다.

> EV = 시가총액 + 차입금 − 현금성자산

가끔 EV 값이 마이너스가 나오는 회사가 있는데, 마이너스가 나온다는 의미는 이 회사가 싸게 거래되고 있다는 뜻이다. EV/EBIIDA 지표는 흔히 기업의 적정 주가를 판단하는 데 쓰이는데, 만약 기업의 EV/EBIIDA가 2배라면 이 기업을 시장가격으로 샀을 때 그 기업이 벌어들인 이익의 2년간의 합이 투자원금과 같게 된다는 의미다.

다시 말해 EV/EBIIDA는 투자원금을 회수하는 데 걸리는 시간이다. 이 수치가 낮다는 것은 기업의 주가가 낮으면서도 영업현금흐름이 좋다는 것을 뜻한다. 다소 어려운 설명이었지만 다양한 방식으로 주가를 산정하고 기업을 평가하는 방법을 알려주기 위해 설명한 지표를 참고해서 우량기업의 주식을 구입하는 데 도움이 되길 바란다.

저평가란 사람들이 좀처럼 알아주지 않지만 좋은 주식, 회사 가치에 비해 낮게 평가된 주식을 말한다. 즉 그 주식의 본래 가치에 비해 표면적인 가격이 싸다는 뜻이다. 흔히 사람들은 모르지만 실속 있고, 이익을 잘 내고 있는 기업들이 평가를 제대로 받지 못할 때 저평가되었다고 할 수 있다.

그럼 사람들은 잘 모르지만 실속 있고, 이익을 잘 내고 있는 기업인지 어떻게 알 수 있을까? 장내주식과 비슷하게 주가수익비율(PER) 개념으로 접근하면 된다. PER이란 어떤 주식이 1주당 몇 배 비싸게 팔리고 있는지를 의미한다. PER이 낮다는 것은 PER이 10이라면 한 주가 10배 비싸게 팔린다는 뜻으로, PER이 낮을수록 저평가되어 있다고 생각하면 된다. 비상장기업도 상장기업과 유사하게 PER을 가지고 평가하는데 비상장기업의 PER 같은 업종에 있으면서 이미 상장된 기업의 PER과 비교하는 것이 필요하다.

다시 말해 어떤 것의 가치를 판단할 때는 반드시 비교 대상이 있어야 한다. 장외주식도 마찬가지다. 상장된 기업 중에 유사 업종을 영위하는 기업 3~4곳과 비교하는 것이 좋으며 이를 흔히 동종 업종 PER이라고 한다.

투자할 때 너무 많은 종목에 손을 대는 것은 위험하다. 대체적으로 5개를 넘지 않는 것이 좋지만 본인의 여유자금을 생각한 후 투자금을 적절히 분배하여 투자하는 것도 중요하다. 또, 특정 업종에 집중 투자하는 것도 피해야 한다. 가능하면 종목별로 최고의 우량주를 하나씩 골라 투자하는 것이 좋다. 장외주식은 장내주식과 다르게 환금성이 약하고, 투자금 회수시간도 최소 1~3년을 바라봐야 하는 경우가 많다.

장외주식을 투자하면서 빚을 내고, 다른 금융상품을 해지해가면서까지 무리한 투자를 해서 손실을 본다거나 심리적으로 기다리지 못하고 손해를 감수한 채 매도하는 경우도 봤다. 주식투자는 투기목적으로 일확천금을 바라보고 하는 것이 아님을 다시 한 번 강조하고 싶다. 주식투자는 기업의 가치를 평가 및 확인하고 투자 후에는 그 기업의 가치가 상승한 만큼 얻어지는 이익을 통해 수익을 실현하는 것임을 기억해야 한다.

장외주식과 테마주

주식시장에서는 테마주가 곧잘 나타난다. 테마주가 형성되면 주가도 크게 오르기 때문에 전체 주식시장을 이끌어간다. 테마주에 주목하는 것도 이런 이유 때문이라고 하는데 장외시장에서도 테마주에 주목해야 할까?

사건이나 큰 이슈가 부각됐을 때 주식시장에 영향을 주는 종목에 관심이 집중되고, 그 종목과 관련된 종목의 주가는 상승세를 타게 된다. 이렇게 주식시장에서 여러 종목이 하나의 이슈로 인해 주가의 등락을 함께하는 것을 테마주라고 한다. 주로 정치나 사회, 문화, 날씨, 유행 등 다양한 이슈에 의해 형성된다. 장외주식은 환금성이 떨어지기 때문에 장외주식에서 투기성 짙은 테마주 매매는 자제하는 것이 좋다. 테마주에 대한 투자는 본질적으로 기업의 가치와는 무관하게 급등락하는 경향을 보이기 때문에 장내에서건 장외에서건 각별한 주의가 필요하다.

기업의 가치와 무관하게 투자자들의 관심으로 오른 주식에는 반드시 거품이 끼어 있기 마련이다. 거품이 걷어질 때 그 주가가 곤두박질치는 현상을 많이 봤을 것이다. 주식투자에서는 원칙을 지키는 것이 매우 중요하다. 빚을 낸다거나 투기심에 투자금을 조달하기 위해 다른 금융상품을 해지하면서까지 집중 투자하는 것은 정말 바람직한 투자법이 아니다.

테마주 역시 마찬가지다. 기업의 가치를 보고 투자해야 하며, 지나친 욕심보다 절제하면서 올바른 투자 습관을 기르길 권장한다.

장외주식과 유상증자

또 하나 주목해야 할 것이 유상증자이다. 주식시장에선 유상증자가 호재로 작용한다. 그래서 투자자들은 앞다투어 특정 기업의 유상증자 여부에 촉각을 곤두세우곤 하는데 장외주식시장에서도 이 법칙은 유효할까?

장외시장에서도 이 법칙은 유효하다. 다만 장외에서는 3자 배정 유상증자를 통한 자금 유입이 있을 때 주가의 흐름이 더 좋았던 것으로 기억된다. 이는 3자 배정을 통해 기업의 대주주의 경영권이 제3자에게 넘어가는 경향이 많았기 때문이다. 대주주 변동에 따른 신사업 진출이라든가 기존 사업의 시너지 등을 기대하는 심리가 많이 작용하지 않았나 싶고, 장외주식 역시 유상증자 소식이 전해지면 자본금이 증가하는 효과를 나타내고, 장외시장 투자자들 역시 유상증자에 참여하면 어느 정도 이익을 얻을 수 있다. 그 이유는 유상 증자 때 기업은 주주들에게 대개 30~40% 정도 할인해 주식을 배분하기 때문이다.

신주배정비율 역시 아주 파격적인데, 보통 1주당 0.4~0.5%주씩 나누어 주는 사례도 적지 않다. 보통 할인율 30% 이하에 주당 0.3%씩 나누어 주는 일반 거래소 시장에 비해 조건 면에서 상당히 유리하다. 아무래도 상장주식에 비해 환금성이 떨어진다는 점에서 좀 더 좋은 조건을 제시하는 경향이 있지 않나 싶다. 또 하나의 이유로는 만약 유상증자가 해당 기업의 주가가 떨어지면 투자자 입장에선 별 소득이 없기 때문이다. 싸게 받은 것 이상으로 주가가 떨어지면 수익은커녕 오히려 손해를 볼 수 있기 때문이다. 하지만 장외주식의 우량종목 중에서는 전망이 밝은 종목을 유상증자로 참여한다면 좀 더 좋은 결과가 나타나지 않을까 생각된다.

장외주식 정보를 얻는 방법

장외주식에 대한 정보를 어떻게 얻을 수 있을까? 경제신문이나 잡지 등을 얼핏 보면 장외주식에 대한 정보가 없는 듯하지만, 자세히 살펴보면 투자에 활용할 만한 정보가 많다. 우선 경제면을 보면 거시·미시 경제에 대한 내용이 개제되는데, 경제성장률이라든지 환율, 경제에 영향을 미치는 물가나 유가 수준 등 경제 전반의 흐름을 알 수 있다. 유가증권 시장, 코스닥 시장의 시황을 살피는 것도 절대적으로 필요하다. 유가증권 시장이나 코스닥 시장이 기업공개 시 좋은 영향을 받을 가능성이 높아지고, 반대로 약세를 면치 못하면 공모 청약시장의 열기가 사그라지는 경향도 있다. 우리나라 경제 관련 인사들의 발언 내용과 해외경제 동향도 눈여겨봐 둘 만하고, 개별 기업 뉴스도 빼놓을 수 없다. 예를 들어 신제품 개발 소식, 수주 내용, 기업 경영과 관련된 주요 투자 소식, 오너 또는 경영인의 동정과 경영기법 등은 회사의 움직임을 알 수 있는 척도가 된다.

12

장외주식투자 노하우 II

기업의 정확한 가치를 보고 그에 맞는 가격에 주식을 매입한 후 상장을 하고 기업의 성장과 함께 수익을 내는 것이 가장 이상적인 투자 방법이라고 할 수 있다. 장외시장 주식은 노력한 만큼 싸게 살 수 있다는 말이기도 하다. 여러 사이트에서 가격을 비교해야 주식을 싸게 사고, 비싸게 파는 이상적인 거래를 할 수 있다.

장외주식투자할 때 체크해야 할 것

단기투자와 장기투자

주식의 투자 형태를 시기로 구분하면 크게 단기투자와 장기투자로 나뉜다. 어느 것이 더 낫다고 말할 수는 없지만 정보력이나 기업 분석력 등의 투자 테크닉이 기관 투자자나 외국인 투자자를 따라가기에 역부족인 일반투자자들은 장기투자, 즉 가치투자를 하길 권한다.

국내 투자자들의 매매 패턴을 살펴보면 단기성 투자를 선호하는 경향이 크다. 특히 주가가 조정 양상을 보이면 급히 샀다가 서둘러 파는 사람들이 많아지면서 하루 사이에 사고파는 데이트레이딩이 성행하는 실정이다. 이유를 살펴보면 배당의 목적을 갖고 기업의 성장과 함께 수익을 얻기보다는 배당받기 전에 유통시장이 발달하면서 국내 증시가 장기투자보다 단기투자적 성향이 짙어진 것 같다.

그러나 지금까지의 통계를 보면 단기투자보다는 장기투자 시 수익률이 높은 것이 사실이다. 전반적으로 장기투자 쪽이 유리하다는 분석이 일반적이기도 하고, 특히 일반투자자들에게는 유망종목에 묻어놓고 기다리는 장기투자가 수익률 면에서 훨씬 더 유리하다고 본다.

　주식거래에선 역시 '싸게 사고, 비싸게 파는 것'이 모든 투자자들이 바라는 이상적인 거래 모습일 것이다. 주식투자를 흔히 제로섬게임이라고 말한다. 돈을 버는 사람이 있다면 반드시 잃는 사람이 있기 때문이다.

　주식을 매일 거래하면서 거래 때마다 싸게 샀다가 비싸게 팔 수는 없는 것이고, 따라서 적당한 매매 시점을 선택해서 거래하길 권한다. 여러 차례 강조했듯이 발품을 팔고 남들이 알아보지 못하는 가치주를 찾고 선점하는 노력이 필요하다. 그에 따른 기업에 대한 분석과 가치평가를 위한 노력 또한 필요하다. 특히 비상장주식은 개인과 개인 간의 협의를 통해 거래가 가능하기 때문에 각 개인의 노력과 능력에 따라 사고파는 가격을 조정할 수 있다는 장점도 가지고 있다.

　기업의 정확한 가치를 보고 그에 맞는 가격에 주식을 매입한 후 상장을 하고 기업의 성장과 함께 수익을 내는 것이 가장 이상적인 투자 방법이라고 할 수 있다. 장외시장 주식은 노력한 만큼 싸게 살 수 있다는 말이기도 하다. 여러 사이트에서 가격을 비교해야 주식을 싸게 사고, 비싸게 파는 이상적인 거래를 할 수 있다. 예전에는 주로 신문 경제면의 광고를 보고 거래하는 경우가 많았다. 그러나 현재는 인터넷이나 모바일 등이 발달하면서 인터넷 온라인 장외주식 정보 교류 사이트가 많아졌다. 일종의 중고장터 개념으로도 볼 수 있는데 문제점도 없지는 않다. 주식의 공정한 가격보다 매수·매도자들이 글을 올리기 전에 사이트 측에 돈을 지불하고 올리는 매수·매도 글에 의해 가격이 형성된다는 점이 바로 그것이다.

　장외주식 거래시장은 장내와는 달리 기관이나 외국인들, 그리고 증권사들의 개입이 거의 없다시피 하기 때문에 특정 업자들에 의해 가격이 인위적으로 형성된다거나 공정하지 못한 경우가 발생할 수도 있으니 반드시 주의가 필요하다. 특히 주식거래 시 차액에 대해 양도소득세를 자진 신고 및 납부해야 하나 이를 확인하고 거래하는 사람이 많지 않고 오히려 세금을 내야 한다는 사실조차 모르고 거래를 하는 경우도 봤다. 인터넷 사이트나 신문광고를 꼼꼼히 살피고 체크하길 다시 한 번 당부한다.

주식은 팔 때를 생각해야

주식을 살 때는 항상 팔 때를 생각해야 한다. 특히 비상장주식은 환금성이 떨어지기 때문에 반드시 체크해야 할 부분들이 있다. 특히 해당 기업이 부도라도 난다면 주식은 휴지조각과 다를 바가 없다. 따라서 장외주식을 살 때는 시장에서 거래가 얼마나 활발하게 이루어지는지 체크해볼 필요가 있고, 무엇보다 공모 예정주, 즉 상장을 준비 중인 기업인지 확인하는 것도 중요하다. 상장이 가능한 기업을 중심으로 투자를 하는 것이 가장 바람직하다고 생각한다. 대부분 비상장기업들은 상장을 꿈꾼다. 주관 증권사 선정 여부와 기업의 성장성, 기술력, 매출증가율 등을 체크해서 이왕이면 기업 실사를 가보시길 권한다.

주식을 사고팔 때 가격 문제로 인한 피해를 막는 방법을 알아보자. 먼저 장외주식가격을 조회할 수 있는 인터넷 사이트를 통해 가격을 비교한 다음 가장 좋은 조건으로 거래하는 것이 좋다. 장외주식 거래는 개인과 개인 간의 협의로 인해 가격과 수량을 정하고 거래가 가능하기 때문에 급전이 필요한 매도자를 만나게 될 수도 있다. 다른 하나는 보다 근본적인 방법으로 스스로 꾸준히 공부해서 적정 주가를 판단할 수 있는 능력을 키워 종목의 주가와 그에 따른 가치를 먼저 따져보는 것이다.

주식투자는 원금이 보장되지 않는다. 주식을 매수한 본인의 책임을 강조한다. 주식을 권유하는 누군가의 말만 믿고 투자하기보다는 좀 더 객관적이고 과학적인 방법으로 투자할 수 있도록 기관과 전문가들의 조언을 구하는 것도 중요하다.

재무제표를 확인할 수 있다면 주당순이익에 주가수익비율을 곱하여 구하는 적정 주가 계산법으로 장외시장 종목의 적정 주가를 구하면 큰 무리가 없다. 특히 동종 업종의 주가수익비율(PER)은 각 포털 사이트 증권 정보를 제공하는 사이트에 접속하면 확인이 가능하다. 현재 국내에서 가장 많이 이용되는 적정 주가 계산법은 주당순이익(EPS)에 주가수익비율(PER)을 곱하여 구하는 방식이다. 물론 바이오기업이나 전기차 등의 미래 유망업종을 주력으로 사업을 펼치는 기업이라면 현재 가치보다는 미래 가치와 기술력과 성장성을 꼼꼼히 따져보아야겠지만 일반적인 기업이라면 장외시장 종목의 적정 주가도 앞에서 설명한 대로 계산하시면 큰 무리가 따르지 않을 것이다. 가장 많이 이용되는 방법인 만큼 투자에 나서기 전에 한 번쯤은 따져볼 필요가 있다. 스스로 적정 주가를 찾아 거래에 임하길 바란다.

투자자 입장에서 주가 조정이 걱정되는 사람들이 많을 것이다. 하지만 투자자 입장에서 주가 조정을 너무 걱정할 필요는 없다고 생각한다. 주가란 오르고 내리기를 반복하는 성질을 갖고 있기 때문이고, 시장 경기가 아무리 좋고 해당 기업이 큰 폭의 이익을 냈더라도 끝없이 오르는 것은 아니다. 또, 그 반대의 경우인 하락도 마찬가지다. 무엇보다 장외주식의 장점이라면 기업에 큰 문제가 발생하지 않는 한 주가의 흔들림이 거의 없다는 점도 기억하길 바란다.

장외시장에선 일정한 매매 시스템이 없기 때문에 개별 종목의 거래량을 체크하는 것은 불가능하다. 하지만 투자할 때 거래량은 항상 체크해야 한다. 거래량이 적으면 거래가 제대로 이루어지지 않기 때문이다. 특히 팔고 싶은데 살 사람이 없어 경제적으로 큰 손실을 볼 수도 있다. 그래서 코스닥 시장에선 거래할 때 적어도 하루 거래량이 5,000주는 되어야 한다. 물론 장외시장에서 거래할 땐 이 정도까지 요구할 수는 없다. 상대적으로 거래량이 적기 때문이다.

그렇다면 어떤 것을 반드시 체크해야 할까. 같은 조건이라면 규모가 큰 회사의 주식을 사는 것이 안전하다. 주식수가 많아 활발하게 거래될 가능성이 크기 때문이다. 게다가 이런 종목들에 대해선 일반인들의 관심도 높아서 언제든 팔고 싶을 때 팔 수 있다는 메리트가 있다. 이와 반대로 아주 작은 규모의 회사는 기본적으로 주식수가 적은 데다 인지도가 낮기 때문에 거래가 제대로 이루어지지 않는 사례가 많다. 일단 샀다가 나중에 팔고 싶어도 팔지 못하는 상황이 발생할 수도 있다는 얘기다(급한 일이 생겨 주식을 팔려고 해도 팔 수 없다면 손해를 보는 것은 불 보듯 뻔한 일이다).

그리고 거래량이 많고 적음을 판단할 수 있는 또 다른 방법으로는 신문광고나 인터넷 사이트에 매수·매도 주문이 얼마나 많이 실리느냐를 보는 방법이 있다. 많이 실리면 당연히 거래가 활발한 것이고, 반대로 실리지 않으면 거래가 부진한 것이다. 따라서 각종 자료를 통해 실리는 빈도수를 조사해본 다음 투자를 하는 것도 현명한 방법이다.

인터넷을 통해 주식을 공모하는 업체들이 크게 늘고 있다. 이들은 앞다투어 자신들이 최고의 성장성을 지닌 유망 업체임을 강조하고, 투자를 하면 얼마 지나지 않아 큰 수익을 낼 수 있다는 홍보성 문구도 빼놓지 않는다. 하지만 인터넷 주식 공모는 신중하게 투자해야 한다. 법적 보호가 안 돼 자칫 잘못하면 투자자가 손실 전액을 떠안을 수밖에 없기 때문이다.

인터넷 주식 공모 기업 중 일부는 투자 판단에 중요한 역할을 하는 기업 정보를 제공하지 않는다. 따라서 기업내용을 과장함으로써 투자자를 오도하는 등 우려할 만한 상황이 전개될 수도 있기 때문에 신중하게 투자 여부를 결정해야 한다. 우선 해당 기업에 대한 투자 정보를 충분히 파악해야 한다. 유가증권 시장이나 코스닥 시장에서 공모를 할 때는 유가증권신고서 제출의무가 있지만 인터넷을 통해 10억 원 이하를 공모할 때는 이 같은 절차가 필요 없다. 공인회계사의 감사보고서 등 믿을 만한 투자 정보가 제대로 제공되지 않을 가능성이 큰 것도 이런 이유에서이다. 이에 따라 투자자들은 이차적으로 발행기업의 정관이나 등기부 열람을 통해 정보를 얻고, 경쟁업체나 발행기업의 사정을 잘 아는 사람들을 만나 기업내용을 파악해야 한다. 또, 필요하면 직접 발행기업을 찾아가 담당자에게 이모저모를 물어보는 것도 한 방법이다.

그런데 인터넷 공모에서는 공모 후 환금성이 보장되지 않는다는 점도 주의해야 한다. 유가증권 시장이나 코스닥 시장 상장기업의 공모에 참여해 주식을 받으면 매매 시스템이 있기 때문에 곧 팔 수 있다. 하지만 인터넷 공모는 다르다. 환금성이 보장되지 않고 매매 시스템이 없는 데다 나중에 살 사람이 나타나지 않으면 주식을 팔 수 없는 상황이 생기기 때문이다. 공모가도 자신의 입장에서 다시 한 번 검증해봐야 한다. 보통 공모를 할 때는 발행가격이 시장 수요에 따라 결정된다.

그러나 인터넷으로 주식을 공모할 때는 발행기업이 직접 정하기 때문에 객관성에 의문이 생길 수 있다. 따라서 공모가가 적정한지 객관적으로 따져보는

상장기업 공모		인터넷 공모
대개 10억 원 이상	공모금액	보통 10억 원 미만
제출	유가증권신고서	제출 안 함
시장수요 반영	공모가	발행기업 독자 결정
주간사, 회계사 주의의무	기업내용 신뢰도	기업이 임의 발표
보장	환금성	보장 안 됨
있음	공시의무	없음

절차가 반드시 필요하다.

흔히 주식을 거래할 때는 세금이 붙지 않는 것으로 생각하기 쉽다. 유가증권 시장이나 코스닥 시장에서 주식을 사고팔 때는 0.3%의 증권거래세만 내면 되기 때문이다. 더욱이 이 세금은 거래 과정에서 거래 수수료와 함께 자동으로 빠져나가 투자자들은 거의 피부로 느끼지 못한다. 그러나 장외시장은 주식 거래에서 발생한 소득에 대해 20%의 양도소득세(중소기업은 10%)가 부과된다. 투자자 입장에서는 큰 부담이 아닐 수 없다. 세금 부담을 줄일 수 있는 하나의 방법은 우선 상장 예정 기업인 경우 상장 때까지 팔지 않으면 된다. 코스닥에 상장된 이후 처분하면 0.3%의 증권거래세만 부담하면 되기 때문이다.

상장 이후 매도하는 것이 좋은 이유는 또 있다. 상장 직후에는 주가가 오를 가능성이 크다는 점이다. 투자자 입장에서 지금 팔지 않고 해당 종목이 코스닥에 들어간 다음 팔면 세금을 내지 않는 데다 주가도 오를 가능성이 있으므로 일석이조의 효과를 기대할 수 있다. 세금과 관련해 또 하나 신경 쓸 것은 가능하면 개인에게 팔지 말고 기관이나 사채업자에게 팔아야 유리하다는 점이다. 평소 장외주식 거래를 많이 하는 사람들은 절차를 꿰뚫고 있으므로 세금 부담을 덜 방법을 조언 받을 수 있다. 특히 이들은 보통 장외주식 거래 때 반드시 관인 거래계약서를 작성하는 만큼 적어도 산 가격보다 낮게 팔고도 억울한(?) 세금을 내는 일은 막을 수 있다.

국내 증시가 안정적이고 지속적인 상승 곡선을 그릴 때 장외시장도 상장에 대한 관심이 집중되면서 주가가 폭등하는 경우도 있다. 생명보험회사의 상장을 허용했을 때나 코스피가 2,000포인트를 넘어서는 등의 호재가 장외시장에 그대로 반영되기도 했었다. 그럼에도 과거에 장외시장이 너무 많이 올랐다는 분석이 많았다. 기업내용은 크게 달라지지 않았는데, 외부적인 변수 때문에 급등했기 때문이다. 물론 일부 종목은 기업내용이 크게 좋아진 것도 사실이다.

하지만 다른 종목이 오르니까 덩달아 오른 경우도 있는 등 투자 시 각별히 조심해야 할 부분도 보인다. 무엇보다 기업의 움직임에 주목해야 한다. 매출액과 순이익 등 재무제표 추이를 잘 살피고, 향후 비전도 꼼꼼히 따져보는 노력이 필요하다.

13

기술특례
상장제도

기술특례 상장제도는 기술력이 뛰어난 회사가 상장할 수
있도록 상장 기준을 낮춰주는 제도로 2005년 도입됐다.
회사의 보유 기술이 유망하다고 판단될 경우 재무제표상
적자가 있더라도 상장 기회를 제공하겠다는 취지로 시행
중이다.

기술특례 상장제도란?

기술특례 상장제도는 어떻게 개선되어 왔나?

코스닥의 상장하는 방식 중에 '기술특례 상장'이 있는데 2015년도부터 이 제도로 입성하는 기업들이 많아지고 있다. 기술특례 상장제도는 기술력이 뛰어난 회사가 상장할 수 있도록 상장 기준을 낮춰주는 제도로 2005년 도입되었다. 회사의 보유 기술이 유망하다고 판단될 경우 재무제표상 적자가 있더라도 상장 기회를 제공하겠다는 취지로 시행 중이다. 기술보증기금, 나이스평가정보, 한국기업데이터 등 기술평가기관 3곳 가운데 2곳에서 A·AA등급 이상을 증빙 받은 회사는 상장예비심사를 청구할 수 있다. 이후 상장심의위원회를 통과하면 코스닥 시장에 상장이 되는 것이다.

이 제도로 특히 주목해볼 만한 기업들도 있다. 유망기술 기업 분야는 크게 녹색기술산업, 첨단융합산업, 고부가서비스산업 3가지로 분류하며 기술력, 성장성이 안정됨에도 이익 발생에 상당 기간 소요되는 업종이다. 녹색기술산업에는 신재생에너지, 탄소저감에너지, 고도 물처리, LED 응용, 그린수송시스템, 첨단그린도시가 포함되며 첨단융합산업에는 고부가식품산업, 방송통신

융합산업, IT 융합 시스템, 로봇 응용, 신소재·나노 융합, 바이오제약·의료기기, 고부가서비스산업에는 글로벌 헬스케어, 글로벌 교육 서비스, 녹색금융, 콘텐츠·소프트웨어, MICE·관광이 포함된다.

기술성장기업 상장예비심사 절차는 기술평가가 진행된 이후 6개월 내 상장예비심사 청구를 할 경우 질적·양적 심사 후 전문가 회의를 통해 전문가 의견을 청취하고 최종적으로 상장위원회 심의를 거쳐 예비심사 상장 여부가 결정된다.

기술특례 상장제도는 2005년에 도입되어 그동안 많이 개선되어 왔다.

- (2005년 3월) 기술평가를 통한 상장특례제도 도입
  - 적자인 바이오 벤처기업에 대해 전문평가기관 평가 결과가 A등급 이상일 경우 상장요건 중 경상이익 및 ROE 요건 적용 면제
- (2006년 2월) 전문평가기관 기술평가 시 복수기관 평가 의무화
- (2011년 3월) 기술평가 특례대상 확대
  - 바이오 업종 → 신성장동력 17개 업종
- (2013년 4월) 기술평가 특례대상 확대
  - 신성장동력 17개 업종 → 전 업종(중소기업 지원배제 업종 제외)
- (2013년 8월) 전문평가기관 확대
  - 9개 전문평가기관 → 22개 전문평가기관
- (2014년 7월) 진입기준 및 상장유지 부담 완화
  - 업종제한 전면폐지 및 상장요건 중 자기자본요건 완화(15억→10억), 자본상태요건 완화(자본잠식 없을 것 → 자본잠식률 10% 미만)

2015년에는 기술력을 가진 중소기업의 상장 기회를 더 확대시키기 위해 기술특례 상장제도의 규제를 완화했다. 기술평가기관을 선정하고 통보하는 데 기존 9주가 걸리던 것을 4주로 단축했고, 평가 수수료를 건당 1,500만 원에서 500만 원으로 줄여 상장 문턱을 낮췄다. 한국거래소는 유망기술 기업들이 보

다 원활하게 기술특례 상장제도를 이용할 수 있도록 전문평가제도 운영기준 등을 개정하여 2015년 4월 27일부터 시행했다.

기술특례 상장제도의 개선 사항

그렇다면 지금부터 본격적으로 어떤 내용이 개선됐는지 살펴보자.

주요 개선 내용으로는 첫째 기존, 22개 평가기관에서 TCB(기술신용평가기관) 3사인 기술보증기금, 나이스평가정보, 한국기업데이터로 전환함으로써 평가기관 간 편차가 해소되고, 내부통제, 사후관리, 전문인력 확보 등 측면에서 평가 결과에 대한 신뢰성을 제고했다. TCB 3사는 최근 '기술기업 상장특례를 위한 별도의 표준화된 기술평가 시스템'을 구축하여 평가 품질의 균일성이 유지될 전망이라고 한다.

둘째, 기존에 거래소가 주관사의 신청을 받아 평가기관을 지정하는 방식에서 거래소를 경유하지 않고 주관사가 직접 평가기관을 선정하여 기술평가를 받는 방식의 자율적 평가신청 시스템을 도입함으로써 기술평가 접근성이 용이해졌다.

셋째, 기술평가기관 선정부터 결과 통보까지 소요되는 기간을 약 9주에서 4주로 단축하고 평가 대상기업이 부담하는 평가 수수료도 건당 1,500만 원에서 500만 원으로 1/3 수준으로 인하하여 상장비용 부담을 대폭 경감했다.

넷째, 기존 기술평가 항목을 보다 객관화·구체화하고, 기존에 없던 경영진에 관한 평가항목, 즉 주요 경영진의 전문성·사업몰입도, 최고기술경영자의 전문성, 기술인력의 전문성 등을 신설했다. 이와 동시에 그간 벤처기업만 기술기업 상장 특례대상이 되었으나, 이번 개정을 통해 중소기업기본법에 의한 일반 중소기업까지 특례대상 범위를 확대했다. 이번 제도 개선으로 기술기업 상장특례를 희망하는 모든 중소·벤처기업들이 신속하고 저렴하게 기술평가

서비스를 받을 수 있게 되었고, 기술력이 뛰어난 유망기술 기업의 상장 활성화를 촉진하고 모험자본의 회수－재투자 선순환 체계를 구축했다. 한국거래소는 이 제도의 시행을 위해 기술평가 업무를 수행할 TCB 3사, 즉 기술보증기금, 나이스평가정보, 한국기업데이터와 지난 2015년 3월 31일 MOU를 체결했다.

신속하고 저렴하게 기술평가 서비스를 이용할 수 있게 됐으니 유망기술 기업들의 상장이 더욱 활성화될 수 있을 것이다. 기술성장기업 상장특례 대상기업은 일반·벤처기업 대비 일부 외형요건이 면제 또는 완화되는 혜택을 받을 수 있다. 대상기업은 설립 후 경과연수(3년 이상), 경영성과(법인세 차감전 계속사업이익이 있을 것), 이익 규모 등(ROE·당기순이익·매출액·시가총액 등)과 관련된 요건이 면제되고 기업 규모(자기자본 10억 원 이상), 자본 상태(자본잠식률 10% 미만) 요건은 완화된다. 질적 심사에 있어서도 기술성·시장성에 대한 전문 평가기관의 평가 결과 및 전문가 집단의 자문 결과를 반영함으로써 현재의 경영성과보다는 보유 기술을 통한 향후 성장 가능성을 중심으로 상장 적격성 여부를 검토한다.

기술평가는 기술성 평가와 시장성 평가로 구분하여 검토하는데 기술성 평가 항목으로는 기술의 완성도, 경쟁우위도, 기술인력의 수준, 기술제품의 상용화 경쟁력이 있으며 시장성 평가 항목으로는 기술제품의 성장 잠재력과 기술제품의 경쟁력이 있다. 녹색인증기업 분야는 하나의 전문 평가기관으로부터 기술평가 A등급 이상을 취득한 경우 상장 예비심사청구 자격이 부여되며, 기타 신성장동력기업은 전문 평가기관 중 2개 기관으로부터의 기술평가 결과가 복수기관 평가 결과 A등급 & BBB등급 이상일 경우 기술성장기업으로 상장 예비심사청구 자격이 부여된다.

성장 후 관리 제도

이번에는 상장 후 관리 제도는 어떻게 개선됐는지 살펴보자. 진입장벽 완화에 따라 발생할 수 있는 투자자 보호 문제 차단을 위해 다양한 상장 관리방안을 마련하여 운영하고 있다. 기술성장기업의 특성인 고위험, 고수익(high risk, high return)을 감안하여 차별화된 시장관리를 위해 별도 소속부로 관리하며 책임경영 강화를 위해 최대주주 등의 상장 후 보호예수기간을 6개월에서 1년으로 확대했다.

상장 초기 일반기업 대비 미흡한 영업실적 특성을 고려하여 퇴출 기준을 완화했다. 일반기업은 자기자본의 50%를 초과하는 법인세비용 차감전 계속사업손실이 최근 3년간 2회 이상 발생하고 최근 사업연도 매출액 30억 원 미만 시 관리종목으로 지정된다. 그러나 기술성장기업은 신규 상장 후 3년간 적용이 유예된다. 그리고 4년 연속 영업손실 발생 시에도 관리종목 적용이 면제된다.

기술특례 상장제도로 상장된 상장사들

계속해서 이번엔 기술특례 상장제도로 상장된 상장사들의 현황에 대해 알아보자.

최근 들어 상장이 줄을 잇고 있다고 하는데 "그야말로 기술평가 전성시대다"라고들 표현하기도 한다. 2005년 기술특례 상장제도 시행 이후 기술평가를 통과하여 상장한 기업은 총 15사로 최근 상장한 아스트(항공기 부품) 이외는 모두 바이오 업종이다.

2005년부터 10년 동안 27개 기업이 이 제도를 통해 코스닥 시장에 상장했다. 그리고 2015년에만 기술특례로 상장한 바이오기업이 사상 최다인 10개에 달했다.

2014년까지 기술특례 상장제도로 상장한 기업

상장일	회사명	주요 제품
2005.12.29	바이로메드	유전자 치료제
2005.12.29	바이오니아	합성유전자
2006. 1. 6	크리스탈	당뇨치료제 등
2009. 2. 3	이수앱지스	항체치료제
2009. 9.15	제넥신	항체융합단백질치료제
2009.11. 6	진매트릭스	간염내성진단
2011. 1.26	인트론바이오	유전자시약
2011. 7.13	나이벡	펩타이드 의약품
2011.12.26	디엔에이링크	유전자분석
2013. 3. 5	코렌텍	인공고관절
2013. 5.10	레고켐바이오	항생제
2013. 9.12	아미코젠	특수효과
2013.12.19	인트로메딕	캡슐내시경
2014.12.12	알테오젠	바이오시밀러 등
2014.12.24	아스트	항공기동체부품

기술특례 상장제도로 상장한 기업들의 대부분이 바이오 업종이다. 바이오 기업에 쏠림 현상이 보인다. 하지만 최근 들어 비 바이오기업들도 코스닥 입성 사례가 조금씩 생기고 있다. 2015년 원자현미경 제조업체인 파크시스템스, 시각효과 전문 업체 덱스터가 기술특례로 상장을 했었고, 2016년 상장한 이미지 센서 패키징을 하는 옵토팩도 비 바이오기업이다. 종자개발을 하는 아시아 종묘, 자동차 촉매 제조사 이엔드디 등이 기술평가를 신청했다.

2015년 기술특례 상장제도로 상장한 기업들의 수익 현황

기업명	업종	공모가 (원)	시초가 (원)	상승률	최고가	상승률	현재가 (원)	상승률	최고가 도달 기간(개월)
제노포커스	바이오	11,000	22,000	100%	53,100	383%	19,450	77%	3
코아스템	바이오	16,000	32,000	100%	48,500	203%	11,650	−27%	2
펩트론	바이오	16,000	32,000	100%	83,600	423	39,150	145%	1
에이티젠	바이오	17,000	34,000	100%	48,900	188%	35,600	109%	4
강스템바이오텍	바이오	6,000	7,200	20%	22,300	272%	10,800	80%	3
씨트리	바이오	6,500	9,250	42%	16,500	154%	5,190	−20%	5
아이진	바이오	13,500	코넥스→코스닥		28,500	111%	11,250	−17%	-
엠지메드	의료, 정밀기기	40,000	코넥스→코스닥		99,000	148%	46,550	−52%	-
유앤아이	의료, 정밀기기	30,000	28,650	−5%	30,250	1%	14,550	−52%	4
맥아이씨에스	의료, 정밀기기	4,500	8,000	78%	12,700	182%	5,990	33%	2
파크시스템스	의료, 정밀기기	9,000	11,000	22%	13,200	47%	17,800	98%	2
덱스터	엔터테인먼트	14,000	24,800	77%	34,850	149%	9,460	−32%	2
평균 수익률				63%		188%		34%	평균 3개월 소요

2014년까지는 기술평가로 코스닥에 상장했던 비 바이오기업은 항공기 부품업체 아스트가 유일했다. 2016년 기술특례 상장예비심사를 받을 25개사 중 8개사가 비 바이오 업종이라고 하니, 다양한 업종들이 속속 이 제도를 활용하게 될 것으로 기대되고 있다.

2016년 기술특례 상장제도로 상장한 기업들의 수익 현황

기업명/시총	업종	공모가 (원)	시초가 (원)	상승률	최고가	상승률	현재가 (원)	상승률	최고가 도달 기간(개월)
안트로젠	바이오	24,000	38,000	58%	42,700	78%	23,700	−1%	3
큐리언트	바이오	21,000	33,900	61%	60,300	187%	35,100	67%	5
팬젠	바이오	16,500	24,900	51%	25,700	56%	16,650	1%	1
바이오리더스	바이오	15,000	17,100	14%	22,000	47%	6,170	−59%	1
삼성바이오로직스	바이오	136,000	135,000	−1%	186,400	37%	151,000	11%	1
신라젠	바이오	15,000	13,500	−10%	15,050	0%	13,250	−12%	1
애니젠	바이오	18,000	17,800	−1%	18,000	0%	14,900	−17%	1
옵토팩	전자부품	5,900	6,210	5%	11,050	87%	5,550	−6%	1
로고스바이오	광학기기	25,500	18,550	−27%	29,800	17%	17,050	−33%	1
평균 수익률				17%		57%		−5%	평균 2개월 소요

이번에는 코넥스와 스팩상장주를 제외한 2016년도 신규 상장사들의 수익 현황을 살펴보도록 하자.

2016년 신규 상장사

기업명	업종	공모가 (원)	시초가 (원)	상승률	최고가	상승률	현재가 (원)	상승률	최고가 도달 기간(개월)
미투온	IT	3,800	3,420	−10%	8,300	48%	12,000	37%	1
수산아이앤티	IT	11,500	11,500	0%	15,200	30%	9,200	30%	1
엔지스테크널러지	IT	10,000	19,000	90%	35,950	260%	23,000	101%	1
평균 수익률				27%		112%		56%	1

기업명	업종	공모가 (원)	시초가 (원)	상승률	최고가	상승률	현재가 (원)	상승률	최고가 도달 기간(개월)
제노포커스	바이오	15,000	17,100	14%	22,000	47%	6,170	−59%	1
팬젠	바이오	16,500	24,900	51%	25,700	56%	16,650	1%	1
녹십자랩셀	바이오	18,500	37,000	100%	65,600	255%	24,950	35%	1
삼성바이오 로직스	바이오	136,000	135,000	−1%	186,500	37%	151,000	11%	1
신라젠	바이오	15,000	13,500	−10%	15,050	0%	13,250	−12%	1
애니젠	바이오	18,000	17,800	−1%	18,000	0%	14,900	−17%	1
평균 수익률				26%		66%		−7%	1

기업명	업종	공모가 (원)	시초가 (원)	상승률	최고가	상승률	현재가 (원)	상승률	최고가 도달 기간(개월)
로스웰	서비스	3,200	3,915	22%	4,100	28%	2,730	−15%	1
크리스탈 신소재	서비스	3,000	4,000	33%	4,970	66%	3,490	16%	8
팍스넷	서비스	5,200	8,800	69%	13,500	160%	7,670	48%	1
오가닉티 코스메틱	서비스	4,000	6,510	63%	6,900	73%	4,880	22%	1
두산밥캣	서비스	30,000	36,000	20%	38,950	30%	35,850	20%	1
평균 수익률				42%		71%		18%	2

기업명	업종	공모가 (원)	시초가 (원)	상승률	최고가	상승률	현재가 (원)	상승률	최고가 도달 기간(개월)
AP위성	통신 장비	9,700	12,400	28%	12,900	33%	8,780	−9%	1
장원테크	통신 장비	17,500	17,300	-1%	22,700	30%	9,120	-48%	1
슈프리마	통신 장비	16,050	29,950	87%	31,100	94%	20,500	28%	5
평균 수익률				38%		52%		−10%	2

기업명	업종	공모가 (원)	시초가 (원)	상승률	최고가	상승률	현재가 (원)	상승률	최고가 도달 기간(개월)
휴온스	제약	93,000	119,300	28%	119,300	28%	63,800	−31%	1
안트로젠	제약	24,000	.37,000	58%	42,700	78%	23,700	−1%	3
큐리언트	제약	21,000	33,900	61%	60,300	187%	35,100	67%	5
일동제약	제약	31,000	24,550	−21%	31,500	2%	19,000	−39%	1
에스티팜	제약	29,000	47,000	62%	59,500	105%	44,850	55%	1
평균 수익률				38%		80%		10%	2

기업명	업종	공모가 (원)	시초가 (원)	상승률	최고가	상승률	현재가 (원)	상승률	최고가 도달 기간(개월)
동양파일	시멘트	10,000	9,000	−10%	11,500	15%	7,570	−24%	2
대림씨엔에스	시멘트	27,700	24,950	−10%	28,150	2%	19,700	−29%	3
평균 수익률				−10%		8%		−27%	3

기업명	업종	공모가 (원)	시초가 (원)	상승률	최고가	상승률	현재가 (원)	상승률	최고가 도달 기간(개월)
인크로스	광고	43,000	67,700	57%	70,000	63%	45,100	5%	1
에코마케팅	광고	35,000	46,050	32%	69,000	97%	21,590	−37%	1
평균 수익률				45%		80%		−16%	1

기업명	업종	공모가 (원)	시초가 (원)	상승률	최고가	상승률	현재가 (원)	상승률	최고가 도달 기간(개월)
엘에스전선 아시아	지주 회사	8,000	7,200	−10%	7,200	−10%	5,660	−29%	1
화승엔터 프라이즈	지주 회사	15,000	13,500	−10%	16,200	8%	15,300	2%	1
형성그룹	지주 회사	3,600	3,240	−10%	4,290	19%	2,890	−20%	1
평균 수익률				−10%		6%		−16%	1

기업명	업종	공모가 (원)	시초가 (원)	상승률	최고가	상승률	현재가 (원)	상승률	최고가 도달 기간(개월)
해태제과식품	식품 제조	15,100	18,950	25%	68,000	350%	17,950	19%	1
샘표식품	식품 제조	31,500	50,000	59%	72,300	130%	30,600	−3%	1
동서	식품 제조	34,250	34,350	0%	34,700	1%	27,550	−20%	1
에이치엘 사이언스	식품 제조	37,000	38,400	4%	48,600	31%	28,800	−22%	1
평균 수익률				22%		128%		−6%	1

기업명	업종	공모가 (원)	시초가 (원)	상승률	최고가	상승률	현재가 (원)	상승률	최고가 도달 기간(개월)
아이엠텍	전자 부품	7,500	9,500	27%	15,100	101%	5,270	−30%	1
혜성디에스	전자 부품	12,000	16,700	39%	19,150	60%	12,950	8%	1
알앤투 테크놀로지	전자 부품	6,300	12,600	100%	12,900	105%	5,430	−14%	1
옵토팩	전자 부품	5,900	6,210	5%	11,050	87%	5,860	−1%	1
에이치엔티	전자 부품	13,500	12,100	−10%	12,400	−8%	8,360	−38%	1
평균 수익률				32%		69%		−15%	1

기업명	업종	공모가 (원)	시초가 (원)	상승률	최고가	상승률	현재가 (원)	상승률	최고가 도달 기간(개월)
유니테크노	자동차 부품	10,300	12,750	24%	13,000	26%	11,500	12%	1
두올	자동차 부품	8,500	8,190	−4%	8,290	−2%	4,625	−46%	1
핸즈 코퍼레이션	자동차 부품	12,000	10,800	−10%	10,800	−10%	9,260	−23%	1
평균 수익률				3%		5%		−19%	1

기업명	업종	공모가 (원)	시초가 (원)	상승률	최고가	상승률	현재가 (원)	상승률	최고가 도달 기간(개월)
한솔씨앤피	화학	13,000	18,950	46%	28,000	115%	14,300	10%	4
코스메카 코리아	화학	54,000	71,400	32%	83,900	55%	56,000	4%	1
클리오	화학	41,000	39,950	−3%	41,300	1%	30,600	−25%	1
오션브릿지	화학	6,600	7,730	17%	8,000	21%	10,900	65%	1
평균 수익률				23%		48%		13%	2

기업명	업종	공모가 (원)	시초가 (원)	상승률	최고가	상승률	현재가 (원)	상승률	최고가 도달 기간(개월)
레이언스	의료	25,000	23,700	−5%	24,800	−1%	17,150	−3%	1
피앤씨테크	전기	10,200	11,000	8%	12,650	24%	9,150	−10%	2
씨엠에스에듀	학원	23,200	2,930	16%	32,750	41%	26,200	13%	3
우리손 에프앤지	축산업	2,210	2,930	33%	4,090	85%	2,320	5%	1
로고스 바이오	광학 기기	25,500	18,550	−27%	29,800	17%	17,050	−33%	1
한국자산신탁	금융	10,300	9,850	−4%	10,500	2%	8,300	−19%	1
제이에스코퍼	섬유 의류	23,000	39,100	70%	42,000	83%	16,500	−28%	1
용평리조트	숙박 시설	7,000	9,000	29%	15,200	117%	8,580	23%	1
뉴파워 프라즈마	기계 제조	17,500	17,500	0%	19,150	9%	22,800	30%	1
마이크로 프랜드	정밀 기기 제조	7,300	6,570	−10%	9,600	32%	9,160	25%	1
퓨전데이타	소프트 웨어	11,500	20,750	80%	23,400	103%	16,250	41%	1
평균 수익률				22%		56%		5%	1.5

기업명	업종	공모가 (원)	시초가 (원)	상승률	최고가	상승률	현재가 (원)	상승률	최고가 도달 기간(개월)
자이글	가정 기기	11,000	13,600	24%	14,200	29%	9,050	-18%	1
대유위니아	가정 기기	6,800	7,900	16%	9,920	46%	4,575	-33%	1
평균 수익률				20%		37%		-25%	1

상장사들의 수익률을 살펴보니 신규 상장주라고 해서 무조건 높은 수익률을 보장하는 것은 아니다. 특히 2016년도 하반기는 국내외 정치적 불안정성과 한미약품 사태처럼 기술수출 계약 해지 등의 악재가 반영되면서 시장 전체가 좋지 않았음을 기억해야 한다.

따라서 투자자들은 기술, 실적, 재무구조 등 여러 가지 면을 따져보고 투자해야 한다. 기술성장기업은 기술력이 있다고 해서 당장 이익을 낸다고 보장할 수 없다. 좋은 기술력이 곧장 수익에 반영될 수도 있지만 기술력 하나만으로 성공하기란 쉽지 않다. 묻지마 식의 투자는 투기와 다름이 없다. 철저한 분석을 토대로 투자하길 권한다.

스팩상장이란?

스팩이란 요즘 대학생들이 취업을 위해 열심히 쌓고 있는 '스펙(SPEC)'이 아닌 주식시장에서 우회 상장을 목적으로 하는 '스팩(SPAC)'을 말한다.

여기에서는 낯설고 생소한 단어인 스팩(SPAC)과 이 스팩의 스펙(SPEC)에 대해 구체적으로 알아보자. 좀 쉽게 설명한다면 요즘 말로 '썸을 탄다'는 말을 많이 하는데 투자자를 본인, 인수대상 기업을 썸남 혹은 썸녀라고 한다면 스팩은 일종의 플랫폼 역할을 한다고 생각하면 된다.

교회, 성당, 동호회, 대학교 등등 썸남, 썸녀가 만날 수 있는 공간이나 단체는 다양하다. 이런 곳에서 처음 본 남녀는 처음 인사를 하는 것과 같이 아주 깨끗한 백지(Paper) 상태이다. 스팩의 시작 역시 현금으로만 가득한 페이퍼 컴퍼니(Paper Company)이다. 다시 말해 스팩(SPAC)이란 Special Purpose Acquisition Company, 즉 기업인수목적회사란 말로 실제로는 존재하지 않는 페이퍼 컴퍼니다. 기업 인수합병(M&A)을 위해 만들어놓은 서류상의 회사로 일단 증시에 상장한 후 일반 주식처럼 거래되다가 비상장회사와 합병한다.

우량기업과의 합병에 성공할 경우 높은 투자수익을 기대할 수 있고 실패해도 일정 투자금액을 돌려받을 수 있다. 어떤 이에겐 잊지 못할 추억의 장소가 될 수 있고, 어떤 이에겐 기억하고 싶지 않은 최악의 장소가 될 수 있듯 역시 합병대상 법인을 찾느냐 못 찾느냐, 그리고 어떤 기업이냐에 따라 스팩의 미래가 달라진다.

그런데 비상장기업이 스팩과 합병하려는 이유가 뭘까? 처음 설립될 때 스팩의 목적은 단 하나, 기업의 인수합병으로 우회상장을 필요로 하는 우량 비상장기업을 찾는 것이다. 실체가 없는 돈뭉치가 주식처럼 상장되어 거래가 일어나고, 이 때문에 스팩과 합병하는 비상장사들은 스스로 상장하지 않아도 상장한 것과 같은 효과를 낸다.

이런 대표적인 성공 케이스는 2013년 게임 애니팡의 개발사인 '선데이토즈'가 하나그린 스팩과 합병한 일이다. 당시 선데이토즈는 복잡한 절차를 거치지 않고 보다 빠르고 쉽게 코스닥 시장에 진입했다. 이것이 바로 스팩과 합병을 시도하는 비상장기업들이 노리는 최대 목적이다.

또한 스팩은 인수합병 자금을 조달하기 위해 기업공개, 공모, 상장 절차를 거친다. 보통 자금조달을 빠르게 하고자 하는 중소기업에서 스팩을 선호하는 경향이 있기 때문에 100억~200억 원 정도의 규모로 만들어진다.

상장해서 일반 상장기업처럼 시장에서 주식을 사고팔 수 있는데 3년 내에 설립 목적인 인수합병을 하지 못할 경우 자동으로 상장폐지된다는 특징도 있다.

스팩은 미국에서 1993년 처음 도입돼 2003년부터 본격화됐고, 우리나라엔 2009년 12월에 처음 도입되어 2010년 3월 '대우증권그린코리아스팩'이 처음 상장됐다. 보통 미래에셋 제4호 스팩, 교보 4호 스팩, 유진 스팩 3호와 같은 명칭을 사용한다.

SPAC과 IPO의 상장심사 요건(외형) 비교

SPAC(코스닥)		IPO(코스닥)	
요건	세부사항	요건	세부사항
영업활동 기간	3년 이상(벤처기업 제외)	영업활동 기간	3년 이상(벤처기업 제외)
자기자본 (기업규모)	자기자본 30억 원(벤처기업 15억원) 기준시가총액 미적용	자기자본 (기업규모)	자기자본 30억 원(벤처기업 15억원) 기준시가총액 미적용
주식분산	–	주식분산	공모 25% & 소액주주 500인 이상 등 3가지 요건 중 택1
자본상태	자본잠식이 없을 것	자본상태	자본잠식이 없을 것
경영성과	ROE 10%(벤처 5%)	경영성과	법인세 비용차감전 계속 사업이익 侑 & 다음 요건 중 택 1 • ROE 10%(벤처 5%) • 당 기준이익 20억 원(벤처 10억 원) • 매출액 100억 원(벤처 50억 원) & 기준 시가 총액 300억 원 이상 • 최근 매출액 50억 원 & 매출액 증가율 20%
감사의견	적정	감사의견	적정
주식양도의 제한	제한이 없을 것	주식양도의 제한	제한이 없을 것
합병 대상 법인 제한	합병가액(또는 자산총액)이 예치자금의 80% 이상	상근감사	자산총액 1천억 원 이상 상근 감사
		사외이사	이사총수의 1/4

SPAC과 IPO의 장단점

요건	SPAC 합병 상장	IPO	비교 우위
구주매각	단순 합병만 인정하며 구주매각 불가	상장시 구주매출 가능	IPO
Valuation	•SPAC 피합병법인의 기업 가치평가 자율화 – 합병 반대 주주의 주식매수청구가격 SPAC 공모가 이상 보장 필요 – 기존 증발공 규정에 의한 Valuation 비교 공시 필요	•일반적으로 상대가치 적용(PER, EV/EBITDA 등) •일반적으로 IPO Discount 10 – 30% 적용	유사
자금조달	•SPAC이 보유한 현금성 자산만이 유입되므로 자금 조달 규모가 고정 •회사 유입 자금이 미리 확정되어 있어 향후 구체적 자금 사용계획이 용이함	책정된 공모가를 기준으로 공모비율을 조정하여 자금조달 가능하므로 공모비율을 탄력적으로 가져갈 수 있음	유사
대주주 지분율	•회석율이 낮은 SPAC과의 합병 시 최대주주 지분회석을 최소화 할 수 있음 •추가적으로 필요한 자금을 합병 후 유상증자, CB, BW 발행을 통해 조달 가능	공모 후 기준 최소 25%의 소액주주를 확보하여야 하므로 대주주 지분을 회석 가능성 존재(최대 주주 지분율 낮은 경우 불리)	SPAC
보호예수	최대주주 등 상장 이후 6개월간	최대주주 등 상장 이후 6개월간	동일
최소 상장준비 기간	3개월	6개월	SPAC
지정감사인	지정감사인 선임 후 온기 or 분/반기 감사 필요	지정감사인 선임 후 온기 or 분/반기 감사 필요	동일
상장심사	•심사기간 약 2개월(45영업일) •SPAC을 통한 상장을 추진하게 된 이유에 대한 심사 •내부통제 관련 심사는 IPO 심사에 비해 유연성 보유	심사기간 약 2개월(45영업일)	SPAC
리스크요인	공모가 아닌 합병을 통한 상장을 진해 아하기 때문에 공모리스크 없음	공모시장 침체로 회사의 가치를 적절히 평가받기 어려울 경우 공모철회 리스크 존재	SPAC
상장 후 주가 등락	투자자별 분할매각을 통한 울령부담 최소화	공모투자자/구주지분 일시 출회로 하락 압력	SPAC

직상장이 어려운 기업들에게 스팩 합병을 통해 자금 지원을 원활케 함으로써 스팩의 본 취지인 '기업 인큐베이팅' 역할을 충실히 이행하고 있다. 실제로 코넥스 기업들의 코스닥 이전 상장이 스팩과 함께 활발히 진행되는 등 당초 도입 취지를 살려 시장에 무난히 안착하고 있다는 게 업계의 평가이기도 하다.

이렇게 살펴보면, 스팩 상장이 직상장보다 다소 유리한 점이 많아 보이기도 한다. 그럼에도 많은 기업이 스팩 상장이 아닌 직상장으로 기업공개를 하는 이유는 무엇일까? 아직까지 많은 기업이 스팩 상장이 아닌 직상장으로 기업공개를 하는 이유는 직상장이 정규 상장이란 인식과 IR 과정에서 기업 홍보효과가 있다는 점, 그리고 좀 더 많은 공모자금을 필요로 할 경우 직상장 방법을 선택하기 때문인 것 같다. 하지만 최근 들어 상장하려는 스팩에 투자자들의 관심이 몰리고 있는 실정이다.

그렇다면 스팩은 어떻게 투자해야 할까?

첫 번째, 스팩도 주식처럼 공모 청약을 받는다. 스팩의 공모가는 대부분 주당 2,000원으로 비슷한 수준이다. 주관 증권사에 청약금을 넣고 경쟁률에 따라 배정받는다. 배정 주수는 공모금액과 경쟁률에 따라 달라진다. 경쟁률이 높으면 개인에게 돌아가는 배정률은 낮아진다.

두 번째, 이미 상장된 스팩을 주식처럼 사는 법이다. 공모가 2,000원이지만 수급에 주가는 따라 오르기도 하고 떨어지기도 한다. 공모가 이하로 떨어진 스팩을 사두었다가, 인수합병 기대감에 주가가 오르면 시세차익을 노릴 수 있다. 주식매매와 비슷하며, 청약·거래 모두가 가능하다. 장내에서 매수하는 경우 굳이 3년을 기다리지 않고 이자수익을 챙기는 경우도 발생할 수 있다.

아무래도 스팩은 인수합병 기업을 찾느냐 못 찾느냐, 3년 내에 기업을 못 찾으면 청산 절차를 밟는다는 것이 위험부담이 크게 느껴질 수 있다. 스팩 투자의 리스크는 우량한 인수합병 대상 찾기에 실패하는 경우이다.

앞서 설명한 것처럼 상장된 스팩이 3년 내에 인수합병 대상을 못 찾으면 청산 절차를 밟게 된다. 2009년 처음 선보인 초기 스팩들은 대부분 3년 내에 인수 대상을 찾지 못해 청산됐었는데, 그동안 스팩에 대한 불신이 깊었던 이유도 저조한 합병 실적 때문이다. 하지만 이럴 경우에도 투자자들은 원금과 3년치 이자수익을 돌려받게 된다.

또 다른 리스크는 만족스럽지 않은 비우량 인수합병 대상을 인수할 경우이다. 투자자 스스로 판단하기에 인수 대상이 우량하지 않다면 합병 전에 주식을 매도해버릴 수 있다. 이때도 주식매도 청구가는 공모가인 2,000원 이하로는 잘 떨어지지 않는다. 이처럼 스팩은 공모 시 투자했다면, 원금은 보장되면서 제대로 된 우량기업과 합병에 성공할 경우 높은 주가 상승까지 기대할 수 있기 때문에 수익률 대비 리스크는 상당히 안정적이라고 보는 것이 옳다.

스팩 투자의 어려운 점은 사전 정보가 거의 없다는 것이다. 스팩은 금융상품의 특성상 상장이 되기 전까지는 기업에 대한 정보가 전혀 없다. 단지 공모규모와 발기인의 구성 등만 알 수 있다. 기업 인수합병을 위한 본격적인 모든 활동은 상장 이후 시작된다. 일부에서 스팩 투자에 대해 복불복이라는 평가가 나오는 이유이기도 하다. 어쩌다 괜찮은 합병 대상 비상장사를 찾아도 스팩들 간의 또는 직상장과의 경쟁으로 비상장기업 가치를 적정 가치보다 높게 평가할 수밖에 없다. 스팩 투자자로서는 아무리 좋은 회사라도 비싸게 붙으면 주가가 좋을 수 없다는 것이 현실이기도 하다.

전반적인 자산시장은 불안한 것이 사실이다. 그래서 이런 시점에선 누구라도 일정 부분의 현금성 자산비중을 늘려가기 마련인데 예금만큼의 안정성과 수익률을 생각한다면 스팩에 투자하는 것도 한 방법일 수 있다. 한마디로 2,000원에 스팩을 사면 예금과 같은 크레딧으로 예금금리 이상을 받으면서 합병으로 인한 주식가치 상승에 대한 기대까지도 해볼 수 있기 때문이다. 원할 때 예금의 해지만큼 자유롭지는 않지만 최악의 경우도 약간의 손해만 보고 팔 수 있다.

은행이 도산하는 정도의 위기가 아니라면 스팩 주가가 떨어질수록 확정이자 수익률은 올라가기 때문에 오히려 매수를 해서 매입단가를 낮추는 방법도 사용할 수 있고, 이런 면에서 일반 주식과는 조금 차이가 있을 수 있다.

이러한 장점에도 시장의 반응이 냉담한 이유는 결국 우량 비상장기업의 발굴이 어렵다는 점이다. 기한은 36개월로 지정되어 있고, 주관사의 입장은 급하다 보니 부족한 회사와 합병하거나 좋은 기업의 경우는 합병 조건을 지나치게 높게 산정하게 되는 경우가 많았다. 이런 이유로 합병을 공시한 스팩이 오히려 2,000원 밑으로 가는 일들이 발생하면서 스팩 합병 후 주가 상승에 대한 기대감이 사라지고 시장반응은 냉담해졌다. "비상장사를 못 찾는 스팩도 많고, 그중에 몇 개 합병을 불렀는데 주가가 이 모양이면 도대체 스팩 투자를 왜 해야 하는 거야?"라는 반응인 것이다.

현재 합병 발표 후 거래 정지 중인 스팩들도 업종이나 밸류에이션이 예전만큼 그렇게 매력적이지 못하다는 것이다. 물론 이 점은 국내 주식시장 자체가 조정 중인 것을 감안해야겠지만 아주 최근에는 LS전선아시아, 두산밥캣 등 대어들도 힘을 못 쓸 만큼 공모주 시장이 얼어붙자 시장에 우회상장할 수 있는 스팩이 다시 인기를 끄는 모습을 보이고 있다.

아무래도 기한이 정해져 있다는 것, 그 기간 안에 합병하지 못하면 해산해야 한다는 게 가장 큰 이유인 것 같은데, 그렇다면 인수합병에 실패할 경우 그 절차와 기준은 무엇일까? 스팩의 존립기한은 합병대상 법인과 합병을 하지 못한 경우에 한해 최초로 주권을 모집(공모)하여 주금을 납입 받은 날로부터 36개월까지로 한다.

기업과 투자자 입장에서 봤을 때의 장점

	비상장기업		투자자
상장 편의성	•공모 절차 불필요, 거래소 상장 심사 일부 간소화 •IPO시장 침체기에도 상시적인 상장기회 부여	투자 안정성	•공모자금의 90% 이상을 별도 예치하고, 3년 내 합병에 실패할 경우 반환 (예치금 인출, 담보 제공 금지)
합병 이후 지원 서비스	•합병 이후 SPAC 발기인 등으로부터 경영자문 및 자금조달의 다양한 지원	유동성	•상장 후 장내 매도 가능 •M&A 반대 시 주식매수청구권 행사 가능
합병 리스크 해소	•우회상장 시 발생하는 부외부채 가능성 해소	투자 접근성	•개인도 소액으로 M&A 투자 참여 가능 •주주총회에서 일반 주주가 합병을 결정(발기인 등 공모전 주주는 의결권 행사 제한)

코스닥 상장 규정에 따라 기업인수목적회사 존립기한의 6개월 전까지 합병 예비심사청구서를 한국거래소에 제출하지 못할 경우 관리종목으로 지정하고, 관리종목 지정일로부터 1개월 이내에 이 같은 사유를 해소하지 못하는 경우(합병 예비심사청구서를 제출하지 못하는 경우)는 상장폐지된다. 쉽게 말하면, 주금 납입 후 31개월 경과 시점에 상장폐지 및 해산 절차를 진행한다고 보면 된다.

(30개월 경과 후 관리종목 지정, 관리종목 지정 후 1개월 상장폐지) 스팩은 합병에 실패할 경우 주주에게 투자원금과 함께 운용 이자수익 2년 6개월치를 돌려줘야 한다. 평균적으로 예치 이자율은 연 2~3%인데, 만일 이를 한꺼번에 받게 될 경우 2~3개월 단기간 투자로도 연수익률 4~6%에 달하는 수익을 낼 수도 있다. 이는 최근 은행의 정기예금보다 높은 수익률로, 이 때문에 기관투자자들도 스팩 투자에 지속적으로 관심을 갖고 있다.

하지만 스팩도 최악의 경우를 살펴야 한다. 청산될 경우 매각 차액의 15.4%를 배당소득세로 부담해야 한다. 그 때문에 자칫 계산을 잘못하면 실수익률이 낮아지거나 원금 손실을 보는 경우도 생길 수 있다. 공모가보다 낮은 가격으로 스팩 주식을 사들인 경우 차익거래가 더 높은 수익률을 가져올 수 있기 때문에 청산이나 차익거래 금액이 더 높을 경우 매도를 선택할 수 있다. 그래서 스팩에 투자하기 위해선 현재의 스팩 주가가 공모가 대비 어느 정도 수준인지, 예치금 이자율과 해산 시 배분 조건 등을 꼼꼼히 따져야 실수익률을 제대로 추정할 수 있다.

스팩을 잘 고르는 방법

스팩을 잘 선택하려면 주관하는 증권사의 실적을 보는 게 좋다. 그동안 우량기업을 인수합병한 경험이 많은 증권사일수록 향후 성공 확률도 높다. 어떤 법인과 합병하는지에 따라 스팩의 주가가 움직이기 때문에 성장 가능성이 큰 비상장사를 찾는 능력과 합병을 성사할 수 있는 협상력을 갖춘 경영진이 이끄는 스팩에 투자하는 것이 중요하다. 또 가능하다면 경영진의 자질까지 체크해 보는 것도 좋고, 그것이 쉬운 일은 아니지만 발기인의 이전 수행 실적을 보면 어느 정도 가늠할 수 있는 자료가 되니까 투자자 분들이 참고하시면 좋을 것 같다.

한국거래소에 따르면 2016년 한 해 합병을 결의한 스팩은 총 18곳이다. 2012년 0건, 2013년 4건, 2015년 12건에 불과했던 것과 비교해 매년 늘고 있는데, 2012년 상장해 짝을 찾지 못한 스팩들이 만기일을 앞두고 서둘러 합병에 나선 점도 영향을 미치고 있다.

스팩은 상장 후 3년 안에 합병을 못 할 경우 상장폐지가 된다. 2014년부터 증시에 상장되기 시작한 2기 스팩들은 갈수록 합병 만료 기한인 만 3년에 가까워지고 있다. 그 때문에 기한 만료를 앞둔 스팩들이 분발하면서 합병 실적은 앞으로 더 늘어날 것으로 보인다.

그간 급증하던 스팩의 상장 수는 주춤하고 있다. 2016년 코스닥 시장에 상장한 스팩의 수는 11곳이다. 2015년(45곳)과 비교해 30%에도 미치지 못하는 수준이다. 2014년 하반기 거래소가 '1증권사 1스팩' 원칙을 없애자 증권사들이 경쟁적으로 스팩을 내놓기 시작했고, 2015년에는 상장 숫자가 정점에 이르렀다. 그러나 스팩의 가시적인 성과가 시장 기대치엔 미치지 못하자 대폭 줄어든 모습이기도 하다.

스팩이 많은 장점들에도 불구하고 활성화되지 못하는 근본적인 이유는 앞서 간단히 설명했지만 그동안 과세 문제 및 비상장회사의 가치평가 규제가 스팩 제도의 발목을 잡았던 이유도 있겠지만, 근본적으로는 스팩 제도 자체의 태생적 한계에 있다고 판단된다. 즉 스팩의 프레임이 구조적 모순을 가지고 출발했기 때문에 금융당국의 선의에도 불구하고 시장의 기대에 부합하지 못한 결과를 초래한 것이다.

국내에는 2011년 기준으로 1,822개(유가증권 791개, 코스닥 1,031개)의 상장회사가 있다. 1,000개가 넘는 코스닥 상장회사를 대상으로 우회상장이나 M&A를 추진한다고 가정해보면, 먼저 코스닥 상장회사들은 각각의 지분구조, 시가총액, PER, 재무구조, 순자산가액, 자본금 크기, 주 거래처, 본점 소재지, 업종, 직원 수 등 다양한 스펙(SPEC)을 가지고 있다.

상장회사와 마찬가지로 비상장회사의 상황도 마찬가지다. 그리고 상장회사 또는 비상장회사의 우회상장을 포함한 M&A의 목적도 천차만별이다. 이렇게 다양한 스펙트럼 속에서 각자에 적합한 회사와 M&A 모델을 찾아서 우회상장을 진행하게 되는 것이다.

그런데 현행 스팩 제도는 어떠한가? 미국과 달리 M&A 방식은 영업양수나 지분인수를 인정하지 않고 합병으로 제한되어 있을 뿐 아니라 스팩 회사들도 천편일률적으로 너무 비슷하다. 따라서 다양한 딜 구조를 설계하기에는 선택과 재량의 폭이 너무 좁다. 거기에다가 체계적이고 성공적인 M&A를 진행하려면 사전에 계획된 정치한 프로그램에 따라 확고한 의지를 가지고 용의주도하게 프로젝트를 진두지휘해야 할 선장이 필요한데, 현행 스팩 제도는 투자자 보호와 시장의 안정성이라는 명목에 너무 치우쳐 의사결정과 관련된 이해관계자가 너무 복잡하다. 지속적으로 진화하고 있는 M&A 생태계를 포섭하기에는 'SPAC M&A Market'의 가두리가 너무 협소한 것이다. 다만 스팩이 가지고 있는 한계점에도 불구하고 M&A 생태계의 다양성을 위해 한국형 스팩을 특화시켜야 할 필요성은 있다고 판단된다.

하나금융투자의 첫 번째 스팩인 하나그린스팩과 선데이토즈는 가장 성공적인 스팩 합병 사례로 꼽힌다. 합병 당시 4,000원 선에 머물던 주가는 4개월 만에 2만 원까지 치솟아 투자자들에게 높은 수익을 주었다. 스팩에 투자할 때는 비단 이자수익에만 머무르길 바라는 차원에서 투자하지는 않는다. 그 취지대로 기술력과 성장성을 갖춘 기업들이 스팩과 합병될 때 비로소 주가도 안정될 것이기 때문이다. 스팩 상장을 통해 우량기업으로 성장한 사례들이 많아질수록 시장도 커나갈 수 있으며, 국내시장에 도입된 지 7년차인 스팩이 이제 고민해야 될 점은 질적인 성장에 있다고 할 수 있다.

스팩 상장에 관심 있는 투자자들은 앞서 설명했듯이 주관 증권사의 상장 실적을 잘 따져야 한다. 스팩 투자의 어려운 점은 사전 정보가 거의 없다는 것이다. 스팩은 금융상품의 특성상 상장이 되기 전까지는 기업에 대한 정보가 전혀 없다. 단지 공모 규모와 발기인의 구성 등만 알 수 있다. 기업 인수합병을 위한 본격적인 모든 활동은 상장 이후 시작된다. 일부에서 스팩 투자에 대해 복불복이라는 평가가 나오는 이유이다. 스팩을 잘 선택하려면 증권사의 실적을 보는 게 좋다. 그동안 우량기업을 인수합병한 경험이 많은 증권사일수록 향후 성공 확률도 높다.

14

성장성
특례제도

금융위원회 발표 자료에 따르면 테슬라 요건은 대부분의 일정을 올해 4분기로 잡아놨고 늦어도 내년 상반기부터는 테슬라 요건을 통해 상장하는 기업들에 대한 소식이 많이 들리지 않을까 기대를 해본다. 특히 국내 전기차 기술을 가진 업체에 대한 관심도 가져볼 만하다고 생각된다.

성장성 특례제도란?

테슬라 요건

2016년 10월 5일 금융위원회에서 발표한 상장 공모제도 개편방안인 '테슬라 요건'에 대해 알아보자. 금융위원회에서 발표한 추진 배경으로는 전 세계적으로 아이디어와 기술력이 뛰어난 신생 기업들이 자본시장에서 충분한 자금을 조달하여 글로벌 기업으로 성장하는 사례가 증가하고 있음을 들었다.

페이스북, 트위터, 테슬라 등의 기업들은 설립 10년 이내에 상장하고 이를 바탕으로 공모된 자금을 활용해 글로벌 기업으로 도약하는 기회를 얻었다. 특히 세계적인 전기차 회사인 테슬라 같은 경우는 3,000억 원의 적자 상황임에도 2010년 미래 성장성만을 보고 기업공개를 가능하도록 했고, 상장 시 공모를 통해 마련된 자금으로 현재에 이르러 세계적인 전기차 회사로 성장하는 발판을 마련해주었다. 그리고 당시에 비해 주가도 8배 이상 상승하기도 했다.

이와 다르게 지금까지 우리 증시, 특히 코스닥은 상장기업 도산에 따른 투자자 피해 방지를 위해 엄격한 재무적 기준을 적용하여 미래 가치나 성장성보다는 매출과 이익이 있는 기업 위주로 상장을 허용해왔다는 점과 상장·공모 과정에서 혁신기업 발굴, 기업가치 평가, 투자자 모집 등과 관련된 상장 주관사의 적극적인 역할이 부족했다는 점을 추진 배경으로 볼 수 있다.

기존 기술특례 상장제도도 있으며 성장성 특례상장이 가능하다. 우선 코스닥 특례상장제도인 기존의 '기술특례 상장' 외에 상장 주관사의 추천에 의한 '성장성 특례상장'이 추가된다. 코스닥 특례상장은 지금까지는 복수의 기술평가기관으로부터 일정 이상 기술등급을 받은 기업에 대한 기술특례 상장만 있었는데, 그에 따른 문제도 있었다. 현행 기술특례 상장제도가 바이오기업으로 편중되었다는 사실이다. 2015년도까지 기술특례 상장한 기업 중 90% 이상이 바이오기업이라는 사실이 그 한계를 보여준다고 할 수 있으며 성장성 특례제도는 그 한계를 보완하겠다는 목적도 가지고 있다. 또한 상장 주관사의 기업 발굴 기능을 강화하려는 목적이 크다.

앞으로는 증권사 등 상장 주관사가 자기자본이나 생산기반 등이 부족하더라도 성장 가능성이 충분한 기업을 발굴해 추천하면 특례상장을 시킬 수 있게 된다고 한다. 상장 주관사의 추천 여부가 상장을 결정짓는 핵심 요소인 만큼 상장 주관사의 도덕적 해이를 방지하고 책임성을 강화하기 위해 다양한 보완장치를 도입한 것이다. 이때 기술특례 상장과 마찬가지로 기업의 경영성과 요건은 적용하지 않고, 대신 상장 주관사의 책임성을 강화하기 위해 주관사가 공모에 참여한 일반 청약자에게 상장 후 6개월간 공모가의 90% 가격으로 환매청구권을 부여하게 하는 풋백옵션이 적용된다.

풋백옵션이란, 주식이나 실물 등 자산을 인수한 투자자들이 일정한 가격에 되팔 수 있는 권리를 부여하는 계약을 말한다. 즉 상장 공모 시 증권사의 권한이 많이 부여되므로 공모 청약에 참여한 투자자들의 피해를 예방하겠다는 의미로, 상장 후 공모가 이하로 주가가 하락 시 주관 증권사에서 그 주식을 다시 매입할 수 있는 권리를 투자자에게 주겠다는 의미로 해석할 수 있다.

상장제도

	현행		추가	
상장 방식	일반상장(I) －이익실현기업	특례상장(I) －기술특례	일반상장(II) －이익미실현기업 일반상장 허용	특례상장(II) －상장주선인의추천에 의한특례상장 허용
풋백 옵션	없음	없음	3개월 이상	6개월 이상

공모제도

	현행	추가		
공모 방식	수요예측 －50억 원 이상 공모시 수요예측 의무화	I. 완화된 수요예측 －기관투자자 범위 등에 대한 주관사 자율성 확대	II. 경매 －높은 가격을제시한 순서에따라 배정	III. 단일가격 －수요예측 없이주관사, 발행인이 협의하여 결정
배정 방식	수요예측 참여기관의 범위를규정에서 열거 * 금융회사, 펀드, 공적 연기금, 우정사업본부 및 이에 준하는 외국인 등 모든 기관투자자에게 수요예측참여 기회를 주고 물량 배정 * 제도적 규제가있는 것은 아니며 관행의 문제	수요예측 참여기관의 범위 확대 * 창투사, 벤처펀드, 사적연기금 등추가 진입 가능 기관투자자 참여 및 물량 배정 범위를 제한할 수 있도록 명시 * 명시적인 규정상 예외를 두어 관행변화 유도	경매 참여범위를주관사가 자율 결정 공모가는 투자자별 제시가격(복수가격) 또는 단일 낙찰가로 선택 가능	배정방식은 주관사가 자율 결정 투자자들은주어진 가격에서청약여부 판단
가격 산정 근거 공시	증권신고서에 산정근거 공시 필요	공시 불요	공시 불요	공시 불요
풋백 옵션	없음	일반상장(I) : 1개월 특례상장(I) : 1개월 일반상장(II) : 3개월 특례상장(II) : 6개월	일반상장(I) : 없음 특례상장(I) : 없음 일반상장(II) : 3개월 특례상장(II) : 6개월	일반상장(I) : 1개월 특례상장(I) : 1개월 일반상장(II) : 3개월 특례상장(II) : 6개월

현행	개선
▫ 이익미실현(적자) 상태에 있는 기업은 코스닥 시장 일반상장불가능 ※ 현행 일반상장 경영성과 요건 ① 계속사업이익이 있을 것 ② 다음 요건 중 하나를 충족할 것 　– 당기순이익 20억 원 이상 　– ROE 10%이상 　– 매출 100억 원 & 시가총액 300억 원 이상 　– 매출 50억 원 & 매출증가율 20% 이상 ③ 자본잠식이 없을 것	▫ 일반상장 경영성과 요건에 이익미실현(적자) 기업이 선택할 수 있는 요건 추가 　○ 이익미실현 상태에 있더라도 다음의 요건 중 하나를 충족하는 경우 코스닥 시장 일반상장 자격 부여* 　* 상장이 확정되는 요건이 아니라 상장심사를 신청할 수 있는 최소한의 자격 요건임 ① 시가총액 500억 원 이상 & 직전 매출액 30억 원 이상 & 직전 2년 평균 매출증가율 20% 이상 ② 시가총액 500억 원 이상 & 공모 후 PBR(주당순자산가치 대비 공모가) 200% 이상 ※ 이익미실현 기업 상장 시 상장 후 3개월 이상 일반청약자에게 풋백옵션 부여

성장성 특례제도가 추가되면서 코스닥 시장의 일반상장 요건도 대폭 완화되었다. 현재까지는 적자 상태에 있는 기업은 코스닥 상장 신청 자체가 불가능하지만 앞으로는 적자를 보는 이익 미실현 기업이더라도 코스닥에 입성할 기회를 얻게 되고, 시가총액 500억 원 이상, 직전 매출액 30억 원 이상, 직전 2년 평균 매출증가율 20% 이상 또는 시가총액 500억 원 이상, 공모 후 PBR(주당순자산가치 대비 공모가) 200% 이상이면 상장이 가능해진다. 이익 미실현 기업, 즉 적자기업 상장 시 상장 후 3개월 이상 일반 청약자에게 풋백옵션이 부여된다.

IPO 공모제도 역시 개편되었다. 현행은 모든 주관사가 관행에 따라 획일적인 형태의 수요예측을 실시하고 있었고, 상장 주관사는 모든 기관투자자에게 수요예측 참여 기회를 동등하게 제공하고 수요예측에 참여할 수 있는 기관투자자 범위는 금융투자협회 인수업무 규정에 열거된 기관으로 한정되어 있었다.

개선된 내용을 살펴보면, 일반 청약자에 대해 환매청구권을 부여하는 경우 주관사의 수요예측 자율성을 대폭 확대한다. 상장 후 1개월 이상, 공모가의 90%를 환매청구권 행사가 가능하게 하고 상장 주관사가 수요예측 참여기관을 자율적으로 선정할 수 있도록 규정에 명시하고, 가격 발견에 도움을 준 신뢰성 있는 기관투자자를 우대할 수 있는 규정상 근거를 명확히 기재하고, 창투사 등 일부 기관을 추가하여 기관투자자 범위를 확장하게 되었다.

또, 공모 가격결정 방식도 개선되었다. 현행 50억 원 이상의 IPO에는 수요예측 의무화 규정이 있었지만, 개선된 내용은 50억 원 이상의 IPO에 대해서도 경매 방식, 단일가격 방식 등 다양한 가격결정 방식을 허용하게 되었다. 다만 50억 원 이상의 IPO에서 단일가격 방식을 활용하는 경우 상장 후 1개월 이상의 기간 동안 일반 청약자에 대한 환매청구권 부여가 의무화된다고 한다.

주관 증권사 선정 후 상장까지의 기간을 1~2년 이상 바라봐야 한다. 이번 테슬라 요건이 신설되면서 증권사에 그 권한이 많이 이양된 모습을 보이면서 거래소는 심사기간 등을 대폭 단축시킨 것으로 보인다.

① 발행사와 대표 주관사 간 주관사 계약 체결 후 기업실사(Due Diligence) 등을 통해 기업 현황 및 가치평가(예비심사청구 최소 2개월 전까지 주관계약 체결)

② 상장예비심사 청구 및 거래소 예비심사 승인(D일)

③ 유사회사의 PER 등을 고려하여 공모예정가 산정(☞증권신고서 기재, D+5일)

④ 기업설명회 등 홍보를 통한 투자자 수요 진작(D+22~28일)

⑤ 기관투자자 등을 대상으로 수요예측을 실시하여 공모주의 희망가격 및 배정 물량 파악(D+29~32일)

  * 수요예측 결과를 바탕으로 발행사와 상장 주선인 간 최종 공모가 결정

⑥ 주식청약 후 배분 기준에 의한 투자자의 주식배정 및 청약대금 납입(D+34~35일)

⑦ 거래소에 신규 상장 신청(D+38일)

⑧ 상장 및 거래 개시(D+45일)

예비심사 청구하고 상장 및 거래 개시까지 총 45일 정도가 소요될 것으로 보인다.

금융위원회 발표 자료에 따르면 테슬라 요건은 대부분의 일정을 올해 4분기로 잡아놨고 늦어도 내년 상반기부터는 테슬라 요건을 통해 상장하는 기업들에 대한 소식이 많이 들리지 않을까 기대를 해본다. 특히 국내 전기차 기술을 가진 업체에 대한 관심도 가져볼 만하다고 생각된다.

15

크라우드펀딩 I

최근 들어 이 투자 방식이 부동산이나 자본시장, 특히 발행시장까지 확대되고 있는 경향이 있고, 운용 방법에 따라 그 수익성 부분도 다양하게 나타나고 있어서 관심을 가져볼 필요가 있다.

크라우드펀딩은 무엇인가

크라우드펀딩이란?

요즘 정부의 크라우드펀딩 법제화와 활성화 전략으로 관심을 갖는 사람들이 많다. '크라우드펀딩'이란 무엇일까? 크라우드펀딩은 군중 또는 다수를 의미하는 '크라우드(Crowd)'와 자금조달을 말하는 '펀딩(Funding)'을 조합한 용어이다.

창의적 기업가를 비롯한 자금 수요자가 인터넷 등의 온라인 소액투자 중개업자를 통해 불특정 다수의 소액 투자자로부터 자금을 조달하는 행위를 말한다. 쉽게 말해 소셜미디어나 인터넷 등의 매체를 활용해 자금을 모으는 새로운 투자 방식이다. '소셜 펀딩'이라고도 불리고 주로 영화, 음악 등 문화상품이나 정보기술(IT) 신제품 분야에서 활발히 이용되고 있으며, 아이디어 창업 등 그 응용범위에는 제한이 없다.

그런데 최근 들어 이 투자 방식이 부동산이나 자본시장, 특히 발행시장까지 확대되고 있는 경향이 있고, 운용 방법에 따라 그 수익성 부분도 다양하게 나타나고 있어서 관심을 가져볼 필요가 있다.

그러나 현대적 의미의 크라우드펀딩이라 함은 인터넷 등의 온라인 매체를 통해 자금 수요자가 자금 공급자를 물색하여 소액의 자금을 모집하는 대안적 자금조달의 한 방식을 의미한다. 따라서 크라우드펀딩의 개념은 불특정 자금 공급자, 온라인 플랫폼을 운영하는 전문 중개기관 및 자금 수요자가 자금의 중개행위라는 요소들이 결합된 것으로 이해해야 한다.

크라우드펀딩의 발전 배경

이런 크라우드펀딩이 발전하게 된 배경을 알아보자. 우선 정보통신 기술의 발달과 이 기술을 이용하여 특수 목적의 플랫폼을 만들어낸 전문 중개기관의 출현에 있다. 먼저 과거의 IT 기술과 달리 Web 2.0에서는 쌍방향 의사소통이 가능하게 되었다. Web 2.0 기술을 통해 다수 군중의 의견이 집적 수렴될 수 있게 됨에 따라 제품의 질적 향상에 대한 보다 나은 의견을 들을 수 있었다. 이러한 군중의 의견에 모아지는 것을 가리켜 'wisdom of crowds'라고 하며 이를 우리말로 '집단지성' 혹은 '대중의 지혜'라고 부른다.

또 다른 배경으로는 Web 2.0을 결합한 자금중개 전문 플랫폼의 출현을 들 수 있다. 대표적으로 2008년 설립된 인디고고(Indiegogo)와 2009년에 설립된 킥스타터(Kickstarter)를 들 수 있다. 인디고고와 킥스타터의 성공적인 안착은 전 세계적으로 크라우드펀딩의 우수성과 파급력을 알리는 계기가 되었다. 킥스타터란 페이스북이나 유튜브 등의 소셜미디어에서 영감을 받은 온라인 플랫폼으로, 홈페이지를 통해 누구나 자신의 아이디어, 기술, 제품 등을 제안할 수 있고, 누구나 마음에 드는 프로젝트에 원하는 금액을 투자할 수 있다.

마지막으로 크라우드펀딩의 급성장 배경에는 2008년 금융위기 이후 금융기관에 대한 건전성 강화 규제로 금융기관의 대출여력이 줄어든 경제 및 규제환경의 변화에서 찾을 수 있다. 금융기관을 통한 대출이 어렵게 되자 대안적 방식의 자금조달 통로가 필요했고, 크라우드펀딩이 보다 효율적인 자금조달 창구로 대두됐던 것이다.

확실히 아이디어를 갖고 있는 사람이라면 크라우드펀딩이 매력적으로 다가올 것이다. '자금 수요자나 자금 공급자', 두 사람 모두에게 그러할 텐데 요즘 크라우드펀딩이 대세라고 불리는 것도 이러한 이유 때문이라고 할 수 있다.

나의 아이디어를 평가받을 수 있고, 관심 있어 하는 사람들을 모을 수 있기 때문에 고객들의 좀 더 직접적인 피드백을 받을 수 있다는 장점이 부각되고 있다. 크라우드펀딩을 통해 수백 명의 새로운 고객을 모을 수 있고, 잠재적인 파트너십과 라이선싱 딜, 그리고 우리의 타깃 고객에 대해 더 깊은 이해를 할 수 있기 때문이다. 크라우드펀딩은 문화 콘텐츠에 적합하다고 생각한다. 2016년 6월에 개봉한 영화 〈사냥〉, 또 현재 상영 중인 영화 〈환절기〉, 〈재심〉 등의 영화가 국내 크라우드펀딩으로 자금을 모았다고 한다. 진입장벽이 높아 투자하기 어려웠던 문화 콘텐츠가 손쉽게 자금을 마련할 방법을 얻었다고 본다. 앞으로 성장이 기대되는 분야이다.

크라우드펀딩은 관련법에 따라 대부업체로 등록해야 한다. 외국에서 주목받는 핀테크라고 볼 수도 있겠지만 한국의 법으로는 그렇다. 예전에 한 업체는 일반 업체로 시작했다가 사이트를 폐쇄당하고 대부업 등록을 한 후에 다시 서비스를 재개한 경우도 있었다. 대부업이라고 하니 이미지가 좋지 않게 보일 수도 있지만, 크라우드펀딩의 본질은 투자하길 원하는 자금을 필요한 것에 중개하는 것이고, 시장의 활성화 측면에 크라우드펀딩이 나쁜 이유는 없을 것 같다. 돈이 필요한 사람은 구할 수 있어 좋고, 투자를 원하면 투자할 수 있으니 좋은 것이라고 볼 수 있다.

'스텔라'라는 걸그룹도 크라우드펀딩으로 투자를 받았다. 대중문화 속의 핀테크라고들 표현한다. 한류 콘텐츠를 전문으로 하는 크라우드펀딩 플랫폼 '메이크스타'가 2016년 6월 15일부터 8월 10일까지 4인조 걸그룹 스텔라의 싱글 제작 프로젝트를 진행했다. 목표금액은 약 1,182만 원이었는데, 모집 마감일에 모금된 최종 금액은 목표금액의 532.3%인 약 6,300만 원이었고, 참여자는 623명에 달했다. 목표금액의 530% 이상이 모금되었다는 것도 주목할 일이지만, 크라우드펀딩에 참여한 상당수가 일본, 중국, 동남아, 미주, 유럽, 중동, 아프리카 등 해외 각지에 거주하고 있는 외국인이었다는 점이 특색이다. 이처럼 크라우드펀딩은 인터넷을 통해 국경을 초월한 자금 모집이 가능하다는 장점과 더불어 우리나라의 경쟁력 있는 상품을 해외에 알릴 수 있는 장점도 가지고 있다.

하지만 걸그룹 스텔라의 경우는 기부형, 후원형과 같이 자금 제공의 대가로 수익적 가치를 추구하지 않는 비투자형, 비수익형 크라우드펀딩에 한정되어 있다. 기부형, 후원형 크라우드펀딩은 자금 제공에 대해 반대급부가 없거나 있는 경우도 통상 제공된 자금보다 낮은 가치의 것이 제공되지 않기 때문이다.

크라우드펀딩의 유형

크라우드펀딩은 다양한 분류 방법이 시도되고 있으나 기부형, 후원형, 대출형, 증권형으로 나누는 것이 일반적이다. 첫 번째, 기부형 크라우드펀딩은 일반적인 기부행위를 크라우드펀딩과 접목했다고 보면 쉽게 이해할 수 있을 것이다. 기부자인 자금 공급자는 반대급부를 목적으로 하지 않기 때문에 크라우드펀딩 차원의 규제는 존재하지 않는다. 주요 사업으로는 교육, 문화, 예술, 과학 등 진흥을 위한 사업 등이 허용된다. 앞서 언급한 걸그룹 스텔라의 음반 제작비용을 크라우드펀딩을 통해 마련하기도 했다.

두 번째, 후원형 크라우드펀딩은 금전 제공의 반대급부로 지급한 금전보다 적거나 이와 유사한 형태의 비금전적 보상을 약속하는 형태이다. 최근 많이 이용하고 있는 '선구매형' 방식인데, 선구매형에선 아이디어 상태이거나 시제품 상태의 제품을 크라우드펀딩 플랫폼에 올리고 자금을 모집한 후 이 자금을 기초로 제품을 완성해 보상으로 크라우드펀딩에 참여한 자금 공급자에게 이를 발송하는 방식이다. 후원형 크라우드펀딩과 관련해 별도의 규제는 없으나 선구매형의 경우는 사실상 말 그대로 제품에 대한 가격 지불을 먼저 하는 형태의 선도물품 매매계약으로 볼 수 있기 때문에 통신판매와 관련된 법률 적용 여부가 문제 될 수 있다.

대출형 크라우드펀딩은 통상 크라우드펀딩이라는 용어 없이 P2P(Person to Person) 대출이라고도 하나, P2C(Person to Company) 대출과 함께 P2P 대출도 대출형 크라우드펀딩의 일종이다. 대출형 크라우드펀딩은 단순히 전문 크라우드펀딩 중개기관만 관여하여 자금 수요자와 자금 공급자 간 직접 소비대차 계약이 이루어지는 직접 대출형과 중간에 은행이나 여신 전문기관이 관여하여 간접적으로 소비대차 계약이 이뤄지는 간접 대출형이 있다. 영국의 Zopa(Zone of Possible Agreement)를 통한 대출형 크라우드펀딩이 대표적인 직접 대출형이고, 우리나라 팝펀딩, 머니옥션과 미국의 랜딩클럽, 프로스퍼를 통한 대출형 크라우드펀딩이 대표적인 간접 대출형이다.

마지막 유형인 증권형 크라우드펀딩은 자금 수요자가 증권을 매개로 크라우드펀딩을 통해 금융을 받는 형태이다. 크라우드펀딩으로 발행할 수 있는 증권은 지분증권, 채무증권, 투자계약증권으로 한정하고 있다.

2016년 11월 7일, 금융위원회에서 크라우드펀딩 발전방안을 발표했다. 금융권에 따르면 금융위원회는 크라우드펀딩의 광고 규제를 완화하고 크라우드펀딩에 성공한 기업들이 한국거래소 스타트업 주식거래시장(KSM)에서 주식거래를 할 수 있도록 하는 내용 등을 뼈대로 하는 '크라우드펀딩 발전방안'을 내놓았다. 한국거래소 스타트업 주식거래시장은 스타트업의 비상장주식을 거래할 수 있는 장외주식시장이다. 금융위원회는 크라우드펀딩에 성공한 기업들이 한국거래소 스타트업 주식거래시장에 등록하면 이 회사의 지분을 확보한 투자자들이 주식을 자유롭게 거래할 수 있도록 전매제한 규제를 없앴는데, 크라우드펀딩에 투자해도 자금을 회수할 수 있는 방안이 마련된 셈이다. 금융위의 발전방안에 따르면 크라우드펀딩 상품을 앞으로 인터넷 포털과 소셜네트워크서비스(SNS) 등에서도 광고를 할 수 있도록 했다.

투자자 범위 확대, 광고 규제완화 등으로 크라우드펀딩 활성화를 추진한다는 계획인 것이다. 그렇다면 현재 크라우드펀딩의 현황에 대해 살펴보자.

크라우드소싱(Crowdsourcing)에 따르면, 2011년 기준 전 세계적으로 약 119만 건의 소셜 펀딩 프로젝트가 있었으며, 대부분이 영국을 중심으로 한 유럽과 미국에서 진행되었다. 국내의 경우 2011년부터 본격적으로 성장하기 시작했으며, 국내 소셜 펀딩 산업에 진출한 신설 기업 중 후원 및 기부 형식의 업체들이 많으며 공연, 전시 및 음반 등 예술 분야와 출판, 영화제작 등 주로 문화 콘텐츠 분야의 지원이 대부분이다. 한국에서는 2012년 박근혜 정부가 들어서면서 기존의 추격형 경제 전략의 한계를 극복하고자 창조경제를 첫 번째 국정 목표로 추진하기 시작했으며 '벤처/창업 생태계 선순환 방안(2013년 5월 15일)'의 일환으로 크라우드펀딩 제도화가 포함되어 있다.

최초의 크라우드펀딩은 개인 대출형 서비스인 2005년 영국의 조파닷컴이며, 당시는 P2P 펀딩, 소셜 펀딩 등의 용어로 불리다가, 2008년 미국에서 최초의 후원형 플랫폼인 인디고고가 출범하면서 크라우드펀딩이라는 용어가 일반화되었다. 후원형에서는 미국의 킥스타터가 2013년 한 해 총 300만 명이 참여하여 4억 8,000만 달러 규모의 프로젝트를 성사시켰고, 지분 투자형은 2007년 영국의 크라우드큐브(Crowdcube.com)가 최초로 서비스를 시작했으며, 미국의 'Jobs법' 제정 이후 지분 투자형이 가장 빠른 성장세를 보이고 있다. 대출형으로는 2007년 출범한 미국의 대출형 모델인 랜딩클럽(Lengindclub.com)이 2013년 4월 기준 누적 성사액 16억 달러 규모를 보이고 있다. 2012년 4월 미국에서 JOBS법상 크라우드펀딩법이 제정되면서부터 국내에서도 크라우드펀딩에 대한 기대와 관심이 증가하기 시작했고, 2012년에 증권형을 표방하는 오픈트레이드 등 다양한 유형의 크라우드펀딩 플랫폼이 속속 등장했다. 2013년 5월 국내 전체 크라우드펀딩 플랫폼은 17개였지만 2015년 12월 40여 개가 넘는 크라우드펀딩 플랫폼이 개설되었다. 아울러 크라우드펀딩 플랫폼에 가입한 회원수의 증가 추이도 국내 크라우드펀딩의 관심도를 그대로 반영하고 있다. 2016년에는 108개가 개설되었으며 발행건수는 계속해서 증가하고 있는 추세이다.

크라우드펀딩, 미국과 어떻게 다른가?

2012년 4월, 미국에서 크라우드펀딩법이 제정되면서부터 국내에서도 크라우드펀딩에 대한 관심이 증가하기 시작했기 때문인지 미국과 유사한 점이 많다. 유사점과 차이점에 대해 알아보자.

발행인의 공시와 관련하여 공시해야 할 세부 내용에서는 많은 차이를 보이고 있다. 상세한 부적격 발행인 규정, 모집기간, 조기마감 요건, 대화채널 규제, 거래결과 통지의무, 투자광고 허용의 범위, 다양한 계속공시 면제 요건 등 미국의 증권형 크라우드펀딩 규제는 그 내용 면에서 완성도가 보다 뛰어난 것으로 보인다. 증권형 크라우드펀딩 규제의 내용에서 완성도가 뛰어나다는 것은 규제의 강도가 더 높다는 것으로 받아들여질 수 있다. 그러나 미국의 규제를 자세히 살펴보면 단순히 규제가 많은 것이 아니라 투자자 보호와 관련하여 모든 항목들을 매우 세밀하게 고민한 흔적이 보인다.

예를 들어 판촉인 규제는 자본시장법에는 예정하고 있지 않은 것으로서 이해상충 방지와 판촉인의 편향되거나 과장된 의견 게시로 인해 투자자의 투자 의견에 영향을 주지 않도록 모든 판촉인의 의견 표시에 판촉인임을 밝히도록 하는 규제는 주목할 필요가 있다. 비교법적인 측면에서 한미 크라우드펀딩 규제는 그 형식이나 체계 측면에서는 유사하나 구체적인 내용 측면에서는 투자자 보호의 관점이나 자본조달 활성화 측면에서 자본시장법의 완성도가 다소 미흡하고, 조달가능 금액 등 일정 부분에서는 규제가 강하다고 평가할 수 있다. 향후 시장의 상황을 지켜보며 추가적인 보완이 필요할 것으로 보이며 추가적인 보완 시에도 투자자 보호라는 자본시장법적 이익과 자금조달 활성화를 통한 경제적 효과의 달성이라는 산업 정책적 이익의 균형을 얻어서는 안 될 것이다.

크라우드펀딩, 어떻게 규제하나?

본격적으로 규제에 관한 내용을 살펴보자. 크라우드펀딩을 이용할 수 있는 발행인은 비상장기업이어야 하고, 중소기업창업 지원법 제2조 제2호에 따라 창업하여 사업을 개시한 날부터 7년이 지나지 않은 자로서 동법 시행령 제4조에서 규정하는 금융 및 보험업, 부동산업 등의 업종에 종사하지 않은 자 등이어야 한다. 그러나 등록 벤처기업, 등록 이노비즈 기업 및 비상장 중소기업의 프로젝트 사업에 투자하는 경우에는 7년 업력 제한에 관계없이 크라우드펀딩을 통한 자금조달이 가능하다.

자본시장법은 투자자들이 과도한 금액을 투자하고 상당한 손실을 입는 경우를 사전에 방지하기 위해 연간 동일 발행인 투자한도와 연간 총 투자한도를 정하고 있다. 한국형 크라우드펀딩에서 발행인이 크라우드펀딩을 통해 조달할 수 있는 연간 총 한도는 7억 원이다. 투자자의 연간 총 투자한도와 관련하여 전문투자자의 경우에는 투자한도 제한이 없다. 일반투자자는 기본적으로 연간 총 500만 원까지 투자할 수 있으며 이 금액의 한도 내에서 발행인당 200만 원까지 투자할 수 있다. 그러나 일반투자자이지만 금융소득종합과세자나 사업소득과 근로소득의 합이 1억 원 이상인 투자자는 연간 총 2,000만 원, 발행인별 총 1,000만 원까지 투자할 수 있도록 규제를 완화하고 있다. 또한 크라우드펀딩을 통해 발행된 증권은 의무적으로 한국예탁결제원에 예탁 또는 보호예수해야 하고, 1년간 매도나 양도가 제한된다. 다만 전문성을 갖추고 위험감수 능력이 있는 전문투자자 등에 대한 매도는 허용하고 있다. 투자자는 증권의 청약기간 종료일까지 청약 의사를 철회할 수 있다. 이 경우 온라인 중개업자는 그 투자자의 청약 증거금을 지체 없이 반환해야 한다.

투자자를 위한 보호장치

그러면 투자자를 위한 보호 장치엔 어떤 것들이 있을까? 투자자들의 투자판단에 필요한 증권 발행조건, 재무서류, 사업계획서 등을 온라인 중개업자의 홈페이지에 게재하도록 하고 있다. 또한 발행인은 온라인 중개업자의 홈페이지에 게재된 정보가 항상 최신성을 유지할 수 있도록 해야 한다. 사업계획의 이행 및 투자자들의 신뢰를 보장하기 위해 발행인 및 그 대주주는 크라우드펀딩을 통한 증권 발행 후 1년간 기존 보유지분을 매도할 수 없다. 투자자의 전매제한의 경우와 달리 발행인 및 대주주의 보유지분은 예외적 매도가 금지되어 있다. 발행인이 온라인 중개업자의 홈페이지에 게재한 정보의 허위, 누락 등으로 인해 투자자의 손해 발생 시 발행인 등은 손해배상 책임을 부담해야 한다.

투자자들이 조심해야 할 부분도 있다. 대출한 쪽이 연체나 부도를 하는 경우가 있다. 다수에게 투자를 받았기 때문에 업체가 대표로 추심을 진행한다. 부도율은 아직 한 자릿수이거나 0%인 업체들이 많지만 연체가 되는 경우가 종종 있다. 담보가 있는 곳보다는 개인 신용대출 쪽에서 연체가 되는 경우가 좀 많다. 가장 큰 위험은 크라우드펀딩 업체가 망하는 것이다. 이 부분에 대해선 예금자 보호가 되는 것도 아니고 딱히 방법이 있는 것이 아니라 한곳에 모든 금액을 넣는 것은 스스로 피해야 한다. 또 중도상환을 하는 경우도 있으나 거의 없으니 투자기간 동안 자금이 묶이는 것을 염두에 두어야 한다. 무엇보다 정확한 기업 정보나 검증 등이 선행되어야 한다.

크라우드펀딩이 코넥스 시장에 특례상장할 수 있는 길을 열어준다. 크라우드펀딩, 스타트업 주식거래시장, 코넥스, 코스닥으로 이어지는 사다리 역할을 해줄 것으로 전망되고 있다.

크라우드펀딩 시장은 최근 성장세가 주춤하고 있다. 한국예탁결제원이 발표한 증권형 크라우드펀딩의 월별 발행금액을 살펴보면 2016년 10월 10억 7,158만 원인데 7월(27억 3,325만 원)부터 4개월 연속 줄어들고 있다. 크라우드펀딩의 월별 성공률도 9월 33.3%로 4월(63%) 이후 감소세를 보이고 있다. 크라우드펀딩 중개업자로 등록한 중기 특화 증권회사들의 최근 중개 실적도 저조한 편이다. 2016년 6월 중개업자 등록을 마친 유진투자증권과 키움증권은 각 1건과 2건을 중개했다. 7월 등록을 마친 KTB투자증권도 1건을 중개하는 데 그쳤지만 금융위가 발전방안을 내놓으면서 중기 특화 증권회사들은 이전보다 적극적으로 크라우드펀딩에 나설 것으로 보인다. 한국거래소 스타트업 주식거래시장을 통해 투자자들의 자금 회수가 용이해져 투자자들의 참여가 이전보다 늘어날 가능성이 높기 때문이다.

또, 장기적인 시각에서 중소기업들이 성장 사다리를 통해 기업공개를 할 만큼 성장하면 증권사들의 새 수익원이 될 수 있다. 다만 지금 당장 수익성이 낮다는 점은 중기 특화 증권회사들에게 여전히 부담이 될 것으로 보인다. 일반적으로 크라우드펀딩 중개 수수료는 5%인데 기업당 투자한도가 연간 7억 원인 점을 감안하면 증권회사가 크라우드펀딩 1건으로 얻을 수 있는 수익은 한 해 최대 3,500만 원 수준인 셈이다. 아직은 크라우드펀딩 시장이 초기 단계이기 때문에 수익성보다는 시장의 저변을 확대하는 데 주력할 것으로 보이기는 한다.

생명보험 관련주는 왜 비싼가?

장외주식의 주가는 기본적으로 투자자들이 결정한다. 예를 들어 H사의 주가가 2만 원이라면 투자자들이 그 정도의 가치가 있다고 보고 사고팔기 때문에 가격이 형성되는 것이다. 하지만 이 가격도 영원불변한 것은 아니다. 하루가 다르게 바뀌는 것이 현실이고, 투자자들이 그날그날 투자가치를 결정해 주식을 거래하기 때문이다. 생명보험 관련 주식의 가격이 전체적으로 비싼 것은 특별한 이유가 있는 것이 아니라 투자자들 입장에서 투자가치가 다른 종목에 비해 높기 때문이다. 다른 종목보다 비싼 가격을 주고 사려는 이유도 바로 여기에 있다. 특히 미래 가치를 높게 본다고 할 수 있고, 대기업의 자회사라든가 인지도가 높은 종목이라면 지금 당장의 실적을 반영하는 것보다 미래의 가치도 중시하는 경향이 있다. 미래 가치가 높은 기업일수록 주가가 비싼 것도 이러한 이유에서라고 보면 된다.

더욱이 생명보험 회사들은 앞으로 상장될 가능성이 높다. 18년을 끌어온 상장 문제가 허용 쪽으로 결론이 났기 때문에 상장 요건을 갖춘 회사들은 특별한 경우가 아니면 상장을 추진할 것으로 보인다. 하지만 여기서 조심할 것은 아무리 유망업종이라도 주가가 무한정 오르지 않는다는 점이다. 혹시 자신이 사려는 생명보험 주에 거품이 들어 있지는 않은지, 기업의 성장가치를 전문가들은 어떻게 보고 있는지 등을 종합적으로 따져본 후 투자해야 한다.

16

크라우드펀딩 II

기존 주식과는 달리 신생 벤처기업이 가진 아이디어나 성장 가능성에 투자하는 것이기 때문에 투자한 기업의 사업 포기와 같은 문제가 발생했을 경우 원금 손실이 날 수도 있다. 그렇기에 투자자 보호를 위해 기업이 등록하는 최신화된 사업계획서와 필자가 늘 말씀드리는 재무제표를 꼼꼼히 살펴보신 후 투자해야 한다는 점을 잊으면 안 된다.

크라우드펀딩의 P2P 대출

P2P 대출의 장단점

크라우드펀딩의 유형에는 기부형, 후원형, 증권형, 대출형이 있다고 앞서 소개했는데 그중에서도 대출형, P2P 상품들이 요즘 주목받고 있다. 대출형 크라우드펀딩은 통상 크라우드펀딩이라는 용어 없이 P2P(Person to Person) 대출이라고도 하나, P2C(Person to Company) 대출과 함께 P2P 대출도 대출형 크라우드펀딩의 일종이다. 대출형 크라우드펀딩은 단순히 전문 크라우드펀딩 중개기관만 관여해 자금 수요자와 자금 공급자 간 직접 소비대차 계약이 이루어지는 직접 대출형과 중간에 은행이나 여신 전문기관이 관여하여 간접적으로 소비대차 계약이 이뤄지는 간접 대출형이 있다.

영국의 Zopa(Zone of Possible Agreement)를 통한 대출형 크라우드펀딩이 대표적인 직접 대출형이고, 우리나라의 팝펀딩, 머니옥션과 미국의 랜딩클럽, 프로스퍼를 통한 대출형 크라우드펀딩이 대표적인 간접 대출형이다. 즉 대출형은 합리적인 이율로 개인 간에 이뤄지는 온라인 대출 서비스라고 보면 된다.

그렇다면 P2P 금융이 은행과 다른 점은 무엇일까? 기존 은행의 대출이나 금융상품 이용 시 은행에서 자금을 빌려준다는 개념에서 개인 대 개인의 자금 거래를 도와주는 금융 솔루션, 즉 중간거래자 역할이다. P2P 금융의 경우 자금을 빌려줄 투자자를 펀드 형태로 모으거나 돈이 많은 개인투자자 또는 사업하는 분들에게 투자받아서 자금은 원하는 분에게 대출이나 재투자를 해주는 형태로 운용된다. 통상적으로 P2P 금융을 이용하면 1금융권의 시중은행과 2금융권의 카드사, 저축은행의 중금 금리라 생각하면 된다. 비슷한 수준을 찾고자 하면 중금리와 비슷한 형태라고 볼 수가 있다.

업체마다 투자 차이가 있지만 투자로 인한 수익률은 8~10% 전후로 알려져 있다. 반대로 P2P 대출을 받는 고객의 금리는 5~12% 정도의 중금리 수준으로 알려져 있다. 이는 개인별 신용등급과 P2P 금융업체에 따라 차이가 있다. 쉽게 말해 P2P 대출의 경우, 내가 비용이 필요할 때 그 비용을 중금리로 빌릴 수 있는데 빌려주는 주체가 은행이 아닌 개인이라는 말이다.

내가 100만 원이 필요하다고 하면 기존 은행에서 100만 원을 심사를 통해 빌려주고 이자를 받았다면 P2P 대출에선 개개인이 10만 원, 20만 원 등의 비용을 모아서 대출자에게 제공하고 대출자는 일정 이자를 지급하면 이를 투자자에게 돌려주는 방식이다. 최근엔 P2P 금융에 투자하고 상환된 원리금은 재차 P2P 금융에 집어넣는 일명 'P2P 풍차 돌리기'라는 신조어가 등장할 정도로 30~40대들에게 인기를 얻고 있다.

은행에선 까다롭게 심사를 거쳐 대출을 받지만 P2P 대출은 은행보다는 덜 까다로운 심사를 거쳐 대출을 받는다. P2P 대출 조건은 신용등급 7등급 이내이며 이는 KCB 신용평가 기준으로 적용된다. 또한 최근 1년간 연체와 채무불이행 이력이 없어야 하며 본인이 소득이 있다는 증빙을 해줘야 한다. P2P 대출을 이용하는 기관마다 조금씩 조건이 다를 수 있으니 이 점은 참고해서 이용해야 한다.

위 조건을 만족하면 약 5%에 가까운 금리로 최대 3,000만 원까지 돈을 빌릴 수 있다. 기간은 최대 36개월이며 상품은 개인 또는 법인의 신용기록 등을 종합적으로 판단하여 한도가 결정된다. 대출 조건이 제1금융보다 까다롭지 않기 때문에 쉽게 이용이 가능하다. 그렇다고 무분별한 이용은 삼가는 것이 좋으며 본인에게 알맞게 이용하는 것을 추천한다.

P2P 대출의 단점도 알아두자. 가장 큰 단점은 부실 위험을 대부분 투자자가 떠안아야 한다는 점이다. 타 금융기관과 달리 중개업체는 대출자를 심사해 중개만 할 뿐, 부실에 대한 책임을 지지 않는다. 투자자 모집에 시간이 걸리기 때문에 대출도 신속하게 이뤄지지 않는다는 것과 5~6% 정도밖에 되지 않는 대출 승인율도 단점으로 꼽는다.

P2P 대출, 어떻게 다르나?

P2P 대출만을 위한 규제가 없어 현재는 대부업법을 근거로 출시된다. 업체들이 대부업체로 등록해야 하는데 일반 대부업과 P2P 대출의 차이점을 살펴보자. 우선 대부업은 대부업자(개인 또는 법인)가 여러 사람에게 돈을 빌려주고, 여러 채권을 한 대부업자가 독점하게 된다. 따라서 대출자는 대출심사 과정에서 약자일 수밖에 없다. 또한 상환되지 않은 채권은 추심업체에 넘기는데 이 과정에서 불법 추심업체가 대출자를 괴롭히기도 한다. 반면 P2P 대출은 투자자가 여러 사람으로 하나의 채권을 독점하는 사람이 없어 차입자는 대부업에 비해 공정한 대출심사를 받을 여지가 있고, 추심업체에 차입자를 넘기기도 어렵다.

큰 차이는 대부업은 '차용', P2P 대출은 '투자'라는 점이다. 돈을 갚지 못하면 차용은 부도가 되고 투자는 손실이 난다. 대부업은 강한 법적 규제를 받는 반면 P2P 대출은 규제가 전혀 없어 상대적으로 차입자를 모으기에 수월하기 때문에 기존 대부업자가 규제를 우회하는 방법으로 P2P 대출 중개 서비스를 내걸고 대부업을 할 수 있기 때문이다. 게다가 P2P 대출은 대부업법을 근거로 하는데 P2P 대출 중개업체가 미등록 대부업자로부터 채권을 양도받아 이를 추심하는 행위를 금지하고 있다. 그렇기에 채무가 대출금 상환을 고의적으로 거부하더라도 이를 막을 수 있는 방법이 마땅히 없다.

투자자의 안전성을 위해서라도 P2P 대출만을 위한 규제가 마련돼야 한다. 정부 당국에선 법제화 대신 가이드라인 설정 및 적용을 통해 감독하는 방식으로 규제하기로 했다. P2P 대출 가이드라인 제정방안 발표의 중요 내용은 다음과 같다.

> P2P 업체는 단순 중개업무만 수행: 투자자 보호를 위해 투자금을 은행 등에 예치·신탁, 분리하여 관리해야 한다.

> P2P 업체 규제: P2P 업체를 직접 규제하는 대신, P2P 업체가 연계 금융회사(대부업체, 은행, 저축은행 등)를 통해 관리·감독을 받도록 한다.

> 차입자의 투자자에 대한 정보 제공 의무: 차입자의 신용도, 자산 및 부채 현황, 연체 기록, 대출 목적과 상환 계획 등을 플랫폼을 통해 투자자에게 제공한다. 투자자(대출자) 한도는 투자전문성 및 위험감수 능력 등을 감안하여 투자자 한도 차등화(일반 개인투자자, 소득요건 구비 개인투자자, 법인투자자 및 전문투자자(개인)로 구분)해야 한다. 가이드라인 제정 후 일정 유예기간(약 3개월) 후 시행 예정이 있는데, P2P 업체들의 사업 정비(고객 자산 분리 예치방안 및 전산 시스템 수정 등) 준비기간이 필요하다.

P2P 대출의 법적 근거에 대해 살펴봤는데 기부형, 후원형, 증권형에 대한 법적 근거에 대해 살펴보자. 우리나라에서는 2016년 1월에 자본시장법에서 지분형 크라우드펀딩에 대한 법적 근거를 마련했다. 대출형 크라우드펀딩은 대부업법과 통신판매업, 그리고 상법에 근거를 가지고 P2P 상품을 출시하고

있다. 후원형과 기부형은 상법과 민법상 법적 근거를 갖고 있다.

한편 이런 기업들이 크라우드펀딩을 더 잘 활용할 수 있도록 2016년 11월 7일, 금융위원회에서 크라우드펀딩 발전방안도 발표했다. 금융권에 따르면 금융위원회는 크라우드펀딩의 광고 규제를 완화하고 크라우드펀딩에 성공한 기업들이 한국거래소 스타트업 주식거래시장(KSM)에서 주식을 거래할 수 있도록 하는 내용 등을 뼈대로 하는 '크라우드펀딩 발전방안'을 내놓은 것이다.

한국거래소 스타트업 주식거래시장은 스타트업의 비상장주식을 거래할 수 있는 장외주식시장이다. 금융위원회는 크라우드펀딩에 성공한 기업들이 한국거래소 스타트업 주식거래시장에 등록하면 이 회사의 지분을 확보한 투자자들이 주식을 자유롭게 거래할 수 있도록 전매제한 규제를 없앴다. 크라우드펀딩에 투자해도 자금을 회수할 수 있는 방안이 마련된 셈이다. 금융위의 발전방안에 따르면 크라우드펀딩 상품을 앞으로 인터넷 포털과 SNS 등에서도 광고할 수 있게 됐다.

크라우드펀딩에 성공한 국내 중개업자들의 현황에 대해 자세히 알아보도록 하자. 전문가의 관련 답변으로는 기간별, 업종별, 모집금액별 발행 규모도 다 달랐다.

크라우드펀딩에 투자한 투자자들의 연령대와 성별에 대해서도 살펴보자. 투자를 하는 투자자 입장이라면 그 업체에 대해 또 잘 알아봐야 한다. 어떤 것들을 중점적으로 살펴봐야 할까?

기존 주식과는 달리 신생 벤처기업이 가진 아이디어나 성장 가능성에 투자하는 것이기 때문에 투자한 기업의 사업 포기와 같은 문제가 발생했을 경우 원금 손실이 날 수도 있다. 그렇기에 투자자 보호를 위해 기업이 등록하는 최신화된 사업계획서와 필자가 늘 말씀드리는 재무제표를 꼼꼼히 살펴보신 후 투자해야 한다는 점을 잊으면 안 된다.

펀드 진행 및 성공회사 현황

중개업자명	성공완료	진행 중	합계	점유율
우리종합금융(위비크라우드)		1	1	0.7%
펀딩포유	3	1	4	2.8%
케이티비투자증권	1		1	0.7%
유진투자증권	1	1	2	1.4%
와이크라우드펀딩		1	1	0.7%
키움증권	1		1	0.7%
코리아에셋투자증권	10	2	12	8.5%
오마이컴퍼니	8	2	10	7.1%
아이비케이투자증권	7	2	9	6.4%
유캔스타트	2		2	1.4%
신화웰스펀딩	2		2	1.4%
인크	7	1	8	5.7%
오픈트레이드	19	18	37	26.2%
와디즈	27	24	51	36.2%
합계	88	53	141	100.0%

크라우드펀딩이 코넥스 시장에 특례상장할 수 있는 길을 열어준다고 하는데 크라우드펀딩, 스타트업 주식거래시장, 코넥스, 코스닥으로 이어지는 사다리 역할을 해줄 것으로 전망된다.

하지만 크라우드펀딩 시장은 최근 성장세가 주춤하고 있다. 한국예탁결제원이 발표한 증권형 크라우드펀딩의 월별 발행금액을 살펴보면 10월 10억 7,158만 원인데 7월(27억 3,25만 원)부터 4개월 연속 줄어들고 있다.

크라우드펀딩의 월별 성공률도 9월 33.3%로 4월(63%) 이후 감소세를 보였

다. 크라우드펀딩 중개업자로 등록한 중기특화 증권회사들의 최근 중개 실적
도 저조하다.

기간별 발행규모

연도(월)	모집가액(원)	발행금액(원)	목표 대비 발행비율(%)	모집 건수(건)	발행 건수(건)	펀딩성공률(%)
2016년	26,082,864,378	13,928,263,952	53.4	166	88	53
11	763,725,000	441,025,000	57.7	8	4	50
10	1,724,952,549	1,071,584,767	62.1	14	9	64.3
9	3,098,836,500	1,335,890,000	43.1	15	5	33.3
8	3,336,280,000	1,733,583,000	52	23	10	51.7
7	3,977,127,410	2,733,256,000	36.8	13	7	53.8
6	2,220,060,812	816,625,500	36.8	13	7	53.8
5	2,016,315,496	1,172,015,996	58.1	15	9	60
4	5,175,635,599	3,319,263,439	64.1	27	17	63
3	3,649,930,512	1,186,872,250	32.5	20	10	50
2	120,000,500	118,148,000	98.5	2	2	100

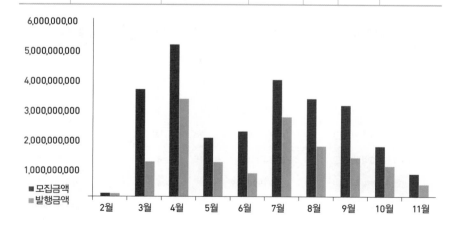

업종별 발행규모

업종	모집가액(원)	발행금액(원)	모집 건수	발행 건수	펀딩성공율 (%)
제조업	8,098,661,512	4,594,655,500	49	28	57.1
도매 및 소매업	4,492,618,448	2,606,974,416	28	15	53.6
출판, 영상, 방송통신 및 정보서비스업	4,375,898,700	2,158,276,000	39	21	53.8
전문, 과학 및 기술 서비스업	3,994,935,718	1,838,858,036	26	13	50
금융 및 보험업	1,600,000,000	985,900,000	6	4	66.7
농업, 영업 및 어업	1,500,000,000	1,444,800,000	4	3	75%
예술, 스포츠 및 여가관련 서비스업	690,000,000	0	5	0	0
교육 서비스업	380,000,000	100,000,000	3	1	33.3
협회 및 단체, 수리 및 기타 개인 서비스업	300,800,000	0	1	0	0
숙박 및 음식점업	299,950,000	0	1	0	0
부동산업 및 임대업	200,000,000	198,800,000	3	3	100
하수·폐기물 처리, 원료재생 및 환경복원업	150,000,000	0	1	0	0

모집금액별 발행규모

모집가액 규모	발행금액(원)	모집건수	발행건수	펀딩 성공율(%)	평균 발행금액
1천 만 원 미만	0	0	0	0	0
1∼5천만 원 미만	321,648,996	23	12	52.2	26,804,083
5천만 원∼1억 원 미만	1,336,874,000	41	24	58.5%	55,703,083
1억 원∼3억 원 미만	4,718,916,290	75	36	48	131,081,008
3억 원∼5억 원 미만	2,554,024,767	15	8	53.3	319,853,096
5억 원∼7억 원 미만	2,197,999,899	8	4	50	549,499,975
7억 원 이상	2,798,800,000	4	4	100	699,700,000

연령/성별 발행규모

연령대	일반투자자		소득적격투자자		전문투자자	
	남성	여성	남성	여성	남성	여성
20대 미만	4	3	0	0	0	0
20대	371	172	2	0	5	5
30대	987	334	14	2	35	7
40대	739	202	52	3	30	6
50대	255	96	32	2	16	6
60대	64	30	2	0	3	1
70대	15	3	1	0	2	0
80대 이상	1	0	0	0	0	0
합계	2,436	840	103	7	91	25

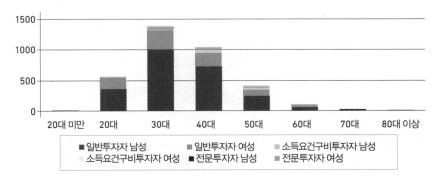

6월 중개업자 등록을 마친 유진투자증권과 키움증권은 각 1건과 2건을 중개했다. 7월 등록을 마친 KTB투자증권도 1건을 중개하는 데 그쳤다.

그러나 금융위가 발전방안을 내놓으면서 중기특화 증권회사들은 이전보다 적극적으로 크라우드펀딩에 나설 것으로 보인다. 한국거래소 스타트업 주식거래시장을 통해 투자자들의 자금회수가 용이해져 투자자들의 참여가 이전보다 늘어날 가능성이 높기 때문이다.

또, 장기적인 시각에서 중소기업들이 성장 사다리를 통해 기업공개를 할 만큼 성장하면 증권사들의 새 수익원이 될 수 있다. 다만 지금 당장 수익성이 낮다는 점은 중기특화 증권회사들에게 여전히 부담이 될 것으로 보인다. 일반적으로 크라우드펀딩 중개 수수료는 5%인데 기업당 투자한도가 연간 7억 원인 점을 감안하면 증권회사가 크라우드펀딩 1건으로 얻을 수 있는 수익은 한 해 최대 3,500만 원 수준인 셈이다.

아직은 크라우드펀딩 시장이 초기 단계이기 때문에 수익성보다는 시장의 저변을 확대하는 데 주력할 것으로 보인다. 앞으로 창업, 프로젝트, 제품 등 크라우드펀딩이 자금조달의 새로운 바람을 불러일으킬 것 같다. 다만 대출한 쪽이 연체나 부도를 당하는 경우가 있다. 다수에게 투자받았기 때문에 업체가 대표로 추심을 진행한다. 앞서 언급했듯 부도율은 아직 한 자릿수이거나 0%인 업체들이 많지만 연체가 되는 경우가 종종 있다. 담보가 있는 곳보다는 개인 신용대출 쪽에서 연체가 되는 경우가 좀 많은데, 가장 큰 위험은 크라우드펀딩 업체가 망하는 것이다.

이 부분에 대해선 예금자 보호가 되는 것도 아니고 딱히 방법이 있는 것이 아니라 한곳에 모든 금액을 모두 넣는 것은 스스로 피해야 한다. 또 중도상환을 하는 경우도 있으나 거의 없으니 투자기간 동안 자금이 묶이는 것을 염두에 두어야 한다는 점도 잊지 마시고 투자하기 바란다.

17

제4차
산업혁명 Ⅰ

아직 기술들의 이름조차도 생소한 독자가 많을 텐데 먼저 산업혁명이란 무엇인지 어떤 기술들이 새로 등장하는지 알아야 하겠고, 그에 따른 변화와 어떻게 대처하고 있는지 알아봐야 한다.

산업혁명의 의미

산업혁명

장외주식은 남들이 알아보지 못하는 가치를 먼저 찾아내 투자하는 것이라고 여러 차례 강조해 말했다. 제4차 산업혁명에 대한 것도 마찬가지다. 시장의 흐름이 바뀌고 있고, 또 거기에 따른 투자처나 업종의 전환점을 예측해볼 수 있다는 점에서 장외주식과 연관 지어볼 수 있다고 생각한다.

먼저 산업혁명에서 '산업'이라는 것은 물건을 만들어내는 것을 의미하고, '혁명'이라는 것은 물건을 만드는 방법을 획기적으로 개선했다는 얘기다. 이전까지 각 가정 내에서 수작업으로 조금씩 생산하던 상품을 기계를 이용해 공장에서 한꺼번에 생산해 많은 양을 시장에 내놓고, 이러한 현상으로 인해 급격한 시장 확장과 기술 발전으로 사회에 큰 변동이 일어난 것을 산업혁명이라고 한다. 독일의 철학자 헤겔은 '양질 전환의 법칙'이란 것을 제시했는데 이것은 일정 수준의 양적 변화가 누적되면 어느 순간 질적인 변화로 이어진다는 주장이다. 즉 내부에 에너지가 축적되면 어느 순간 그것이 폭발하며 전혀 다른 환경을 만든다는 것인데, 이를 경제사회에서 산업혁명이라고 부른다. 사회를 움직이는 수단매체가 획기적으로 전환되는 시점이라고도 말할 수 있겠다.

1780년 이후 영국에서부터 시작된 제1차 산업혁명은 증기기관과 기계화로 대표된다. 제2차 산업혁명은 1890년 전기를 이용한 대량생산으로 본격화됐다. 지금 우리는 과거 조선시대 왕조차 누리지 못했던 물질의 풍요 속에서 살고 있다. 과거 80%의 인구가 농업에 종사했지만 지금 대부분의 사람들은 제조와 서비스업에 종사한다. 그로 인해 농업 인구는 2~3%로 감소한 결과를 낳았다.

1970년 컴퓨터, 인터넷, 자동화 시스템이 주도한 제3차 산업혁명은 오프라인, 즉 현실 세계의 풍요뿐만 아니라 과거에 없었던 가상의 디지털 온라인 세상을 만들어냈다. 스마트폰이 연결에 대한 욕망을 충족함으로써 인간은 더욱 영리해졌고 인터넷을 통한 최적화된 서비스를 제공하는 회사들이 세계 1, 2위를 다투는 현실이 됐다. 구글, 페이스북, 아마존, 바이두, 알리바바와 같은 기업들은 인터넷이 없었다면 탄생하지 못했을 것이다.

2016년 봄 이세돌 9단과의 바둑 대결로 한국에 널리 알려진 알파고, 즉 인공지능이 제4차 산업혁명을 대변한다고 한다. 인공지능은 제4차 산업혁명의 핵심 기술이라고 할 수 있다. 제4차 산업혁명을 한마디로 정의하자면 제품의 지능화인데, 기계가 사람처럼 지능을 갖게 되는 것이다. 기계가 스스로 생각하고 최적의 판단을 내려 행동까지 한다는 것이다. 인공지능은 창의롭게 생각하고 발전하고 있으며 이세돌 9단과 알파고의 바둑 대결에서 이미 그 가능성을 봤다. 알파고가 놀라운 것은 자신만의 수를 창조했다는 것이다.

보통 사람들은 인공지능을 단순히 로봇이라고 생각하지만 인공지능과 로봇은 엄연히 다르다. 로봇은 실체, 즉 하드웨어지만 인공지능은 하드웨어를 포함한 소프트웨어의 혼합물이다. 즉 사람의 명령을 따르는 것이 아닌 스스로 사람처럼 생각하고 문제를 해결할 수 있는 능력을 가진 것이 인공지능이다.

인공지능은 이미 영화가 아닌 현실이다. 예를 들어 2004년 개봉한 〈아이로봇〉이란 영화에서 주인공인 윌 스미스가 타고 다니던 무인자동차가 머지않아 상용화된다. 영화 〈HER〉에선 인공지능 운영체제인 사만다가 등장한다. 실체는 없지만 인공지능과 사람에 빠지는 일이 머지않을 미래에 생길 수도 있지 않을까.

톰 크루즈 주연의 스릴러 영화 〈마이너리티 리포트〉에서 광고판 옆에 있던 카메라가 톰 크루즈를 인식해 그가 좋아하는 향수를 광고판에 바로 내보낸 장면이 있었다. 바로 생체인식 기술인데 이미 이 기술은 미국, 영국, 일본 등에서 사용하고 있다. 제4차 산업혁명은 이미 우리 생활에 미치는 영향이 종전과는 비교할 수 없을 정도로 광범위해졌다.

인공지능이 우리 생활에 어떤 영향을 미치게 될까. 의료 서비스, 금융 서비스, 법률 서비스, 통신 서비스 모두 변화될 것이다. 인공지능의 도입으로 의료 서비스는 단순 치료나 진단 중심이 아닌 예측 의료로 변화될 것이다. 헬스케어는 모두가 주목하고 있는 차세대 산업의 대표주자로 제4차 산업혁명에선 AI나 IT와 만나 U-헬스의 보급, 인공지능을 통한 유전자 조기진단과 이를 통한 맞춤 치료제 제공 등을 통해 인류의 질병을 예방하고 관리하게 된다. 질병이 발생한 후의 치료가 아닌 원천적으로 질병의 발생을 차단하므로 건강수명은 늘어나고 의료비도 절감할 수 있게 될 것이다. 또한 미래엔 로봇 약사도 등장할 것으로 보인다. 인간을 대체하는 로봇 약사는 과거의 경험, 즉 빅데이터를 통해 구체적으로 결론을 도출해내 빠르고 정확한 처방을 내릴 것이다. 또한 업무를 정형화할 수 있는 금융 및 보험 분야는 인공지능이 주도하는 변화의 선두에 자리 잡고 있다. 빅데이터를 근거로 고객에게 상품을 추천하는 로보어드바이저의 등장이 그 예이다.

구체적으로 거래 시스템처럼 모든 대상에게 고정된 규칙을 적용하여 매매하는 것이 아닌 빅데이터 분석 과정 속에서 자기 학습을 거쳐 고객별 맞춤 관리가 가능하다. 이미 유수의 국내외 은행, 증권사, 자문사에서 이 시스템을 도입했다. 국내 기업으로는 KB국민은행, KEB하나은행, 신한금융투자, NH투자증권, 대신증권 등이 대표적이다. 또 해외에서도 하이브리지 캐피털, 브리지워터 어소시에이츠 등 유명 헤지펀드들 또한 기계 학습 시스템 도입을 검토 중이다.

법률 서비스 분야에선 이미 공문서 검색이나 분석 서비스를 사용자에게 제공하고 있으며, 여기에서 한발 더 나아가 판결 예측 시스템 등 인공지능이 접목된 빅데이터 처리 시스템 개발에 한창이라고 한다. 가까운 미래엔 인공지능 법조인이 나올 수 있다는 의견이 지배적으로, 이미 뉴욕에선 정식 변호사로 인정받은 AI '로스'가 탄생하기도 했다. 인공지능 법조인의 등장은 거센 찬반 논란 속의 뜨거운 감자이기도 한 만큼 추이를 지켜볼 필요가 있겠다.

인공지능을 이용한 가상 개인 비서는 통신 서비스 분야에서 화두로 떠오르고 있는 대표적인 인공지능 서비스이다. 대표적인 예로 최근 광고에서도 볼 수 있듯 지능형 홈 IOT 서비스가 있는데, 날씨에 관한 데이터를 조회해 에어컨이나 공기청정기의 작동을 제어한다.

또한 1인 가구 및 독거노인이 늘어나면서 이를 위한 서비스도 제공 중이다. 그들의 안전 확인이 가능하도록 오랜 시간 냉장고 문이 열리지 않는 등의 이상 현상이 지속되면 주변의 지인에게 자동으로 주의 메시지를 발송하는 등 변화한 사회 구성에 따른 차별화된 보안, 고령층 케어 서비스도 선보였다. 이처럼 인공지능은 다양한 분야에 적용되고 있어 시대의 새로운 멀티플레이어라고 부르기도 한다.

많은 사람이 제4차 산업혁명을 인공지능이 이끈다고 생각하고 있지만 그것만이 전부는 아니다. 제4차 산업혁명을 인공지능, IOT, 웨어러블(Wearable) 또는 빅데이터처럼 개별적인 관점으로 해석을 하는 것은 코끼리의 다리만 만져보고 코끼리를 안다고 말하는 것과 다르지 않다. 제4차 산업혁명은 디지털 세계, 생물학적 영역, 물리적 영역 간 경계가 허물어지는 '기술융합'이 일어날 것이며 기술융합의 핵심에는 사이버 물리 시스템(CPS: Cyber–Physical System)이 있다. 로봇, 의료기기, 산업장비 등 현실 속 제품을 뜻하는 물리적인 세계와 인터넷 가상공간을 뜻하는 사이버 세계가 하나의 네트워크로 연결되어 집적된 데이터의 분석화 활용 사물의 자동 제어가 가능해진다. 다시 말해 제4차 산업혁명은 기업들이 제도업과 정보통신기술(ICT)을 융합하여 작업 경쟁력을 제고하는 차세대 산업혁명이며 '인더스트리(Industry) 4.0'이라 표현되기도 한다.

제3차 산업혁명과 제4차 산업혁명

제4차 산업혁명은 '제3차 산업혁명을 기반으로 한 디지털과 바이오 산업, 물리학 등의 경계를 융합하는 기술혁명'이다. 제3차 산업혁명과 제4차 산업혁명의 차이점을 살펴보면, 제3차 산업혁명까지의 컴퓨터는 생산과 소비, 유통까지 시스템을 자동화하는 정도였고, 생산하는 방식과 거기서 만들어진 물건 자체가 '지능화'된 것은 아니었다. 제4차 산업혁명은 기계와 제품이 지능을 가지게 된다. 게다가 인터넷 네트워크로 연결되어 있어 학습 능력도 좋다.

또한 속도, 범위, 영향력 등에서 제4차 산업혁명은 제3차 산업혁명과 차별화된다. 속도(Velocity) 면에서는 현재 획기적인 기술 진보는 인류가 전혀 경험하지 못한 속도로 빠르게 진화되고 있고, 범위(Scop) 면에서는 각국 전 산업 분야에서 파괴적 기술(Disruptive Technology)에 의해 대대적인 재편이 예상되며, 또 시스템의 영향(System Impact)에서 봤을 때도 이러한 기술혁신은 생산, 관리, 지배구조 등을 포함한, 즉 제4차 산업혁명은 제3차 산업혁명의 연장선이다.

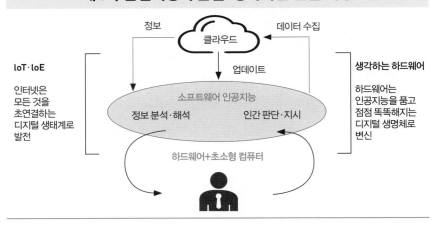

제4차 산업혁명의 본질: 생각하는 만물 혁명

정보

클라우드

데이터 수집

업데이트

IoT·IoE

인터넷은
모든 것을
초연결하는
디지털 생태계로
발전

소프트웨어 인공지능

정보 분석·해석   인간 판단·지시

생각하는 하드웨어

하드웨어는
인공지능을 품고
점점 똑똑해지는
디지털 생명체로
변신

하드웨어+초소형 컴퓨터

제4차 산업혁명을 'IT 및 전자 기술 등 디지털 혁명(3차 산업혁명)에 물리적·디지털적·생물공학적 공간의 경계가 희석되는 기술 융합의 시대'라고 정의할 수 있다. 제4차 산업혁명은 예를 들자면 냉장고와 정보를 주고받고, 자동차가 사람이 부르면 달려오는 사물과 물체와 대화가 가능한 시대가 온다는 말이다. IOT와 인공지능을 기반으로 사이버 세계와 물리적 세계가 네트워크로 연결되어 하나의 통합시스템으로써 지능형 CPS(Cyber-physical system)를 구축할 것으로 예측된다.

제4차 산억혁명

제4차 산업혁명은 2015년 독일 하노버 산업박람회에서 독일 총리 앙겔라 메르켈이 미래의 독일, 그리고 앞으로 세계를 만들어갈 핵심 키워드로 지목한 내용이다. 독일의 제조업은 유럽 전체 제조업 부가가치의 30%를 차지할 정도로 전체 산업에서 매우 비중이 높았다. 하지만 시간이 지날수록 저비용 대량 생산 시스템으로 운영되는 중국, 인도 등 나라와의 경쟁에서 전통적인 생산방식을 운영하는 독일의 제조업의 우위를 확보하기 어렵게 됐다.

뿐만 아니라 최근 독일 자원이 점점 희소해지고 근로자 평균 연령도 높아지는 등의 문제와 봉착하게 되면서 이에 대처하기 위해 독일은 제조업에 정보통신기술, IOT를 접목시킨 제4차 산업혁명을 시작하게 됐다. 이는 중소기업을 포함한 산업계 협회의 주도로 시작되어 점차 범위가 넓어졌다. 독일에서 시작된 제4차 산업혁명의 물결은 현재 전 세계 제조산업의 전반적인 패러다임을 변화시키고 있다.

이는 산업 전반의 생산, 관리 등 시스템에 커다란 변화를 일으키고 있다. 제4차 산업혁명은 2016년 1월 20일 세계경제포럼에서 전 세계인에게 알려지게 되었다. 세계경제포럼은 전 세계 기업인, 정치인, 경제학자 등 전문가 2,000여 명이 모여 세계가 당면한 과제의 해법을 논하는 자리인데, 과학기술 분야가 주요 의제로 선택된 것은 포럼 창립 이래 처음이었다.

세계경제포럼, 일명 다보스포럼은 세계경제포럼(WEF)의 클라우스 슈밥 회장에 의해 1971년부터 시작된 국제 포럼으로서 세계가 직면한 정치, 경제, 사회적 문제의 해결을 위해 각국의 지도자와 유력 인사들이 의견을 공유하는 장으로 활용되어 왔다. 2016 다보스포럼은 140여 개국에서 2,500여 명의 주요 인사들이 참석한 가운데 진행됐다. 그동안 다보스포럼에선 주로 글로벌 저성장, 지역 간 갈등, 성장과 고용, 불평등, 지속가능성 등 지속되는 경제위기를 관리하기 위한 전략에 초점을 맞춰온 반면, 2016 다보스포럼은 제4차 산업혁명의 이해라는 주제로 개최됐다. 이는 제4차 산업혁명을 여러 글로벌 경제적 위기 상황들을 극복할 수 있는 대안으로 논의할 뿐 아니라, 제4차 산업혁명이라는 특이점을 통과하며 발생될 사회구조의 혁명적 변화에 주목했다는 데 큰 의미가 있다. 또, 2017년 1월 17일 열린 2017 다보스포럼엔 중국의 시진핑 주석도 중국 주석으로는 처음으로 직접 참석하여 더욱 큰 관심을 받았다.

제4차 산업혁명을 대표하는 기술

기술	내용
사물인터넷	– 사물에 센서를 부착하여 실시간으로 데이터를 네트워크 등으로 주고받는 기술 – 인간의 개입 없이 사물 상호 간 정보를 직접 교환하며 필요에 따라 정보를 분석하고 스스로 작동하는 자동화
로봇공학	– 로봇공학에 생물학적 구조를 적용함에 따라 더욱 뛰어난 유연성을 갖추고 정밀농업에서 간호까지 다양한 분야의 광범위한 업무를 처리할 만큼 활용도가 향상
3D 프린팅	– 입체적으로 형성된 3D 디지털 설계도나 모델에 원료를 층층이 겹쳐 쌓아 유형의 물체를 만드는 기술로 소형 의료 임플란트에서 대형 풍력발전기까지 광범위하게 응용 가능
빅데이터	– 디지털 환경에서 생성되는 다양한 형태의 방대한 데이터를 바탕으로 인간의 행동 패턴 등을 분석 및 예측하고 산업현장 등에서 활용하면 시스템의 최적화 및 효율화 도모 가능
인공지능	– 컴퓨터가 사고 학습, 자기계발 등 인간 특유의 지능적인 행동을 모방할 수 있도록 컴퓨터 공학 및 정보기술 – 다양한 분야와 연결하여 인간의 업무를 대체하고 그보다 높은 효율성을 가져올 것으로 예상

출처: 코트라(KDTRA)

전 세계 오피니언 리더들이 모여 한 해 동안 인류가 해결해야 할 가장 중요한 화두에 대해 머리를 맞대고 해법을 제시하는 것이 다보스포럼이다. 2016년 다보스포럼 주제는 '제4차 산업혁명의 이해'였다.

경제포럼에서 너무 미시적이고 전문적인 주제를 골랐다는 얘기도 나왔지만, 제4차 산업혁명은 단순히 기술적인 발전에 그치는 것이 아니다. 제4차 산업혁명은 정치, 경제, 사회 등 모든 분야에 메가톤급 파장을 초래할 혁신적인 변화의 신호탄이자 무궁무진한 가능성을 보여주는 기회가 되기도 한다. 그만큼 제4차 산업혁명의 본질을 꿰뚫고 이에 대비하는 게 국가나 사회 그리고 기업, 개인에게 중요하다.

클라우드 슈밥 다보스포럼 회장은 "4차 산업혁명 핵심은 디지털, 바이오,

오프라인 등의 기술을 융합하는 것"이라고 정의했다. 디지털 혁명, 바이오 혁명 등 첨단산업 분야의 기술 발전 속도가 눈부신 시대에 우리는 살고 있다. 하루만 지나도 새로운 기술들이 쏟아진다. 제4차 산업혁명은 이런 각 분야의 기술 혁신을 모두 아우르는 개념이다.

우리 생활 속의 인공지능

앞서 인공지능을 활용하고 있는 사례에 대해 살펴봤는데 인공지능은 우리 생활 곳곳에서 찾아볼 수 있다. 페이스북의 얼굴인식 기능, 애플 스마트폰의 음성인식 개인비서 서비스 '시리(Siri)', 구글의 자율주행차 '구글카'가 대표적이다. 인터넷 길 찾기 서비스나 은행자동인출기(ATM)의 음성·지문인식 서비스, '로봇 기자'가 작성한 기사도 쉽게 이용할 수 있는 것들이다. 국내에선 로봇이 고객에게 투자 자문을 해주는 '로보어드바이저'를 핀테크 개발과 맞물려 활발한 기술개발이 이뤄질 분야로 꼽는다.

실제 사례로 해외 한 언론에서는 로봇 기자가 작성한 기사가 게재되기도 했다. 이로 인해 '로봇 저널리즘'이라는 새로운 용어가 생겨나면서 국내에서도 로봇이 작성한 주가 관련 기사를 주요 포털에 뉴스로 내보낸 사례도 있는데, 사물인터넷 역시 일상에서 쉽게 찾아볼 수 있는 제4차 산업혁명 기술 중 하나다. 국내 가전 브랜드, 통신사 등이 사물인터넷 기술을 적용한 제품과 서비스를 선보이고 있는데, 사용자의 맥박, 호흡, 동작 등을 수집해 분석한 데이터를 기반으로 편안한 잠을 이끌어주는 헬스케어 기기와 쇼핑, 엔터테인먼트 기능이 추가된 냉장고 등 다양한 제품이 시장에 판매 중이다.

한국 스마트 홈 산업 협회는 국내 스마트 홈 시장의 규모가 2017년 10조 원 규모를 돌파해 2018년에는 약 18조 이상의 규모로 성장할 것이라고 전망했다. 또한 경제포럼의 회장인 슈밥은 제4차 산업혁명의 특징을 가장 잘 보여주는 사례로 우버를 꼽았다. 우버는 부동산을 갖고 있지 않으면서도 기업가치가 힐튼을 넘어섰다. 논란의 여지는 있지만, IT 기술을 이용해 절대 변할 것 같지 않던 택시업계에 파괴적인 혁신을 이끌어낸 것은 사실이다.

스스로 콘텐츠를 만들어내지 않는 페이스북과 유튜브는 가장 많은 콘텐츠를 보유하고 있고, 이것이 바로 물리적인 영역과 디지털 영역을 연결하는 제4차 산업혁명의 키워드인 플랫폼 기반의 경제라는 것이다. 아직까지 제4차 산업혁명을 실제로 체감하고 있지는 못하지만 2016년 우리가 목격한 인공지능과 무인자동차의 진화를 생각한다면 우리 생활 속에 어느 정도 깊숙이 들어와 있는 것만은 분명하다. 아주 광범위하고 빠르게 전 산업과 우리 일상을 바꿀 것으로 예측된다.

변화의 시대다. 이 변화의 속도는 역사 이래 한 번도 경험해보지 못한 빠르기이다. 알파고가 그랬고 포켓몬 고도 마찬가지였다. VR, AR, 3D프린터, AI, IOT, 드론 등 최신 기술 동향을 통해 앞으로의 미래가 어떻게 바뀌어나갈지 생각해봐야 한다. 또한 테슬라, 아마존, 구글 등 글로벌 경제가 어떤 지향점을 향해 나아가고 있는지도 살펴봐야 한다.

새로운 시대가 열리는 것을 겸허히 받아들이고, 국가는 이를 대비할 수 있는 방법을 강구해야 한다. 기술의 발전이 인류의 성장을 저해해선 안 되기 때문인데, 시급한 것은 새로운 기술을 적용한 미래 산업구조와 노동시장 변화에 대한 대비가 필요하다.

첫째, 중장기적 비전이나 전략 수립 시 제4차 산업혁명을 고려한 미래 변화 예측 노력이 필요하다. 둘째, 사물인터넷, 인공지능 등 제4차 산업혁명을 주도할 기술시장 선점을 위한 선제적 대응 체계가 필요하다. 셋째, 미래고용 전반과 필요한 직무역량의 변화에 대해 개인과 기업, 정부의 선제적 대응책 마련이 필요하다. 넷째, 기업들은 공유경제와 온디맨드 경제 등의 기술 기반 플랫폼

사업에 대해 포괄적 시각과 장기적인 관점에서의 전력 마련이 필요하다. 다섯째, 기업경쟁력 강화를 위해 정부가 우선적으로 규제나 세제 등의 측면에서 기업 친화적 방식으로 전환해 투자 효율성을 향상시켜야 한다. 하지만 아직 기술들의 이름조차도 생소한 독자가 많을 텐데 먼저 산업혁명이란 무엇인지 어떤 기술들이 새로 등장하는지 알아야 하겠고, 그에 따른 변화와 어떻게 대처하고 있는지 알아봐야 한다.

18

제4차
산업혁명 II

다가올 제4차 산업혁명의 핵심 기술로 꼽히는 AI는 제조
와 금융, 유통 등 다양한 산업 분야로 보폭을 넓히고 있
으며, 특히 헬스케어 분야에 가장 빠른 속도로 침투하고
있다. AI는 의료 영상을 분석해 질환을 찾아내거나 환자
들의 건강 상태를 파악해 의사에게 알려주고, 약으로 개
발할 수 있는 물질을 찾아내거나 부작용을 관리해 신약
개발 속도를 높이는 등 헬스케어 산업에서 다양한 역할
을 할 것으로 전망한다.

앞으로의 산업혁명

소비자가 왕이 되는 시대

몇 년 전 미국 〈뉴욕타임스〉에 흥미로운 기사가 실렸다. 미국의 한 대형 마켓이 어떤 가정에 아기 옷과 유아용품 할인 쿠폰을 발송했다고 한다. 이 집엔 고등학생 딸이 있었고 아버지는 흥분했다고 한다.

"내 딸에게 임신을 부추기는 거냐?" 하지만 며칠 뒤 딸이 임신했다는 소식을 부모는 듣게 된다. 부모도 모르는 딸아이의 임신 소식을 대형 마트는 어떻게 알았을까? 딸은 갑자기 로션을 무향 로션으로 바꾸고, 안 먹던 '미네랄 영양제'를 샀다고 한다. 대형 마트는 고객 데이터베이스를 활용해 '임신 가능성'이 있는 고객들에게 앞으로 필요해질 임신 용품을 추천했던 것이다.

지금까지 '고객이 왕'이라는 말은 있었지만 실질적인 왕은 공급자였다. 기업 입장에선 고객 개개인에 대해 정확히 잘 알지 못했고, 그러다 보니 기업은 대량으로 제품을 만들어놓고 "사 가시오"라고 구매를 부추겼던 것인데, 제4차 산업혁명에선 달라진다. 제품과 제조공정, 그리고 시스템이 지능화되면 소비자가 바야흐로 왕이 되는 시대가 열린다. 이 제4차 산업혁명은 이제 거스를 수 없는 대세가 되고 있는 것 같다. 똑똑한 제조업, 소프트웨어와 결합한 하드웨어가 살아남는 시대가 된 것이라고 볼 수 있다.

제4차 산업혁명 시대의 금융과 물류

지금부터 업종별로는 어떤 변화를 가져올지 구체적으로 알아보자. 두 가지 업종, 금융과 물류로 구분해보자. 먼저 물류는 네 가지로 나눌 수 있다. 사물 인터넷, 인공지능, 무인자동차, 드론이다. 물류창고는 생각하는 자동화로 변화될 것이다. 인터넷을 기반으로 모든 사물들이 연결되어 스스로 관리하고 통제할 수 있는 시스템이 탄생한 것이다.

대표적으로 물류센터의 자동온도 관리, 입출고 관리, 에너지 관리 등이 사물 인터넷 등으로 연결되어 스스로 판단하고 실행하게 된다. 그리고 물류 현장에 인공지능이 투입될 수 있다. 몸에 부착해 무거운 짐을 쉽게 들어 올리는 어시스트 로봇부터 자율주행 기능을 더한 운송 로봇까지 로봇들이 현장에 투입될 수 있다는 의미다. 운송 로봇의 경우 고객 주문이 들어오면 스스로 주문 물품 재고 위치를 추적하는 기능을 갖고 있다. 작업자는 물건만 담으면 되기 때문에 작업의 효율성을 끌어올렸다. 인공지능과 로봇 등이 서로 연계되어 작업 현장에 투입되고 있는 상황이다.

다음은 무인자동차 부분이다. 물류비용의 상당수는 운송비용이 차지하고 있다. 쉽게 말해 운송비용은 운송기사의 인건비 형태로 발생한다. 하지만 무인자동차로 자율주행이 체계화되면 인건비 부담도 줄어들고 이는 물류비용 절검으로 이어질 것으로 보인다. 또한 운전 작업을 하지 않고 고객 주문, 관련 문의에 신속히 대응할 수 있기 때문에 업무 효율성 또한 높아질 것이다.

마지막으로 드론은 거리 제약의 한계를 벗어나게 해준 것으로 평가된다. 드론 도입으로 물류업종에선 상당한 변화가 생길 텐데, 그 이유는 물류운송 중

육상운송이 차지하는 비율이 높기 때문이다. 교통체증 발생, 지형지물이 있는 곳을 갈 때 적기에 납품할 수 없는 상황이 발생하기도 한다. 하지만 드론 도입을 통해 공중으로 화물운송 등이 이뤄지면 도착지까지 빠르고 안전하게 갈 수 있다는 장점이 될 수 있는데, 이러한 이유로 운송비용, 시간 절약을 위한 수단으로 사용할 수 있다.

금융은 핀테크와 불록체인 기술 두 가지로 나눠서 설명할 수 있다. 제4차 산업혁명으로 빅데이터와 인공지능과의 결합을 통한 핀테크 트렌드를 가속화할 전망이다. 온라인과 모바일 등의 플랫폼에서 모든 금융 서비스를 이용할 수 있다. 대표적으로 모바일 자산관리처럼 면대면으로 상담이 필요한 서비스를 지능 로봇이 대신해 오프라인에 방문하지 않고 거래할 수 있다.

블록체인은 거래에 참여하는 모든 사용자에게 거래 내역을 보내주며 거래 발생 시 이를 대조해 데이터 위조를 막는 기술을 의미한다. 이를 통해 해킹, 위조가 불가능한 거래가 성립되어 신뢰를 높일 수 있다는 장점이 있는데 제4차 산업혁명은 이러한 블록체인 거래 플랫폼 구축에 가속도를 높일 것으로 보인다.

이외에 사물인터넷, 자율주행차 등과 연계되어 사용자의 보안 문제에 상당수 기여할 것으로 평가된다. 제4차 산업혁명은 여러 가지 장점을 갖고 있지만 그만큼 우려의 목소리도 높다. 로봇이나 인공지능이 보편화되면 기계가 사람의 일을 대체한다는 것이다.

2016년 1월 다보스포럼 이후 '제4차 산업혁명'이 고용에 미칠 영향이 세계적 관심사로 떠오른 가운데 국내에서 10년 안에 1,800만 개 일자리가 인공지능이나 로봇으로 대체될 수 있다는 연구 결과가 나왔다.

한국고용정보원의 〈기술 변화에 따른 일자리 영향 연구 보고서〉를 보면, 인공지능과 로봇 기술의 발전으로 2025년 취업자 2,561만 명 중 1,807만 명

(71%)이 '일자리 대체 위험'에 직면할 수 있다고 했다. 직업군별로 보면 단순노무직의 위험 비율이 90%로 가장 높았다. 또 전문직과 관리직도 각각 56%와 49%로 절반이 위험에 놓이게 된다.

지금도 고용 사정이 갈수록 나빠지고 있는 상황에서 고용정보원의 연구 결과는 충격적이라 할 수 있는데, 청년층은 사상 최악의 실업난으로 큰 고통을 겪고 있다. 만약 충분한 준비 없이 제4차 산업혁명을 맞이한다면 엎친 데 덮친 격이 될 수 있다.

4차 산업혁명을 통해 소득 증가와 삶의 질 향상이란 긍정적 효과 기대된다. 반면 사회적 불평등, 빈부격차, 기계가 사람을 대체하면서 우려되는 노동시장의 붕괴와 같은 부정적인 요소들도 등장할 것이다. 세계경제포럼(WEF)의 〈미래고용보고서〉에서는 제4차 산업혁명으로 자동화와 소비자, 생산자 직거래 등으로 2020년까지 510만 개의 직업이 없어질 것으로 예측하고 있다. 향후 노동시장은 '고기술·고임금'과 '낮은 기술·낮은 임금' 간의 격차가 커질 뿐만 아니라 일자리 양분으로 중산층의 지위가 축소될 가능성 크다. 또한 산업의 변화도 생각해야 한다. 수요와 공급을 연결하는 기술 기반의 플랫폼 발전으로 공유경제(Sharing Economic), 온디맨드 경제(On Demand Economy)가 부상할 것이다.

또한 공유경제인 재화나 공간, 경험과 재능을 다수와 개인이 협업을 통해 다른 사람에게 빌려주고 나눠 쓰는 온라인 기반 개방형 비즈니스 모델이 등장할 것이다. 그리고 온디맨드 경제도 있다. 모바일 기술 및 IT 인프라를 통해 소비자의 수요에 즉각적으로 제품 및 서비스를 제공하는 경제활동을 말한다. 기술 기반의 플랫폼을 이용한 다양한 서비스와 사업 모델이 증가하면 쉽게 창업이 가능(Start-up)해진다는 점도 생각해볼 수 있다. 이러한 부분에 대한 다보스포럼의 대안도 주목해볼 필요가 있다.

2016년 다보스 핵심의제

제4차 산업 혁명

글로벌
공통 문제에
대한 해결책

글로벌 안보
이슈에 대한
논의

2016년 세계

글로벌 경제
- 저성장(Slow-Growth)
- 생산성 저하

'제4차 산업혁명' 등장
- '파괴적 기술' 등장
- 경제, 산업, 사회 등 전 분야의 변화

에너지 산업의 변화
- 과잉 공급
- 신재생 및 친환경

글로벌 안보 정세 변화
- 테러
- 대규모 난민 발생

각종 리스크 발생
- 기후변화, 물위기
- 사이버 테러 등

모색방안

'제4차 산업혁명'이 가져올 변화에 대한 논의

글로벌 성장 동력 / 생산성 향을 위한 논의(Spur-Growth)

새로운 기회 도출
- The Platform Economy
- 글로벌 공급 체계 변화

글로벌 공조 협조
- 테러, 국제난민 등

'제4차 산업혁명'을 통해 인류가 직면한 문제 해결방안 모색

인간의 존엄성과 도덕성 훼손 방지를 위한 논의

자료: 다보스포럼 관련 자료를 현대경제연구원이 정리하여 도식화함.

제4차 산업혁명을 주도하는 국가들

제4차 산업혁명을 주도하는 대표적인 국가들은 어디이며 그 국가들은 이 시대에 어떻게 접근하고 있을까. 제4차 산업혁명을 주도하는 대표적인 것으론 독일의 인더스트리 4.0, 미국의 산업 인터넷, 일본의 로봇 신전략, 중국의 제조 2025 등이 있다. 미국, 독일, 일본이 어떤 전략으로 접근하고 있는지는 아래 표를 참고하길 바란다.

우리나라의 제4차 산업혁명 준비는 주요국들과 비교하여 뒤처져 있거나 신흥국들의 추격을 받고 있는 상황이다. 그리고 중국이 빠른 속도로 추격하면서 이미 주요 첨단기술 분야에서 우리를 앞지르거나 격차를 상당히 좁힌 상황이다.

우리나라 경제사회 시스템의 유연성이 제4차 산업혁명의 변화에 대응하기에도 어려움이 있다.

주요국의 제4차 산업혁명 접근전략 비교

구분	미국	독일	일본
아젠다	Industrial Internet(2012.11)	Industrie 4.0(2011.11)	Robot Strategy(2015.01)
플랫폼	클라우드 중심 플랫폼	설비·단말 중심 플랫폼	로봇화 중심 플랫폼
추진 주제	-IIC(Industry Internet Construction, 2014년 3월 발족) -GE, Cisco, IBM, Intel, AT&T 등 163개 관련 기업과 단체	-플랫폼 인더스트리 4.0 (2013년 4월 발족) -Aca Tech, BITKOM, VDMA, ZVEI 등 관련 기업과 산업단체	-로봇혁명실현회의(2015년 1월 발족) -로봇혁명 이니시어티브협의회(148개 국내외 관련 기업과 단체)
기본 전략	-공장 및 기계설비 등은 클라우드에서 지령으로 처리 -AI 처리와 빅데이터 해석을 중시하는 Cyber에서 Real 전략	-공장의 고성능 설비와 기기를 연결하여 데이터 공유 -제조업 강국의 생태계를 살려서 Real에서 Cyber 전략	-로봇기반 산업생태계 혁신 및 사회적 과제 해결 선도 -로봇화를 기반으로 IoT / CPS 혁명 주도전략

자료: 한국정보화진흥원, 인더스트리 4.0과 제조업 창조경제 전략, IT&Future Strategy, 제2호

<table>
<tr><th colspan="6">주요 기술 분야의 주요국 격차 현황</th></tr>
</table>

주요 기술 분야의 주요국 격차 현황

(%, 년)

기술 분야	기술수준[1,2]				
	한국	미국	일본	유럽	중국
이동통신	88.7 (0.8)	100.0 (0.0)	90.4 (0.7)	92.4 (0.5)	77.3 (1.7)
네트워크	81.6 (1.4)	100.0 (0.0)	87.3 (1.0)	88.6 (0.9)	72.0 (2.4)
컴퓨팅	76.9 (1.7)	100.0 (0.0)	82.3 (1.3)	85.5 (1.1)	69.7 (2.5)
융합SW	78.6 (1.7)	100.0 (0.0)	83.4 (1.4)	87.1 (1.1)	70.5 (2.5)

주: 1 최고기술수준의 국가를 100%로 설정
2 ( )는 최고기술수준 국가와의 격차기간
자료: 한국과학기술평가원(2015년 2월)

주요국의 제4차 산업혁명 준비 정도 순위

	한국	미국	일본	독일	중국
전체[1]	25	5	12	13	28
노동시장[2]	83	4	21	28	37
교육 시스템[2] (교육수준)	23	6	21	17	68
법률 시스템[2]	62	23	18	19	64

주: 1 주요 45개국 대상
2 Global Compelitiveness Report(WEF) 조사대상 139
국 기준
자료: UBS(2016년 1월)

주요국의 제4차 산업혁명 준비 정도 순위

	전체[1]	노동시장의 유연성[2]	교육 시스템의 유연성[2]		인프라의 유연성[2]	법률 시스템[2]
			교육 수준	혁신 수준		
미국	5	4	6	4	14	23
일본	12	21	21	5	12	18
독일	13	28	17	6	10	19
한국	25	83	23	19	20	62
중국	28	37	68	31	57	64
러시아	31	50	38	68	48	114
터키	39	127	55	60	59	78
인도	41	103	90	42	101	82
브라질	43	122	93	84	64	98

주: 1 국가 순위는 하위 5개 항목의 평균 순위를 기준으로 설정(스위스, 싱가포르, 네덜란드가 상위 포진)
2 Global Competitveness Report(WER)상의 항목 중 관련 항목에 대한 순위를 대용지표로 사용(139개국 대상), 노동시장의 유연
성은 노동시장 효율성 순위를, 교육 시스템의 유연성은 고등교육 및 훈련 항목(교육수준)과 혁신 역량(혁신 수준)에 관한 순위를 사용.
인프라 수준은 기술 준비 수준과 인프라 구축 정도에 대한 순위의 평균을 법적보호는 지식재산권 보호 정도, 사법권의 독립성 등에
대한 순위의 평균을 이용해 산출

주요 45개국(미국, 일본, 독일 등 23개 선진국과 중국, 러시아, 인도 등 22개 개발도상국을 대상)이 제4차 산업혁명 준비 정도에 대한 UBS의 평가 결과에 따르면 우리나라는 25위로 미국(5위), 일본(12위) 등에 비해 낮은 순위를 기록했다.

항목별로 보면 교육 시스템과 인프라의 유연성이 양호한 것으로 나타난 반면 노동시장의 유연성과 법률 시스템 부문은 상대적으로 미흡한 것으로 나타났다.

우리나라는 20세기 후반 제3차 산업혁명인 정보혁명의 물결에는 민첩한 대응과 퍼스트 무비 전략으로 정보혁명 선도국가 반열에 진입했다. 제4차 산업혁명이라는 새로운 전환기에 우리의 강점을 최적화하고, 우리의 역량이 결집되어 분출될 수 있는 한국형 제4차 산업혁명 전략의 설계가 필요한 시점이다. 제4차 산업혁명의 대표적인 기술들은 향후 물건을 만들 때 생산성을 비약적으로 높여주고 운반비용은 대폭 줄여준다. 이에 따라 글로벌 공급 체인도 혁신적으로 바뀌고 새로운 시장도 생겨났다. 이를 통해 평균적으로 사람들의 소득과 삶의 질은 높아진다.

인터넷을 통해 전 세계 소비자가 연결됨에 따라 새로운 물건이 나오는 순간 전 세계로 전파된다. 물건을 만들어내는 사람은 전 세계 시장에 자신의 물건을 팔 수 있게 되면서 규모의 경제 효과를 톡톡히 누릴 수 있다. 종전에는 많은 생산자들이 시장에서 경쟁하면서 단가를 낮추고 품질을 높여왔다. 하지만 제4차 산업혁명 시대에는 소수의 생산자들이 시장을 독점하게 된다. 경쟁 기업들은 기존의 것보다 더 좋은 물건을 만들면 기존 업자를 밀어내고 시장을 독점할 수 있다.

이처럼 독점적 시장이 연속적으로 발생하는 것이 제4차 산업혁명 시대의 경제적 효과이다. 노동과 자본시장도 커다란 변화를 겪게 된다. 단순 노동과 자본보다 재능과 기술이 대표적인 생산요소가 된다. 인터넷으로 광범위하게 얽히고설킨 상황에선 새로운 기술과 반짝이는 아이디어만 있으면 많은 사람들로부터 빠른 시간 안에 사업자금을 모을 수 있다.

그만큼 돈을 가진 사람들의 기술을 보는 안목도 높아진다. 기업의 흥망성쇠 속도가 빨라지면서 부의 손 바뀜도 더 활발하게 일어날 것으로 보인다. 돈이 없어 사업을 못 하는 기업은 줄어들고 기술이 없어 도태되는 기업의 수는 점점 늘어나게 된다. 비즈니스 측면에선 수요와 공급을 연결하는 플랫폼이 핵심 사업으로 등장하며 수요와 공급의 한 축만 담당하는 기업들은 설 자리가 없어질 것이다. 또 고객이 변화의 핵심 진원지로 떠오른다.

이에 슈밥 회장은 "세상은 기술 결합에 따른 혁신의 시대로 이전하고 있다. 비즈니스 리더와 최고경영자는 변화 환경을 이해하고 혁신을 지속해야 살아남을 수 있을 것이다. 세계 스마트폰 영업이익 91%가 애플 몫 … 화웨이·오포·비보 합쳐 6.8%야 살아남을 수 있을 것"이라고 진단했다. 우리는 이러한 변화에 발맞춰 준비해야 한다.

제4차 산업혁명의 핵심 키워드 중 하나는 사물의 인지화이다. 기존 생산 제품은 수동적인 물질에 불과했는데, 제4차 산업혁명 시대엔 수동에서 능동으로 물질이 변한다. 운동화는 사람의 걸음걸이를 기록해 스마트폰으로 전송하고 통계를 낸다. 그 자료들은 보건복지부에 빅데이터로 변환되어 정책 기초자료가 될 것이다. 냉장고는 우유와 같은 신선식품의 유통기간을 체크해 인공지능이 전자상거래를 이용해 능동적으로 새 우유를 주문한다. 이 모든 것을 가능케 하는 기술은 딱 하나로 집결된다. 바로 물질에 인지화를 부여할 수 있는 것이다. 이를 가능케 하는 것이 반도체이다. 정보를 보관하고 기억하는 메모리 반도체가 아닌 사물의 상황을 인지, 파악할 수 있는 시스템 반도체 또는 비메모리 반도체라 불리는 이 분야가 제4차 산업혁명의 핵심 키워드이다.

이런 맥락에서 시스템 반도체 시장의 절대강자 인텔에 도전해 성과를 내고 있는 센서 전문 기업, '엔디비아'의 주가흐름을 통해 산업 전반적인 부분을 분석해봐야 한다. 엔비디아는 최근 1년간 주가가 10달러대에서 100달러 가까이 급등했다.

국내에선 향후 성장을 기대해볼 만한 관련 종목으로 무엇이 있냐고 하면, 코스닥 시장 상장사 '테스나'를 꼽을 수 있다. 테스나는 매출의 80%가 시스템 반도체 웨이퍼 테스트로 구성되어 있다. 삼성전자의 유일한 시스템 반도체 테스트 외주업체이기도 하다. 애플의 수주 공백이 생기면서 다소 타격을 입었지만 사물인터넷과 자율주행과 같은 시스템 반도체 적용 분야가 늘면서 국내의 반도체 설계 전문업체(팹리스)들로부터 테스트 물량이 크게 증가하고 있고, 글로벌 톱 설계업체들의 외주도 늘고 있다. 통신 반도체 시장의 강자 퀄컴이나 자율주행 및 센서 시장의 신흥 강자 인베디아로부터의 수주도 증가세이다. 이처럼 물질에 인지화를 부여하는 '시스템 반도체' 관련주에 주목해볼 필요가 있다.

다가올 제4차 산업혁명의 핵심 기술로 꼽히는 AI는 제조와 금융, 유통 등 다양한 산업 분야로 보폭을 넓히고 있으며, 특히 헬스케어 분야에 가장 빠른 속도로 침투하고 있다. AI는 의료 영상을 분석해 질환을 찾아내거나 환자들의 건강 상태를 파악해 의사에게 알려주고, 약으로 개발할 수 있는 물질을 찾아내거나 부작용을 관리해 신약개발 속도를 높이는 등 헬스케어 산업에서 다양한 역할을 할 전망으로 보인다. 그중에서도 구글은 최근 '당뇨성 망막병증'을 정확하게 진단할 수 있는 딥러닝 기반 AI 연구논문을 발표했다. 당뇨병 합병증인 당뇨성 망막병증은 심하면 실명에 이를 수 있지만, 조기에 진단하면 치료가 가능한 질환이다. 하지만 자각 증상이 없어 발견이 늦고 진단하기가 복잡해 의사들도 진단하는 데 시간이 많이 걸리는 편이다. 12만 8,000장에 이르는 환자 망막 사진을 학습한 구글의 AI는 의사 8명이 진단한 것보다 더 정확하게 질병을 진단한 것으로 나타나 놀라움을 샀다.

IBM의 AI '왓슨'은 이미 세계적인 제약, 의료기기 기업들의 러브콜을 받고 있다. 세계 최대 제네릭(복제약) 기업 테바는 왓슨으로 약물 분자와 질환 사이에 숨겨진 상관관계를 찾아내는 '신약 재창출' 프로젝트를 진행하고 있다. 신약 재창출은 임상시험에서 안전성은 있지만 효능을 입증하지 못한 약물 등을 새로운 질환 치료제로 재개발하는 전략이다. 고혈압 치료제로 개발하다 임상시험에서 용도를 바꿔 발기부전 치료제로 개발해 엄청난 성공을 거둔 '비아그라'가 대표적인 사례이다.

테바와 IBM은 이번 프로젝트를 통해 새로운 약물을 처음부터 다시 만들 때보다 2배 빠르게 개발하면서 비용은 절반으로 줄일 수 있을 것으로 전망하고 있다. 미국 4대 바이오기업 중 하나인 셀진은 IBM과 왓슨을 통해 의약품 부작용을 찾아내고 관리하는 '약물 안전성 모니터링 플랫폼'을 개발하기로 했다.

의약품 부작용과 관련한 빅데이터를 신속하게 분석해 신약개발 초기 단계의 의사결정이나 부작용 위험이 높은 환자 관리 등 제약사나 바이오기업에 의약품 부작용과 관련한 서비스를 제공하는 것이 목표이다. 미국의 스타트업 정보업체 CB인사이트에 따르면 헬스케어 관련 AI 분야 스타트업은 2016년 8월 기준 92개로, 이 기업들에 투자된 자금은 13억 9,000만 달러(약 1조 7,000억 원)에 달했다. 전체 AI 분야 스타트업 중 헬스케어 관련 업체들에게 가장 많은 투자가 이뤄진 것이다.

16년 만에 국내 증시에 상장된 벤처캐피탈 업체들이 4~6일 만에 공모가의 2배를 훌쩍 넘기며 고공행진하고 있다. 저금리·저성장 시대에 개인투자자들이 수백 배의 투자수익을 기대하는 벤처캐피탈을 통해 스타트업에 간접투자하고 있는 것으로 풀이되는데, 2016년 22일 코스피 지수는 전일 대비 2.23포인트(0.11%) 내린 2,035.73에 마감했다.

기관이 5거래일 만에 '사자'로 767억 원 순매수했으나 외국인은 5거래일 만에 '팔자'로 돌아서며 506억 원 순매도했다. 티에스인베스트먼트와 DSC인베스트먼트는 16년 만에 나란히 상장되는 VC로 주목을 받았다. 하지만 공모가는 1,000원대에 그쳤는데, 티에스인베스트먼트의 공모가는 희망가(1,450~1,550원) 하단에 못 미치는 1,300원으로, DSC인베스트먼트 역시 공모 희망가(2,500~2,800원)에 못 미치는 1,700원으로 결정됐다.

상장 후엔 거침없이 올라 양사 모두 첫날부터 공모 희망가 상단을 훌쩍 넘었고 이날은 양사 모두 장중 가격제한폭까지 치솟으며 4~6일 만에 공모가가 2.4배로 급등했다. 이들은 제4차 산업혁명 시대를 견인하는 스타트업 또는 성장산업 기업에 집중 투자해 이익을 내고 있는 데다 주가도 3,000~4,000원대로 개인투자자들이 투자하기에 부담이 없기 때문인데, 양사 모두 매수상위 창구가 키움증권으로 개인수급이 몰려 있다.

새내기 VC주들의 고공행진에 그동안 소외됐던 VC 업체들도 재부각되는 분위기다. 이날 코스닥 시장에 상장된 7개의 VC 중 제미니투자를 제외하고 동반 강세를 나타냈다. VC주가 이같이 주목을 받고 있는 건 연초 다보스포럼에서 제4차 산업혁명이 시작됐다고 선포한 이래 전 세계가 제4차 산업혁명을 이끄는 스타트업에 열광하고 있고, 우리나라 역시 이에 대한 대응에 나설 것으로 예상되기 때문이다.

한국벤처캐피탈협회에 따르면 2016년 신규로 결성된 91개 조합의 결성액은 10월 기준 2조 4,340억 원이며, 신규 투자액은 977개사에 1조 6,826억 원이 투자됐다. 2015년 신규 투자액은 2조 858억 원으로 2000년 실적(2조 221억 원)을 넘었는데, 2016년 다시 역대 최대치를 경신할 전망이라고 한다.

19

파워투자
발굴 종목

아피메즈, 바이오이즈, 넥스타테크놀로지, 넥스젠바이오
텍, 한국피엠지제약 등등 이 장에서는 파워투자 발굴 종
목의 회사 연혁, 특장점, 성장 가능성, 투자 포인트 등을
통해 투자에 도움이 되는 정보를 소개하고 있다.

파워투자 발굴 종목

아피메즈

아피메즈는 30년간의 노력과 연구 끝에 자가 면역질환 치료제인 천연물 신약 아피톡신을 개발한 회사로, 한국 기업 최초 천연물 신약으로 미국 FDA 임상 3상을 진행한 회사이다. 이미 2016년 12월 미국 FDA 임상 3상을 완료하기도 했기에 향후 글로벌 제약사 등에 기술 수출에 많은 관심을 기울이고 있다.

아피메즈가 개발한 아피톡스 원료는 벌독에서 추출한 것으로 국내 양약 신약 20개 중 7호에 해당하는 아피톡신과 같은 원료이며 통증, 염증 완화뿐만 아니라 다발성 경화증, 류마티스, 루프스, 대상포진 등 다양한 자가 면역질환 치료에도 탁월한 효과가 있는 것으로 알려져 있다.

아피톡신은 식품의약품안전처 국내 신약 6호와 천연물 신약 1호 허가를 받은 기술력을 보유한 기업이다. 이미 2006년도에 대한민국 유일의 미국 FDA 원료 의약품 목록에 등록이 되었고, 2013년도 미국 FDA 임상 1상을 시작으로 2016년 12월 임상 3상을 완료했으며 바로 신약 허가 신청을 할 것이라고 발표했다.

또, 미국의 다국적 제약사 라이선스 계약 체결 예정이라고 발표하기도 했다. 무엇보다 글로벌 신약으로 나아가기 위해 미국 FDA 의약품 시설 기준 신약 대량생산 시스템을 확보했다는 점과 힘든 여정이지만 미국 FDA의 임상을 완료했다는 점에서 그 기술력이 인정받을 만하다고 생각된다.

그러면 회사의 연혁을 살펴보자.

⊙ 회사 연혁
- 2006 한국산업은행 30억 투자 유치(액면가 8배수(4,000원), 보통주 유상증자)
- 2007 아피톡신 일본 특허 등록
- 2013 미국 FDA 임상시험 승인
- 2014 아피톡신 미국 FDA-Phase III상 임상시험 진행
- 2015 아피톡신 판권 계약 (주)인스코비
- 2016 기업공개 주관 증권사 계약(하나대투증권)
- 2016 신약 '아피톡스' 미국 FDA 3상 돌입
- 2016 한양대와 유방암 치료제 공동 연구개발 착수.

다음으로 주식수 및 주주현황을 살펴보자. 액면가 500원에 계좌이체 가능하며, 총 주식수는 약 2,200만 주이다. 대표이사가 15.25%, 특수관계인이 24.03%, 상장회사인 인스코비가 13.95%, KDB산업은행이 7.23%, 그 외 기타 주주가 39.54%를 보유하고 있다. 주관 증권사는 하나대투증권으로 선정된 상태이며 주권 형태는 통일주권이다.

한국산업은행에서는 2006년도에 30억을 투자할 때 주식 가치를 액면가 500원의 8배수인 4,000원으로 인정해주었다. 투자자라면 장외주식에 관심을 가질 때 기관투자자나 정부기관이 지분에 참여한 회사는 유심히 볼 필요가 있다. 이 회사의 기술력에 관련하여 이미 기관으로부터 어느 정도 검증이 되었다고 볼 수 있기 때문이다.

장외주식투자의 실패 사례 중 하나가 기업에 대한 정보나 기술력 분석에 어려움이 많아서 기업의 가치평가를 정확히 할 수 없다는 데에 있기도 하다. 이런 부분들도 꼼꼼히 체크해서 성공 투자하길 바란다.

다음으로 이 회사의 기술력에 대해 살펴보자. 미국 FDA 임상 3상 진행의 기술력을 바탕으로,

① 아피톡신(Apitoxin) 식품의약품안전처 국내 신약 6호, 천연물 신약 1호 허가의 기술력
② 대한민국 유일의 미국 FDA 원료 의약품 목록 등록
③ 다국적 제약사와 L/O(라이선스) 계약 체결 준비 중
④ 미국 FDA 의약품시설기준 신약 대량 생산시스템 확보 중

아피톡신의 효능으로는 손상된 세포·모세신경·모세혈관의 개선 효과, 면역 기능 조절 가능, 신경장애 개선이 가능하고, 혈관계 혈액순환 개선 가능, 뇌하수체, 부신피질 자극으로 호르몬 분비 촉진시키는 것으로 알려져 있다.

그 외에도 다발성경화증 치료제 임상 3상 승인을 받은 상태이며 국내, 미국, 유럽 임상 3상을 동시 진행할 예정이다.

2010년 물질특허를 받은 자궁경부암(HPV) 백신을 개발하여 2015년 배양에 성공했는데, 미국과 국내에 특허를 얻은 자궁경부암 백신의 시장규모는 5조 원에 달하는 것으로 알려져 있다.

마지막으로 의료기기 및 화장품 사업 등 사업 다각화와 성장성 사업 분야 확대가 가능하다는 점을 눈여겨볼 수 있다.

봉독의 멜리틴, 아파민 성분을 이용한 팩, 크림, 로션 등의 화장품 사업과 파스 등의 의약품 사업으로의 진출도 용이할 것으로 보인다.

아피톡신과 소염 진통제 비교				
구분	약물 범위	부작용	질환 범위	치료 범위
아피톡신	생의약	적음(없음)	만성질환	원인치료
소염진통제	화학성 약물	심함	급성질환	증상치료

국내시장과 세계시장			
구분	골관절염	류마티스 관절염	신경병증성 통증
국내시장	연간 5,000억(270만 명)	연간 850억(50만 명)	연간 1,000억(100만 명)
세계시장	약 18조(2,800만 명)	27조(3,000만 명)	30조(1억 2,000만 명)

다음으로 성장 가능성에 대해 살펴보자. 아피톡신이 갖고 있는 시장성에 관심을 가질 필요가 있다. 아피톡신은 앞서 소개한 것처럼 통증, 염증 완화뿐만 아니라 다발성 경화증, 류마티스, 루프스, 대상포진 등 다양한 자가 면역질환 치료에 탁월한 효과가 있는 것으로 알려져 있다.

일반 소염진통제는 약물의 범위가 화학성 약물이고 부작용이 심하면서 급성질환의 범위를 가지며 치료범위도 증상치료까지만 가능한 것으로 알려져 있다. 하지만 아피톡신은 생의약이면서 부작용이 없고 만성질환에도 효능을 나타낸다고 한다. 무엇보다 치료범위도 원인치료까지 가능하다.

무엇보다 통증시장은 세계 시장 기준으로 골관절염 18조, 류마티스 관절염 27조, 신경병증성 통증 30조에 달하는 큰 시장이기 때문에 향후 글로벌 블록버스터 신약으로의 성장을 기대해도 좋을 것이다.

바이오이즈

다음으로 소개할 기업은 압타머 기반 원천특허기술로 31종의 특허와 16개의 제품군을 가진 회사로, 질병 조기진단을 위한 체외 바이오 진단 키트 사업을 영위하는 기업 바이오이즈이다. 이 회사는 최근 미국 텍사스 주 휴스턴에 현지 법인을 설립하고 미국 사업을 본격화했다. 2016년 12월에는 미국의 휴스턴 메모리얼 허만 병원에 제품 공급을 개시했는데 이를 통해 2017년 22억 원의 매출을 올릴 것으로 예상된다.

주목할 부분은 바로 이 회사가 원천특허기술을 보유한 회사라는 것이다. 원천기술이란, 어떤 제품을 생산하는 데 있어 없어서는 안 될 핵심 기술을 뜻하는 것이다. 대표적인 원천기술로는 퀄컴의 CDMA 기반기술, 샤프의 LCD 기반기술, 톰슨 사 등의 MP3 기술 등이 있다.

우리가 해외 로열티 지출이 많아진 것은 과거에 해외 원천기술을 가지고 와서 제품 국산화를 했기 때문인데 과거 선진국을 뒤따라가던 시절에는 앞선 기술을 도입해서 제품화하는 것이 아주 유효한 전략이었고, 그에 따라 지금과 같은 산업 발전을 이룰 수 있었다고 생각한다.

하지만 이제는 우리가 세계적으로 앞서나가는 분야가 생겨나고 있다. 반도체, 이동전화 단말기, TFT-LCD, 디지털 TV, 인터넷게임 등은 세계 1등 상품으로 부상했고, 이 중 특히 최근 전 세계적으로 인구고령화 시대를 맞아 가장 각광을 받고 있는 분야가 바이오 원천기술 분야이다.

이 기업은 혈액 한 방울로 암을 포함한 만성질환을 진단할 수 있는 차세대 바이오칩을 연구개발하고 있다. 압타머 기반 바이오싸인으로 체외진단 서비스를 제공하고, 보유 원천특허기술을 이용해서 현재 검사기술로는 해석이 어려운 7대 암 및 만성질환의 조기진단 및 진행 단계를 검사하는 제품을 생산하고 있다. 그 외 바이오마커 개발 노하우를 이용해서 다양한 응용기술, 혈액시료 검사기술 등으로 생물 정보학 분야에 전문 인프라를 구축하고 있다.

압타머가 일반인에게는 생소할 수 있는데 압타머라는 이름은 '꼭 들어맞다'는 뜻의 라틴어 'aptus'에서 유래되었다. 진단의학에서는 2010년부터 업계의 관심을 받으며 연구개발을 진행하고 있으며 꾸준히 성장하는 기술이다. 타깃 단백질과의 3차원 결합을 통해 단백질의 상호작용을 억제하는 고분자 핵산 물질인데, 면역 거부반응을 최소화하면서 인체 생체정보를 감지하는 특징이 있다. 온몸을 순환하는 혈액 내에서 정보를 감지하기 때문에 혈액 한 방울로 진단에 활용할 수 있게 되는 것이다.

압타머 기술은 항체기반의 맞춤진단 및 치료제로의 대체가 가능하고, 치료제 개발을 위한 스크리닝, 치료제의 전달체 및 개발 등의 수단으로 활용하는 등 다양한 응용과 발전이 예상되는 분야이다. 현재까지는 미국의 소마로직 사가 이 분야의 선두기업이며, 이 회사가 진단에 활용하는 압타머는 1,149개로 소마로직 사의 활용 압타머 수치와 비슷한 것으로 알려져 있다.

다음으로 회사의 연혁을 살펴보자.

⊙ 회사 연혁
- 2002. 유전체 기반 암진단 마커 특허 출원
- 2004. 진단 시스템 및 바이오마커 개발기술 특허 출원 및 등록
- 2009. 한국과학기술정보원 바이오이즈 원천특허기술 가치평가(약 3,000억 원)
- 2013. (주)바이오이즈 법인설립, 자동화 생산설비 도입
- 2014. 삼성의료원 및 서울아산병원 IRB 임상시험 승인, 녹십자MS MOU 체결
- 2015. 10 KGMP 인증 획득
- 2015. 12 미국 시퀴넘社 산전검사(MaterniT) 전략적 제휴 체결
- 2016. 05 암진단 키트 중국 폐암, 간암 임상시험 인허가 계약 체결
- 2016. 08. 전자부품연구원과 '디지털신호 검출시스템' 공동개발 계약 체결
- 2016. 12. 미국 법인 설립

다음으로 주주현황과 투자 포인트에 대해 살펴보자. 2016년 기준 주주현황을 살펴보면 대표이사 85.3%, 특수관계인 10.6%, 기타주주 4%로 현재는 대주주에게 집중되어 있다. 대주주 지분율이 높아 좀 더 안정적인 것으로 볼 수 있

다. 이 회사의 주관 증권사는 최근 한국투자증권으로 선정됐으며 통일주권으로 계좌이체가 가능하다.

"비상장기업의 가치는 어떻게 알 수 있습니까?"란 질문을 많이 받기도 하는데, 이 회사의 경우 과학기술정보 분야의 정부출연 연구기관인 한국과학기술정보원으로부터 2009년도에 이미 약 3,000억 원의 원천특허기술 가치평가를 받았다는 점을 주목할 필요가 있다. 쉽게 설명하면 현재 주식수를 3,000억 원으로 나눠봐도 대략적인 실질 가치를 알 수 있을 것이라고 생각된다.

다음으로 이 회사의 기술력을 살펴보자. 이 회사는 총 350억 22개 이상의 국책과제 수행 실적을 보유하고 있으며, 체외진단 기술력으로 삼성병원에서 수년간 임상 수행한 내용으로 대장암 관련 95% 이상의 정확도 진단키트 임상 수행 논문을 발표했다. 이 국책과제 수행물로 국제 암 생물학 학습지에 게재되는 등 기술력을 세계적으로 인정받았다.

REVERSE-SELEX 원천기술로 혈액 채취를 통해 압타머 기반 다중지수 분석으로 7대 암 및 만성질환 등을 확인해내는 기술은 기존의 항원 항체반응을 통한 진단기술보다 시간, 비용, 정확도 면에서 월등한 경쟁력이 있다. 이러한 기술력이 높이 평가되어 미 산전검사 1위 기업인 시퀴넘 사와 기술개발 및 전략적 제휴 협약을 체결한 상태이다.

다음으로 성장성에 대해 살펴보면, 압타머 기반 바이오 사인 31종 특허와 16개 제품군으로 핵산 검사, 압타머 키트 검사, 각종 분자 검사 등으로 예방의학에 기여할 것으로 보이고, 2세대·3세대 바이오칩을 이용하여 7대 암진단, 만성질환, 유전자 검사, 산전 검사 등 주요 질병을 빠르게 진단해낼 것으로 보인다.

이 회사는 지난 2016년 5월 26일 언론 보도를 통해 B사가 중국 바이오 전문 CRO 업체인 NSB(New Simmit Biopharma)와 자사의 암진단 키트 '바이오

싸인'에 대한 중국 내 폐암 및 간암의 임상시험·인허가 계약을 체결했다고 밝혔다. 이에 앞서 양사는 4월 유방암에 대한 계약을 체결한 바 있는데, 이 계약은 최근 중국에서 폐암과 간암 환자가 증가하고 있는 상황에서 NSB 측 요청으로 이뤄졌으며, 비용은 NSB 측에서 전액 지불하게 된다고 한다.

최근 중국은 심각한 대기오염으로 인해 매일 평균 2,000여 명의 폐암 환자가 새로 발생하고 있는데, 이는 중국 전체 신규 암 발생 건수 429만 2,000건의 17.1% 수준으로, 2016년 발생한 폐암 환자는 73만 3,000명에 달한 것으로 알려졌다.

간암 환자도 급증하는 추세라고 하는데, 중국 보건 당국에 따르면 자국 내에서 간암으로 사망하는 사람은 폐암으로 사망하는 사람에 이어 두 번째로 많다고 한다. 중국은 간염 바이러스 보균자가 많은 데다 음주 등 간경화로 인한 간암 발생률이 높아지고 있다는 분석도 내놓고 있다. 이번에 중국 NSB와 임상시험·인허가 계약을 체결한 이 회사는 이런 중국 내 상황을 감안할 때 암 관련 초기 진단 제품에 대한 수요가 늘어날 것으로 전망하고 있다.

넥스타테크놀로지

다음으로 소개할 기업은 카메라 모듈 생산, 검사, 테스트 장비 제조회사로 삼성전자, 삼성전기, 삼성SDI, SK하이닉스 등의 협력업체로 국내 유명 대기업에 부품을 납품하고 있는 넥스타테크놀로지다. 이 회사는 고속성장하고 있는 카메라 모듈 공정의 검사, 조립, 테스트의 토탈 솔루션을 제공하는 기술력을 가지고 있으며, 세계 최초로 평행 선광원을 이용한 노광기를 개발한 기술력과 성장성의 수혜를 입는 기업이다.

SMT, 즉 표면실장기술 사업의 핵심 기술력을 보유하고 있으며, 2차 전지 검사기와 AF 모듈 부문, 모터 드라이버 IC 부문 등의 IT 부품 등으로 신사업 매출을 확보하는 기업이다. 이 회사의 카메라 모듈 공정 시스템은 세계 최초로 모듈 공정, 검사, 조립 테스트가 한 번에 가능한 세계 최초의 Full Auto In-Line화 시스템으로 구성되어 있다.

세계 최초 선광원 노광기라고 앞서 설명했는데 '노광기'는 FPCB(연성인쇄회로기판) 미세형상 가공 분야를 비롯해 반도체나 디스플레이 산업의 필수 장비다. 특히 디스플레이 제품의 고화질을 위한 핵심 장비로 선광원 노광기 기술은 해외에 100% 의존하고 있는 실정이었다.

그동안 대부분의 노광기는 면광원 방식의 평행광으로 다수의 반사경, 즉 고정밀 렌즈로 구성이 되어 있었는데 이 때문에 렌즈 가격 및 유지보수 비용 면에서 아쉬운 면들이 있었다.

선광원 노광기는 대면적 미세 선폭의 구현이 가능한 보다 정밀한 방식의 노광기라고 보면 된다. 적용 분야 또한 PCB, FPCB 등의 인쇄회로기판, LED, OLED 등의 디스플레이 기술 등 다양하게 적용될 수 있어서 관련 장비산업의 국산화에 기여하는 바가 크다고 할 수 있다.

또한 SMT 기술은 인쇄회로기판 위에 SMD 부품을 접합하는 기술인데, 이 부분에서 핵심 기술력을 보유하고 있는 기업이다. 특화된 다기능 3D 검사, 측정핵심기술을 보유하고 있어 각 고객사별 다양한 니즈(needs)에 적합한 제품으로 시장을 확대하고 있다.

다음으로 회사의 연혁을 살펴보자.

⊙ 회사 연혁
- 2000. 10 설립
- 2002. 03 삼성SDI(주) 협력업체 등록
- 2005. 07. 삼성전자(주) 협력업체 등록

－2007. 11. 기술혁신개발 사업자 선정
－2012. 06. 삼성전자 베트남 공장 LENS 조립 IN-LINE SYSTEM 납품
－2013. 11. 2차 전지 검사기 납품(삼성SDI/중국 시안, 미국 A123/SK)
－2015. 10. 삼성전기 베트남 20M급 LENS 조립납품(베트남 현지공장 가동 개시)
－2015. 12. '1,000만 달러 수출의 탑' 수상(한국무역협회)

다음으로 주주현황과 투자 포인트를 살펴보자. 액면가 5,000원으로 총 주
식수는 약 31만 4,000주이다. 2017년 무상증자 30%, 액면분할 5,000 → 500
원 예정이다. 대표이사가 58.93%, 특수관계인이 3.99%, 투자회사인 KB인베
스트먼트가 7.97%, 그 외 기타주주가 29.11%를 보유하고 있다.

우선 상장을 위해 주관 증권사를 한국투자증권으로 선정한 상태이며 삼성
전자, 삼성전기, 삼성SDI, SK하이닉스 등 국내 대기업을 통한 안정적인 매출
처를 확보했다는 점도 투자 포인트로 잡을 수 있다.

이미 말했던 고속성장 중인 카메라 모듈 공정검사, 조립, 테스트의 기술력
과 성장성에 초점을 맞추면 되고, 세계 최초 평행 선광원 노광기 기술력과 성
장성 수혜기업으로 볼 수 있겠다.

추가로 IT 부품사업 역량 강화를 통해 신규 매출을 확보하고 있는데, 2차
전지 검사기 납품과 자동초점 AF 모듈 부문의 자동화 생산, 손 떨림 보정 OIS
일체형 방식의 기능 탑재, Motor Driver IC 부문의 Driver Logic One-chip
화와 한국 내 HALL Plate IP 설계가 가능한 유일한 기업인 점 등을 확인하면
된다.

다음으로 기술력을 살펴보자. 카메라 모듈, 반도체 장비 관련 25개 특허권
보유의 우수한 기술력을 가지고 있으며, 세계 최초 Full Auto In-line화 시스
템을 구성하고 있다. 16M/20M 이상 고화소급 렌즈모듈 생산 자동화 대응 및
조립 품질에 있어 최고의 기술력을 보유하고 있다. 플렉시블 OLED 적용이 가

능한 박막두께 측정 시스템의 추가와 기존 3D 측정기의 업그레이드로 독창적인 장비를 개발, 제조하고 있으며 스마트폰, 자율주행차, 드론 등의 산업과 연계한 Dual Camera 공급 시장의 확대에도 주목해야 한다.

다음으로 성장 가능성에 대해 살펴보자. 세계 최초 평행 선광원을 이용한 초고속 노광기 기술의 수입 대체 효과가 있으며, 대면적 미세 선폭의 구현이 가능한 일괄 스캔 노광기 기술로 IT 반도체 기술의 PCB/FPCB, 즉 인쇄회로 기판에도 적용 가능하다. 또한 TSP, LED, OLED 등의 디스플레이 분야에까지 다양하게 적용이 가능한 점을 높이 평가하며, 관련 분야의 지속적인 성장이 있을 것으로 전망하고 있다.

2016년 4월 2016 한국전자제조산업전(EMK 2016)에 참가해 MLCC 검사기를 선보이기도 했다. 특히 이 전시에서 소개된 제품은 MCLL(Micro Component Inspection System)와 3D AOI(High Quality 3D Inspection System) 검사기다. MLCC는 6면 검사 광학계가 설치된 제품으로 칩의 불량을 판정하고 선별해내며 기존 제품들과 달리 무진동 턴테이블 피더를 사용하여 진동을 최소화했다. 이를 통해 탁월한 부품 정렬 상태를 유지하고 부품 손상을 방지하며, 또 간편한 조작 방법과 유지보수가 쉽다는 점도 장점으로 꼽을 수 있다.

이 기업은 감사보고서를 통해 3년 동안의 매출과 영업이익 회사의 자산이 꾸준히 증가되고 있음을 확인할 수 있다. 장외주식은 제한된 정보 속에서 투자를 결정해야 하는 경우가 많기 때문에 반드시 스스로 원칙을 지켜 확인해야 할 사항 중에 대주주 지분율과 기술력, 성장성 등을 파악하고 전자공시스템 조회 등을 통해 기업을 정확히 분석해야 한다.

넥스젠바이오텍

다음으로 소개할 기업은 유전공학과 식물공학 기술을 이용한 재조합 단백질을 개발하고, 성장인자단백질(EGF)을 이용한 고기능성 스킨케어 제품을 생산, 차세대 바이오메틱스(BIOMETICS), 기능성, 의료용 단백질 등을 개발하는 생명공학 벤처회사 넥스젠바이오텍이다.

유전자 재조합 단백질의 리더로 불리는 국내 최대 신소재 단백질 보유 기업인 이 회사는 의약품 생산기술과 유전공학 기술을 기반으로 보톡스 효과를 얻을 수 있는 신소재 보툴리눔 단백질의 개발과 대량생산에 성공했다.

기존 클로스티리디움 보툴리눔(Clostridium botulinum)이라는 세균이 만드는 일명 보톡스라고 불리는 보툴리눔 톡신은 미용·성형 분야에서 주름제거 치료용 주사제로 세계적으로 널리 이용되고 있다. 그 단점이 혐기성균(산소가 없는 곳에서 생육하는 세균)의 특성상 생육이 느리고 톡신 특성상 생산량이 적고 활성 유지가 어려운 점을 갖고 있었다. 그런데 이 회사는 유전자 재조합 기술과 하이브리드 단백질 기술을 바탕으로 보툴리눔 톡신 단백질과 인간 상피세포 성장인자(EGF) 단백질의 이종생물 간 단백질 융합기술을 통해 새로운 하이브리드 신소재를 개발, 대량생산에 성공하게 되어 보톡스를 대체할 수 있는 신물질로 물질특허를 받게 된 것이다.

이러한 내용으로 이 회사는 대한민국 10대 신기술 기업 선정 및 국가지정연구실 지정 연구개발을 전문으로 하고 있는데, 매년 약 50여 가지 이상의 재조합 하이브리드 단백질을 개발해서 스킨케어에 활용하고 있으며 최근에는 관련 물질을 통한 의약품 개발 임상까지 진행 중이다.

2016년에는 세계 최초로 해파리-인간 이종 간의 하이브리드 단백질 개발 및 거미독-인간 이종 간의 하이브리드 단백질 대량생산에도 성공해 특허를 취득했다. 이런 성과들을 바탕으로 2016에는 '대한민국 우수특허 대상'까지 수상하기도 했다.

표피세포 성장인자인 EGF(Epidermal Growth Factor)는 53개의 아미노산으로 구성된 단백질로서 세포의 분열을 유도해 표피세포의 성장을 촉진하는 성분이다. EGF는 피부의 성장과 재생 등 생명활동을 조정하는 가장 중요한 인자라고도 할 수 있는데, 표피·내피세포의 증식과 진피의 콜라겐을 합성하는 세포의 증식을 촉진하는 성분으로 피부 재생효과가 뛰어나서 지금까지는 피부 상처를 아물게 하는 기능을 하는 단백질로 당뇨병 환자의 족부 궤양치료제로 쓰이는 생물 의약품으로 사용되어 왔다.

그런데 최근 식품의약품안전청은 EGF를 화장품 원료로 사용할 수 있도록 승인하여 기능성 화장품 원료로 각광을 받고 있다. 이 회사는 세포 재생과 노화 방지에 탁월한 효능을 가지고 있는 이 EGF 성분을 국내 대기업의 화장품 생산을 위한 원료로 공급하게 되고, 고가의 원료 공급을 대중화하게 된다.

사실 이 EGF는 1g당 4,500만 원을 호가할 만큼 엄청난 가격이기 때문에 일반 화장품 회사에서는 마진 문제로 이 비싼 원료를 많이 넣을 수가 없는 게 업계의 현실인데 그 때문에 효과를 발휘할 정도의 양을 사용하지는 못했다. 이른바 화장품 업계에서 말하는 콘셉트 성분으로만 활용하는 사례가 많았다는 것이다. 그렇지만 이 회사의 경우는 원료를 직접 생산하기 때문에 실제 효과를 구현할 수 있는 정도의 성분 함량을 지향해서 더욱 높은 효과의 스킨케어 제품의 생산이 가능해진 것이다.

이제 회사 연혁에 대해 살펴보자.

⊙ 회사 연혁
- 2005. 대한민국 10대 신기술 선정(산업자원부)
- 2007. LG생활건강 '더 후' 핵심 원료 복합성장인자 '자하비단' 개발 및 공급
- 2013. 무방부제 멸균 스킨케어 출시
- 2013. 유전자 재조합 Spider Silk Protein 국제 화장품원료집 등재
- 2014. 통신판매 제품 'CR-5' 판매계약 및 출시

　　다음으로 주주현황과 투자 포인트에 대해 살펴보자. 2016년 기준 주주현황을 살펴보면 대표이사 16.85%, ㈜KT&G 11.84%, ㈜녹십자 홀딩스 8.39%, 산업은행 7.81%, 기타주주 55%로 기관의 투자가 일정 지분 보유된 것이 특징이다.

　　기업공개 시기는 2018년에 상장 예정하고 있다. 투자자 입장에서는 기업의 상장 일정에 상당한 관심이 있는 것이 사실인데, 현재 주간 증권사 선정을 추진 중이며 통일주권으로 주식의 원활한 유통을 준비하고 있다. 2017년 기술성평가를 통해 2018년 상장을 예상으로 진행하고 있다.

　　넥스젠바이오텍은 세계 시장규모 약 36조의 의료용 단백질 개발을 하는 바이오메틱스(BIOMETICS) 선두기업으로, 2013년 5월에는 세계에서 독일에 이어 두 번째, 국내에서는 최초로 자체 개발·생산한 인공거미줄 단백질을 국제 화장품원료집에 등재시켰다. 현재는 약 70여 종류 이상의 바이오 의약·진단용 및 고성능 스킨케어 용도의 글로스 팩터(Growth Factor) 단백질 및 신규 단백질들을 개발·생산하고 있다. LG생활건강 핵심 원료 복합성장인자를 공급했고, 특허 20건, 상표등록 100건의 기술력을 보유하고 있다.

　　현재는 독자적으로 인공거미독 단백질(EGF)을 통해 성분 함량이 높은 다양한 제품군을 생산 공급하고 있다. 매년 5종 이상의 새로운 재조합 단백질을 개발, 고성능 스킨케어 제품 등 다양한 분야에 적용하고 있으며, 최근에는 고부가가치 신소재를 보톡스 분야에 적용해서 메디컬 분야로까지 영역을 확장하고 있다.

인공거미독 단백질 성분의 재생·미백·여드름·아토피·모발·비만 관련 제품 개발로 매출이 급성장을 하고 있는데, 이 회사의 제품은 세계 유일의 완전 무방부제 멸균제형으로 고온고압멸균, 감마멸균, 여과멸균을 실시하고 있다. 유통이나 사용 중 일어날 수 있는 균의 침범 가능성에 대해서도 일회용 포장 방법으로 안전성을 더욱 높이는 방법을 사용하고 있다.

식물추출물을 사용하지 않는 것도 이 회사 제품의 특징인데, 사실 자연주의 천연추출물이라는 이미지에 현혹되어 있지만, 사실 식물에는 유효성분과 인체에 유해한 성분이 동시에 있다. 인체에 이로운 성분만을 식물에서 추출해 내기 위해서는 엄청난 비용이 들기 때문에 그저 식물 추출물로 내어놓은 것은 여러 성분이 한데 섞여 정확한 유효성분을 알 수 없다. 이러한 이유로 식물 추출물을 완전배제하고, 인공세포 배양액을 사용해서 완전영양물질을 생산해 내는 방법을 이용하는 것이다.

또한 원료 생산에 있어 고성능 신소재 단백질 60여 종을 생산해내는 능력이 있으며, 100종의 신규 단백질 원료공급 능력을 보유하고 있고, 제품 개발로는 무방부제 멸균제품의 생산 및 납품을 진행하고 있다.

그리고 유통·판매망의 완벽한 구성을 통해 LG생활건강, 온라인 통신판매, 전문 피부 관리실 600여 곳 등을 통해 유통되고 있으며, 외국으로의 유통은 미국, 중국, 대만, 인도 등으로 수출을 진행하여 매출 규모는 지속적으로 성장하고 있는 것으로 보인다.

한국피엠지제약

다음으로 소개할 기업은 의약품을 제조하고 판매하는 기업으로 대한민국 천연물신약 7호 '레일라정'을 개발했으며 개량신약을 개발하고 항류마티스제, 소염제 등을 제조하고 판매하는 기업 한국피엠지제약이다. 이 회사는 의약품을 제조하는 기업으로 2001년 12월에 설립되어 2005년에 매출액 100억을 달성했다. 이 회사는 골관절 보호와 관절염 치료제를 전문적으로 연구하고 개발하는 대표적인 기업으로서 2012년에 10여 년에 걸쳐 연구하고 개발하여 출시한 '레일라정'은 출시 1년 만에 80억 원에 달하는 처방액을 기록하여 그 가치를 검증받았다.

이 회사의 주력 상품은 대한민국 천연물신약 7호 '레일라정'이다. 퇴행성 골관절염과 같은 골관절증의 치료제로서 대한민국 천연물신약 제7호, 국내 신약 제24호로 식약처에서 허가를 받은 제품이다.

2009년 보건산업기술대상 '한국보건산업진흥원장상'과 2012년 BIO KOREA 2012에서 '보건복지부장관상', 2012 대한민국발명특허 대전 '지식경제부장관상'을 수상하는 등 '레일라정'의 가치를 명실공히 공인받았다.

뿐만 아니라 국내는 물론 미국에서도 특허를 획득했고 그 외 일본, 중국, 유럽, 싱가포르, 홍콩 등 여러 국가에 PCT 특허를 출원했으며 수출을 위한 MOU를 체결하는 등 해외시장 진출을 적극적으로 준비하고 있다.

레일라정은 지난 2016년 11월에 새로운 특허가 등록되었으며 새롭게 등록된 특허는 '연골 재생, 통증 억제 및 부종 억제용 생약 조성물'에 대한 특허로 존속기간이 2029년까지다. 이 회사는 향후 5년간 총 50억 원 이상의 연구개발비를 투자하여 레일라정의 효능과 안정성을 확고히 하고자 한다고 밝혔다.

여기서 천연물 의약품이란 자연계에서 얻어지는 식물, 동물, 광물, 미생물과 이들의 대사산물을 총칭하는 천연물을 이용한 의약품으로서 성분이나 효능 등이 새로운 의약품을 말하는데, 신종플루 및 조류독감 치료제로 유명한 '타미플루'도 천연식물인 스타아니스(star anise)를 활용하여 개발한 대표적인 천연물 의약품이다.

천연물의 의약품은 생약, 한약재로서 안정성을 인정받을 수 있으며 개발기간을 단축할 수 있고, 개발비용을 절감할 수 있다. 전 세계 상위 25개 제품 중 42%가 천연물 신약 제품이다.

다음으로 회사의 연혁을 살펴보자.

⊙ 회사 연혁
- 2009. 02 골관절염 및 류마티스 관절염 치료 신물질 PG201 기술이전 / 임상실험 승인
- 2010. 04 보나드론정, 리세라정, 칼로본정, 아트라셋정, 세라톤정, 제로작 캡슐 발매
- 2011. 03 PG201(레일라) 임상 3상 종료
- 2011. 08 IBK캐피탈, 한화인베스트먼트 '신성장동력펀드' 기관투자 유치
- 2012. 03 대한민국 '천연물신약 7호 레일라정' 식품의약품안정청 판매 허가
- 2012. 05 국내최초 콜레칼시페롤 단일제 에드민포르테정 제품허가 획득
- 2012. 12 레일라정 발매(4.5억 매출 달성) → 2013년 81억 달성
- 2014. 03 안국약품, 레일라정 공동판매 협약 체결
- 2014. 10 신플랙스 세이프정(복합개량신약, 관절염치료제) 판매 중

다음으로 주주현황 및 투자 포인트에 대해 알아보자. 액면가 500원으로 총 주식수는 347만 2,000주이다. 대표이사 외 특수관계인 3인의 지분 74.1%, 진약제약 9.2%, 메디카코리아 4.4%, 기타주주 12.3%로 구성되어 있으며 IBK캐피탈, 한화인베스트먼트도 이 회사의 주주로 등록되어 있다. 주권 형태는 통일주권으로 계좌이체가 가능하며 주관 증권사는 IBK투자증권이며 SPAC 상장을 추진 중이다.

다음으로 이 회사의 기술력에 대해 살펴보자. 이 회사의 기술력 중 단연 돋보이는 기술력은 앞서도 말한 것처럼 천연물신약 7호 레일라정을 개발해낸 것이다. 또한 개량신약개발을 통해 지속적인 신약을 개발해내고 있는데, 개량신약이란 허가된 의약품에 성분비율과 투여경로, 효과 증진 및 용법을 달리한 전문의약품이다.

이 회사는 2014년에 소염진통제와 궤양치료제 기능을 동시에 해결하는 복합개량신약 '신플렉스 세이프정'을 개발하여 판매하고 있다. 기존의 소염진통제는 오래 복용하면 위장관 부작용의 위험이 높아지고 고령 환자는 심혈관질환의 위험이 높았다. 하지만 이 회사는 소염진통제와 궤양치료제를 복합해 위장관 부작용 위험을 줄였을 뿐만 아니라, 소염진통제 가운데 심혈관질환 위험이 가장 낮은 성분인 나프록센을 주원료로 사용해 안정성을 높였다.

뿐만 아니라 천연물 신약 'PG301'의 기술이전 계약이 완료되어 임상 2상을 진행하고 있는데, 'PG301'은 류마티스 관절염 분야 세계 최초의 천연물 신약으로서 전북대학교 천연물연구소와 신일제약과 공동 연구를 진행하고 있다. 또한 항류마티스제 4종, 소염진통제 11종, 항관절염제 2종, 골다공증제 7종, 기타 약품 12종등의 다양한 제품을 개발하여 판매하고 있다.

다음으로 성장 가능성에 대해 살펴보자. 현재 이 회사는 지속적인 신약개발을 통해 안정적인 사업 포트폴리오를 구성하고 있으며, '신플렉스 세이프정'과 같은 개량신약을 계속해서 개발하기 위해 노력하고 있다. 디아세레인 50mg을 제재, 제형하여 개량신약을 개발하려는 목표를 갖고 있는데, 이를 정제 시에 400억 대의 시장 형성이 예상된다.

앞서 설명한 천연물 신약 'PG301'은 2017년에 발매가 될 예정이며 목표시장은 2,500억 원이다. 세계 의약품 시장의 성장률은 9.5%, 개량신약 성장률은 15%, 국내 개량신약은 16.6%로 성장하고 있다고 하니 이 회사 또한 꾸준히 성장할 것으로 예상된다. 2016년 6월 DART 전자공시시스템에 등록된 이 회사의 분기보고서를 살펴보면 매년 부채를 줄여가고 있고 매출과 순이익이 증가하고 있음을 확인할 수 있다. 방금 소개한 이 회사의 천연물신약 '레일라정'이 최근 삼성서울병원에 입성했다는 언론 보도를 보기도 했는데 투자자들도 이 회사에 관심 가져보길 바란다.

신테카바이오

다음으로 소개할 기업은 빅데이터를 활용한 바이오 기술기업으로 암이나 희귀변이 유전자를 분석하고 서비스하는 기업 신테카바이오이다. 주요 사업으로는 개인유전자 분석을 통한 PMAP(개인유전체맵) 분석 서비스와 마하슈퍼컴퓨팅 기술을 이용한 '마하NGS플랫폼' 개발을 하고 있다.

유전자 분석 서비스에 대해 쉽게 설명하자면, 2013년 배우 안젤리나 졸리가 38세 때 유전자 검사 서비스를 통해 유방암 발병률을 높이는 돌연변이 유전자를 가지고 있다는 사실을 확인하고 사전에 방지하기 위해 유방을 절제하고 치료 받았다는 사실을 언론 보도 등을 통해 들어봤을 것이다. 이와 같이 일반 개인이 가진 유전자를 분석하고 향후 어떤 질병에 걸릴 것인지 예측하고 대응할 수 있도록 돕는 서비스라고 이해하면 된다.

최근까지 한국에서는 개인이 이와 같은 유전자 검사 서비스를 받을 때 의사의 동의 및 의뢰서가 필요했지만 2016년 6월 30일부터 생명윤리법이 개정되어 의사를 거치지 않고 유전자 검사 의뢰가 가능해졌다.

다음으로 회사의 연혁을 살펴보자.

⊙ 회사 연혁
- 2009. 12 기술보증기금 벤처 인증
- 2010. 07 미국 실리콘벨리에 비즈니스본부 설립
- 2012. 02 유전체 분석 플렛폼(NGS-PL) 완성
- 2013. 05 한국전자통신연구원(ETRI) 연구소 기업 선정
- 2013. 12 '2020 미래 100대 신기술' 선정
- 2014. 03 건국대병원 & 건대의전 BK21 사업단 MOU 체결
- 2015. 02 PMAP(개인유전체맵) 자동생성 Beta 버전 완성, 서비스 개시(서울대, 백병원 등)
- 2016.06 유전질환 스크리닝 관련 보건신기술인증 획득

– 2016. 06 투자 전문기업 알토스벤처스로부터 180만 달러 투자유치
– 2016. 06 오라클메디컬그룹, 하나금융투자신탁 등으로부터 총 57억 원 투자유치

다음으로 주주현황과 투자 포인트에 대해 알아보자. 2016년 기준으로는 투자유치 등으로 인한 증자 등을 통해 총 발행주식수 400만 주, 자본금 20억으로 변동이 있었다. 주관 증권사는 대우증권이다. 이 회사는 유전체 빅데이터 및 바이오 인덱싱 기반 10-7승 초정밀 희귀유전변이(RV7) 측정기술개발 기업이다.

현재 국제 1,000명 게놈 프로젝트의 경우 대립유전자형빈도(MAF) 10-2승 수준만 측정하기에 국내 최고 기술이라고 말할 수 있다. 또한 세계 유일, 단백체 및 유전체 관련 가장 중요한 핵심 엔진 7개 전체 자체 개발, 특허권을 보유 중이다.

핵심 엔진 7개에는 3D 단백질 구조예측, 도메인 구조비교, 단백질/DNA 염기 서열비교, 바이오 빅데이터 고집적 인덱싱, NGS 통합 및 통계용 데이터웨어하우스 패키지, 단백질 시뮬레이션 패키지 및 희귀유전변이 탐색 패키지가 있다.

뿐만 아니라 관련 기술 국제 및 국내 특허등록을 통한 독점적(10년) 지위를 확보했다. 이미 2014년도에 2020년 미래 100대 신기술 인증을 통해 기술력과 성장성을 인정받은 기업으로 개인 유전체 분석을 통한 질병예측, 진단, 치료를 통한 생명현상 규명, 난치병 질병 극복 가능성을 높이고 있고, 맞춤형 약물, 불필요한 치료, 약물 부작용 감소, 예방의학 지원 등 맞춤형 의료 서비스 실현 가능성을 높이고 있는 기업이라고 말할 수 있다.

실제 미국식품의약청(FDA) 조사 결과 매년 사망자 1/5이 약물 부작용으로

사망하고 있고, 이로 인해 매년 136조의 비용이 낭비되고 있다고 한다.

이 회사는 한국전자통신연구원(ETRI) 마하슈퍼컴퓨팅 기술이용 '마하NGS 플랫폼' 개발 수혜 기업이기도 하다. 여기서 마하라고 하는 것은 초당 105조 번 계산, 개인 PC 500대 효과와 저장 능력으로 기존 DNA 분석시간을 12시간에서 5시간으로 단축시킬 수 있다.

최근 의료분석 서비스 산업 동향은 개인 유전체 정보에 기반한 암 맞춤치료, E-헬스 등을 이용한 약물 전달시간이 단축, 원격의료 진출 등 의료 정보 시스템 산업 천체가 IT 기술의 발전으로 패러다임 자체의 전환이 이루어지고 있다.

의료 정보 시스템을 지능형으로 발전시켜 나가는 단계에서 이 회사처럼 유전자 분석 서비스를 기반으로 하는 빅데이터 시스템은 앞으로 시장에서 더 각광받게 될 것으로 예상된다.

한국카이스

다음으로 소개할 기업은 스마트러닝 사업을 하는 회사이다. 영어회화, TOEIC, 중국어회화 토털 스마트러닝 사업과 해외 온라인 교육, 출판 및 교재 사업을 하고 있는 기업이다. 이 회사는 글로벌 스마트 러닝 플랫폼을 구축하기 위해 해외 이러닝 업체들의 직관적인 학습 방법과 국내 인터넷 강의의 장점, 577명의 학습자 설문조사 등을 모아 3년여의 연구 끝에 개발됐다.

이 회사는 판서 직캠 영상이 가독성과 집중도가 떨어진다는 것을 발견해서 화면분할 영상 기법을 개발하고 디자인 특허 등록을 했다. 기존의 강의 영상에는 강사의 뒷모습만 보였다면 화면분할 영상기법은 계속해서 강사의 앞모습이 보이는 기법을 통해 강의장과 동일 효과를 느껴 집중도와 학습효과를 높였다.

화면분할 영상은 모바일, PC, 디바이스(Divice)와 연동이 가능하다. 또 다른 이 회사만의 차별점으로는 이 회사의 스마트 러닝 시스템으로 국내 유일의 강의와 연습문제 자동 제공 시스템이 있다. 기존의 강의는 강사 중심의 주입식 강의로 진행되며 문제풀이 기능이 없었다. 하지만 이 회사의 마풀토익은 강의를 듣고 바로 문제를 풀이하는 형식으로 지난 10년간의 토익 모든 유형의 문제가 탑재되어 있으며 점수대별 맞춤형 강의를 제공한다.

다음으로 회사의 연혁을 살펴보자.

⊙ 회사 연혁
- 2002. 07 EBS 영어교육 공동사업 진행
- 2003. 08 워릭 영어학원 설립(대치, 분당, 송파 등) 직영점 운영
- 2009. 05 군포 국제교육센터(영어) 설립
- 2010. 05 《내 심장은 멈추지 않는 엔진이다》 저술(2010년 국립중앙도서관 선정도서)
- 2011. 12 우수 사회적 기업인 선정
- 2012. 04 한국카이스(CoreaKYSS) 주식회사 설립
- 2015. 03 '마풀영어', '마풀토익' 오픈
- 2015. 06 미래에셋증권 IPO 대표 주관사 계약 체결
- 2016. 12 '마풀중국어' 오픈

다음으로 주주현황과 투자 포인트에 대해 알아보자. 총 주식수는 427만 5,000주로 대표이사 53.25%, 임직원 및 특수관계인 18.22%, 에코글로벌 그룹 6.25%, 파고다어학원 토익팀 1.97%, 석세스, YU인베스트 1.27%, 미래비전교육 등이 18.94%로 구성되어 있다. 대표이사의 지분율이 높은 것이 특징이다.

이 회사의 주관 증권사는 미래에셋증권이고, 현재 명의개서이지만 2017년 2월 중에 통일주권으로 교체할 예정이다. 기업공개 시기는 2018년 하반기로 예정하고 있다.

이 회사는 국내 유일의 영어회화, 토익, 중국어 등 어학 토털 스마트러닝 시스템을 개발했다. 이 시스템은 '공부-공부'가 아닌 '공부-시험-공부' 방법을 적용한 신 플랫폼으로 장기기억 전환 '인지과학 학습법'을 적용한 최고의 학습법을 적용한 스마트러닝 시스템이다.

마풀영어, 마풀토익은 자기 수준에 대한 사전테스트를 통해서 단계가 나뉘고, 각 과정마다 테스트를 통해 다음 과정으로 진입하는 학습 형태를 갖추고 있어서 초급자들도 쉽게 토익을 정복할 수 있다. 또한 앞서 설명한 것처럼 분할영상 특허를 계속해서 강사의 앞모습이 보이는 기법을 통해 강의에 집중도를 높였다.

마풀영어는 국내 유명스타 다니엘 헤니와 수현, 마틴킴이 직접 회화 강의를 진행해서 유명 스타와 직접 대화하는 듯한 느낌을 준다. 또한 이 회사는 국내 유일의 교육부 공인 기관인 한국중국어교육개발원과 공동 개발한 '마풀중국어' 학습법을 2016년 12월에 오픈했다.

지금까지 중국어 학습 방법과는 완전히 차별화된 방법으로 학습을 하는데, 어려운 한어병음 학습법을 훈민정음 원리를 활용해서 중국어를 배울 수 있는 방법과 컬러로 어려운 성조를 쉽게 익히는 방법, 그리고 강의와 문제가 연동되어 자동 제공되며 음성인식 발음 연습을 통해 기존의 강의보다 좀 더 쉽고 빠르게 중국어를 익힐 수 있게 된다.

또한 온라인 강의가 자기주도 학습이 어렵다는 단점을 보완하기 위해 단계별 학습 커리큘럼을 제공해주고, 개인 학습 분석 시스템을 통해 온라인으로 자기주도 학습도 가능하게 만들었다.

다음으로 회사의 성장성에 대해 살펴보자. 이 회사는 세계적인 한류 열풍을 고려해서 한국어 스마트러닝 시스템 개발에 착수했고, 마풀한국어로 2017년에 오픈할 예정이다. 또한 마풀한국어, 마풀중국어, 마풀영어 등으로 해외 온라인 교육 플랫폼으로 진출할 예정이다. 그리고 원소스 멀티유즈 시스템을 개발해냈는데, 원소스 멀티유즈는 하나의 콘텐츠로 다양한 부가가치를 창출하는 방식으로 마풀토익, 마풀한국어 다국어 서비스를 제공한다.

또한 이 회사는 지속적인 마케팅을 통해 매출의 급성장이 예상되는 기업이다. 7개 국어에 능통한 언어천재, 19권의 베스트셀러 작가 조승연이 마풀중국어 강의 및 광고에 참여하여 신뢰도를 더욱 높였고, 2016년 10월부터 서울 환승역 지하철 10개에 전광판 광고를 개시했다.

온라인 교육시장 규모는 지속적으로 성장하고 있고, 특히 향후 수요 중 '외국어' 부문이 1위를 차지하고 있다. 하지만 국내 온라인 강의 사이트는 대부분 강사끼리 치열하게 경쟁하는 시스템으로, 학습자들은 어떤 강사의 강의를 들어야 할지 혼란을 느끼고 있다.

이 회사는 이러한 기존의 단점은 최대한 줄이고, 강점은 더욱 강화했다. 이 회사의 장기기억으로 전환하는 스마트러닝을 통해 기존의 온라인 강의에서는 경험하지 못한 새로운 학습 경험을 하게 될 것이다.

메이저 온라인 강의로 브랜드 인지도가 상승하며 동사의 매출 또한 급상승할 것으로 기대되고, 지속적으로 마케팅에 투자를 하고 있다고 하니 이 회사의 '마풀영어'를 TV와 길거리의 광고판, 수많은 인터넷 배너광고를 통해 만나보게 될 수 있을 것이다.

디아메스코

다음으로 소개할 기업은 당뇨병 환자를 대상으로 혈당관리를 위한 소모성 재료를 제조하는 기업으로 인슐린 주입을 위한 디지털 인슐린 펜 PENDIQ2.0 제조, 인공 나노효소 혈당스트립, CGMS(연속혈당측정기)를 제조하는 바이오 헬스케어 기업 디아메스코이다.

디아메스코에서 제조되는 당뇨병 관련 제품의 이해를 위해 당뇨병에 대해 먼저 설명하면 당뇨병은 췌장에서 분비되는 호르몬인 인슐린이 제 역할을 못 하거나 분비가 적어서 혈액 내 포도당 수치가 비정상적으로 높은 경우를 말하는데, 선천적으로 췌장의 인슐린 분비 기능이 떨어져서 발생되기도 하지만, 비만·흡연·스트레스 등의 후천적인 요인으로 인슐린 분비에 문제가 생기는 경우도 많다. 우리나라의 경우는 90%가 후천적 요인이라고 알려져 있다.

당뇨병이 위험한 이유는 그 합병증 때문이다. 높아진 혈당을 방치하면 신장이 나빠지기도 하고 심근경색, 심부전의 위험도 공존한다. 또 많이 알려진 '당뇨발'이라는 궤양을 앓게 되기도 하고, 눈에도 영향을 미쳐 백내장, 녹내장 등의 안과적 질환을 유발하기도 한다.

이러한 당뇨병으로 인한 만성 합병증은 치료가 상당히 어렵다. 그래서 당뇨병은 치료보다 예방이 중요하고, 이미 발병되었다면 혈당을 적극적으로 조절해서 합병증의 진행 속도를 늦춰야 한다. 합병증을 예방하는 기본은 평소 혈당을 적정 수준으로 유지하는 것인데, 전문의들은 환자들이 보다 적극적으로 자가 혈당측정을 해서 자신의 혈당이 적정 범위 내에 있는지를 수시로 확인해야 한다고 강조한다.

혈당이 적정 범위를 벗어나면 인슐린을 투여해야 하는 상황이 생긴다. 이에 필요한 혈당측정 검사지나 당뇨병 소모성 재료들이 있다. 2015년부터 인슐린을 투여하는 모든 당뇨병 환자를 대상으로 '당뇨병 환자 소모성 재료'에 관한 건강보험 급여를 확대하게 됐다. 급여대상 품목을 들자면, 혈당측정 검사지, 채혈침, 인슐린 주사기, 인슐린 주사바늘(펜니들)이 포함된다.

이 회사에서는 혈당을 측정하는 '인공 나노효소 혈당 스트립', 환자의 신체에 부착하는 센서인 'CGMS(연속혈당측정기)', 그리고 인슐린 주입기기 '디지털 인슐린펜 PENDIQ 2.0'을 대표 상품으로 제조하고 있다.

다음으로 회사의 연혁을 살펴보자.

⊙ 회사 연혁
- 2004. 12 ISO 9001 품질 시스템 인증 획득
- 2005. 06 인슐린펌프 Best Life-1 KFDA 획득
- 2007. 11 서울대학교와 기술이전 계약 체결
- 2011. 11 디지털 인슐린 펜 타입 인슐린 주입장치 특허출원
- 2012. 01 인슐린 펜니들 FDA 승인 / 제조업 허가 / KFDA 승인
- 2013. 06 경북대학교와 인공나노효소(혈당측정) 공동개발
- 2014. 03 인슐린 펜니들 중국 FDA 승인,
- 2015. 11 고려제약 전략적 투자, 중국 LENOMED 및 POCTech 사와 독점 공급계약 체결
- 2016. 05 ROCHE 사와 디지털 인슐린 펜 PENDIQ 2.0 계약 체결
- 2016. 08. 25 펜딕 2(디지털 인슐린 펜) CE 인증 확정

CE(Communate Europeeene)는 유럽연합의 통합규격인증 마크로서, 강제규격이다. CE 마크는 제품의 안전, 건강, 환경 및 소비자 보호와 관련된 유럽규격으로 EU 이사회 지침(Directive)의 요구사항을 모두 만족한다는 의미로 유럽연합 내에서 소비자 안전과 관련된 제품 유통에는 반드시 이 승인이 있어야 한다. 특히 우리나라와 같이 역외 지역에서 제조된 제품들이 유럽 시장에 진출할 때는 반드시 승인을 얻어야만 수출이 가능하기 때문에 이 회사는 유럽 시장에 유통을 위한 준비를 완벽히 마쳤다고 볼 수 있다.

다음으로 주주현황과 투자 포인트에 대해 알아보자. 액면가 500원으로 총 주식수는 약 379만 주이다. 대표이사 지분 32.82%, 고려제약 8.08%, 골드게이프 인베스트9.94%, 클리브랜드하트코리아 9.42%, 특수관계인 15.98%, 기타 주주 23.76%로 안정적인 대표이사 지분과 고려제약 지분, 투자회사의 적지 않은 지분들로 구성되어 기업의 미래 가능성 부분을 높이 사고 있는 것이 특장

점이다. 주권 형태는 명의개서주로 주식 미발행 확인서가 발행되며 주관 증권사는 선정 중에 있다.

다음으로 이 회사의 실제 기술력에 대해 알아보자. 세계 최초 인공효소 기반 나노 혈당측정 3대 원천기술 유일의 기술특허가 등록되어 있다. 국내는 물론 미국. 중국. 유럽연합까지 특허등록이 완료되어 있고, 연속혈당측정기(CGMS)와 패치펌프(Patch Pump)를 이용한 인공췌장 개발의 기술력도 보유하고 있다. 인슐린 및 혈당 관련 특허와 인허가 26건을 취득한 상태이다. 이 회사의 인공효소 기반 나노기술 혈당측정은 혈당정밀도(오차범위) 5% 미만을 보장하는 온도와 환경에 영향 받지 않는 인공효소를 엔자임 프리 사와 공동으로 개발했고 향후 혈당센서 시장에 큰 이정표가 될 수 있는 원천기술을 확보한 상태이다. 혈당 센싱에서도 기존 혈당센서보다 약 700배 민감한 혈당센서를 개발하여 초미세한 혈액만으로도 혈당 체크가 가능하고 Non-Invasive, 즉 거의 무채혈로 혈당을 체크하여 혈당산업의 신기원이 되는 기술도 확보했다고 한다.

다음으로 이 회사의 성장성에 대해 살펴보자. 먼저 이 회사의 디지털 펜니들에 관한 설명을 하면, 이 제품은 0.1 단위(약 1,000분의 1그램)의 미세 인슐린과 호르몬을 주입하는 디지털 기기로서 카트리지의 미세 인슐린 양을 초정밀하게 제어할 수 있는 제품으로, 특허로 보호되고 있고, 디지털로 제어하고 스마트폰과 연결해 모든 주입시간과 이력을 의료진과 공유하여 환자의 상황을 체크하고 관리할 수 있는 등 혈당관리에 있어 획기적인 제품이다.

글로벌 제약사인 로슈 사에 디지털인슐린펜 PENDIQ2.0 공급계약으로 매출이 급성장할 것으로 보이며 추가로 전 세계 당뇨시장에 가장 많이 공급되고 있는 로슈 사의 당뇨 체크기 아큐첵과 연동한 통합 당뇨관리 시스템 협약이 체결되어 있다. 글로벌 판매는 로슈가 맡고 있고, 국내 판매는 고려제약, 중국은 합작법인이 설립 예정이다. 이미 유통망까지 탄탄하게 갖춰져 있다는 점은 상당히 유리하다고 볼 수 있다. 현재 지분율 8%를 넘게 보유하고 있는 고려제약과 전략적 제휴를 맺으며, 시제품 출시나 국내 판매, 산업은행 등의 공적자금 유치에도 도움을 받고 있다.

CGMS, 즉 연속혈당체크기는 환자 신체에 센서 부착으로 24시간 혈당의 체크, 분석, 대응하는 시스템으로 독점기술을 갖고 있다. 이 기술은 중국 LENOMED 및 POCTech 사와 독점 공급계약이 체결된 상태이고 초경량, 최소형 패치펌프는 대성그룹 등에서 35억 투자유치를 받았다.

그리고 0.1 단위(약 1,000분의 1그램)의 미세 인슐린과 호르몬을 주입하는 디지털 인슐린 주입기의 초정밀하게 제어기술을 통해 정밀도를 요구하는 호르몬, 보톡스, 필러, 파킨슨병 치료액 시장까지 기술공급 가능성이 열려 있다고 볼 수 있다.

최근 디아메스코는 국내외적인 활동들을 활발히 진행하고 있다. 2016년 9월 유럽 당뇨병학회(EASD), 10월 국제 당뇨병학술대회 전시, 10월 국내 당뇨학회전시에 디지털 인슐린 펜, CGMS, 디지털 인슐린 펌프, 패치펌프, 파인젯 S 펜니들 등을 꾸준히 선보이고 있다. CGMS는 유럽 스웨덴에서 보험적용이 되며 약 5만 명의 당뇨환자에게 적용되고 독일 등 유럽 국가에 확대되는데, 이 내용은 세계적인 CGMS를 보유하고 있는 이 회사에는 굉장한 희소식이다.

전 세계 당뇨환자 4억 2,000만 명, 시장규모 100조 원의 당뇨병 관리와 치료의 통합 솔루션 제공기업으로 그 기술력을 기반으로 한 발전 가능성이 충분한 기업으로 보이는 디아메스코에 여러분도 관심 갖고 지켜보길 바란다.

인포데이타

다음으로 소개할 기업은 온라인 교육 콘텐츠 및 솔루션을 제공해주는 기업으로 소프트웨어 개발 및 유통도 하고 있으며 TMS 자격 검정평가 시스템을 보유하고 있는 인포데이타이다. 이 회사는 2000년에 설립된 지역의 한 공공 분야 전문 시스템 SW 개발기업으로 정부 통합전산센터와 우정사업정보센터 통합 시스템 구축사업 등에 참여한 데 이어 최근 국가 시스템 사업 체질 개선의 일환으로 시행 중인 시스템 구축 재정비사업에 참여해 시스템 통합설계 구축, 운영 및 유지보수, 안정적인 보안 네트워크 등 사업범위를 크게 확장시키고 있다.

대부분의 실적이 공공 분야를 대상으로 진행되고 있어 안정적인 시스템과 함께 회사의 매출 실적 또한 매우 안정적이며 매출 실적이 100억 원대에서 2017년에는 사업 추진분 180억 원, 오는 2018년엔 300억까지로 예상되는 등 크게 향상되고 있다.

다음으로 회사의 연혁을 살펴보자.

◉ 회사 연혁
- 2011. HP한국휴렛팩커드 공식 파트너 사 지정
- 2012. 방송통신위원회 보안장비 솔루션 수행
- 2013. 우수중소기업 선정(중소기업청)
- 2013. 현대삼호중공업 전산장비 유지보수 수행
- 2015. 우정정보센터 우정사무 시스템 및 개발 유지관리, 용역(주)에이텍 컨소 수행
- 2016. 광주광역시 평생교육진흥원 콘텐츠 용역 수주
- 2016. 우정정보센터 비대면 실명확인 시스템 구축 컨소 수주

다음으로 주주현황과 투자 포인트를 알아보자. 액면가 500원으로 총 주식수는 148만 9,873주이다. 지분율은 대표이사 지분 44.40%, 특수관계인 13.647%, 자사주 6.712%, 기타주주 35.601%로 이루어져 있다. 주권 형태는

통일주권으로 계좌이체가 가능하며 주관 증권사는 유안타증권, 동부증권과 협의 중에 있다. 기업공개 시기는 2017년 하반기에 코넥스에 상장, 2018년 하반기에 코스닥 상장을 진행할 예정이다.

이 회사는 고객사의 환경에 맞는 시스템을 구축, 운영하고 있다. 구체적으로 시스템을 설계, 관리, 분석을 하고 있으며 AP 개발 안정화 서비스와 호스팅 서비스, NW/보안 서비스를 제공하고 있다.

고객사의 안정적인 시스템 유지보수 또한 수행하고 있는데 서버, 스토리지, 기타 장비 및 관공서, 대학, 병원 등 다수 공공기관의 시스템 유지보수를 수행하고 있다. 또한 정기적으로 보안 취약성을 점검하며 시스템 사용 및 데이터베이스 구성의 효율성을 분석하는 서비스도 제공하고 있다.

그리고 고객사의 보안 네트워크를 설계하고 구축해주고 있으며 보안 네트워크는 환경 분석, 시스템 분석, 시험 단계, 설계 단계 4단계로 진행한다. 또한 고객사가 효율적인 정보 시스템을 갖추고 운영할 수 있도록 다년간의 경험과 노하우를 통해 IT 컨설팅을 하고 있고, 이러닝을 공공기관·기업 원격연수 시스템을 구축하고 대행하며 사이버 원격연수용 이러닝 콘텐츠를 개발해냈다.

뿐만 아니라 맞춤형 SW를 개발하고 제공하고 있는데, 구체적으로 기업 비즈니스 통합 SW 개발, 대학교 학사관리 시스템 개발, HRD 교육 SW 개발 및 통계관리 시스템을 개발한다. 특히 주목할 기술은 TMS 자격 검정평가 시스템이다. 이 회사가 보유한 TMS는 국내 유일의 한국직업능력개발원 자격검정평가 기준, 최적의 온라인 평가 시스템으로 KOVA 벤처기업협회의 지난 5년간 자격대행을 통해 검증된 시스템이다.

TMS는 자격 검정평가에 관한 접수, 교재 배부, 문제 은행 생성, 결제 대행, 검정평가, 자격 확인, 자격 발행, 이의 신청, 민원 처리 등 제반 모든 사항의 업무를 통합하여 처리하는 시스템으로 사무비 제거, 시험 관리비 감축, 편리한 응시 가능, 자격증 관리기관의 업무량 최소화 등의 많은 장점을 가지고 있다.

그러면 이 회사의 성장 가능성에 대해 알아보자. 이 회사의 주요 매출처는 HP한국휴렛팩커드, 한국전력, 현대삼호중공업 등으로 대부분이 공공 분야를 대상으로 거래를 진행해 효율적인 경영 시스템과 더불어 매출 실적 또한 매우 안정적이다.

앞서 설명한 것처럼 2016년 매출 100억을 달성했고, 2017년 사업이 순조롭게 추진되면 180억 원의 매출 실적이 예상되며, 2018년에는 300억 원까지 매출 급상승을 기대하고 있다. 또한 최근 정부 통합전산센터와 우정사업정보센터 통합 시스템 구축사업에 잇따라 참여했고, 2016년 12월 정부세종청사 방송 및 통신설비 유지관리용역 주관사로 참여하여 2년에 53억 원의 사업을 수주하기도 했다.

이 회사는 2000년 법인을 설립하여 2001년 금융감독원 기업공개를 통해 투명 경영을 선언했으며, 2003년 기업부설 연구소를 설립하고 정부 기술혁신 과제와 전략 과제, 공공 분야의 많은 프로젝트 수행 경험을 통해 그 기술력을 인정받았으며, 최근 정부통합전산센터와 우정사업정보센터 사업 참여 등의 SI, SM, SW 개발 사업 분야 경영성과를 거뒀다.

2017년이 창립 18년으로 끊임없는 도전정신으로 미래 가치를 키워나가는 기업이다. IT 관련 국가 지원사업의 수도권 편중 현실에도 불구하고 이 회사는 자체 기술력을 확보하고 신제품 개발에 심혈을 기울여서 스스로 강소기업으로 성장한 것은 괄목할 만한 성과라고 할 수 있다.

TECC

다음으로 소개할 기업은 Pattern Generator, FPD 생산용 Contact Unit, 2차 전지, 자동화 장비와 기타 LCD 및 전기·전자 산업 분야 장비 생산, 납품까지 다양한 사업을 하는 종합기술집약형 기업 TECC이다. 이 회사는 LCD, OLED 검사 장비를 주력 제품으로 2차 전지(충·방전) 검사장비 사업을 병행하고 있다. 2000년대 초 TV 브라운관 검사장비를 국산화해 만드는 것으로 사업을 시작한 이 회사는 디스플레이 사업이 LCD·OLED로 변화하는 것에 맞춰 주력 제품을 바꿨다. 이후 2차 전지 사업이 발전하자 사업 범위를 확대했으며 이외에도 비파괴(테라헤르츠파) 검사기 등을 개발 중에 있다.

이 회사의 대표는 "디스플레이 사업은 4~5년의 설비투자 주기가 있지만 2차 전지는 꾸준한 투자가 계속되고 있어 사업영역을 확장했다"며 "디스플레이와 2차 전지 사업은 성장 가능성이 매우 높은 사업"이라고 설명했다. 이 회사는 LCD 시험장비 기술을 기반으로 다양한 응용기술을 보유하며 고부가가치를 실현하고 있다. 주력 제품으로는 OLED S/B Generator, LCD F/C Generator, Full Contact Array Tester 등이 있다. LCD, OLED 제조 공정 중 셀(Cell) 및 모듈(Module) 검사에 사용되는 장비로서 TV 및 휴대용 LCD, OLED 공정의 필수 장비이여 다양한 패턴을 형성하여 고객의 요구에 대응하고 있다.

특히 화면 검사장비인 Full Contact Array Tester는 2014년 32주차 장영실상을 수상한 제품이기도 하다. 타사(오브텍, AKT) 장비는 LCD만 가능하나 이 회사의 제품은 LCD, OLDE 모두 가능하며 빠른 디펙트 분석 기능 및 사용이 편리한 GUI 화면을 제공하고 있다.

다음으로 회사의 연혁을 살펴보자.

> ⊙ 회사 연혁
> - 2000. 03 TECC 설립
> - 2005. 02 LG이노텍, LG디스플레이 LCD 신호기 납품

- 2012. 08 중국 BOE-OT 110인치 신호기 납품
- 2013. 09 LG화학 2차 전지 충·방전기 납품
- 2013. 12 LG디스플레이 1차 협력업체 등록
- 2014. 05 고밀도 고효율 양방향 컨버터 개발 완료
- 2014. 09 삼성SDI 1차 협력업체 등록
- 2015. 06 '테라헤르츠파(Terahertz wave: THz)' 기술이전 및 장비 개발
- 2016. 01 T-Ray 비파괴 검사기 개발 완료

다음으로 주주현황과 투자 포인트에 대해 알아보자. 액면가 1만 원으로 총 주식수는 5만 주이며 액면가 500원으로 액면분할 시 총 주식수는 100만 주가 된다. 대표이사 지분율이 100%인 점이 특징이다. 주관 증권사는 선정 중에 있다. 주권 형태는 현재 명의개서로 한국예탁결제원이 명의개서 대리인으로 선정되었다. 한국예탁결제원을 통해 통일주권을 발행하려고 하는 단계에 있으며 기업공개 시기는 2017년 후반기로 예정하고 있다.

그럼 이 회사의 기술력에 대해 알아보자. 먼저 초반에 설명했던 LCD, OLED 전후공정 검사장비 개발 기술을 보유하고 있다. 이 기술을 통해 삼성SDI(2014년), LG디스플레이(2013년) 1차 협력업체로 등록될 만큼 매우 뛰어난 기술이다.

다음으로 2차 전지와 에너지 저장 시스템(ESS: Energy Storage System) 기술이다. ESS는 남는 전력과 에너지를 필요한 시기와 장소에 공급하기 위해 전기 전력망에 저장해두는 기술로 발전소에서 생산한 전력을 가정이나 공장 등에 바로 전달하지 않고 대형 2차 전지에 저장했다가 전력이 가장 필요한 시기와 장소에 전송하여 에너지 효율을 높이는 시스템이다.

이 회사의 ESS는 양방향 전력변환 시스템 제어기술을 적용한 10kw급 계통 연계형 2차 전지 충·방전 시스템이다. 이는 최적의 충·방전 제어 알고리즘을

적용하여 전지를 활성화함으로써 시스템의 에너지 효율을 극대화 한 설비라고 할 수 있다.

마지막으로 테라헤르츠파를 이용하여 비파괴적인 방법으로 물체 내부에 은닉된 이물질이나 결함을 2차원 영상으로 검사하는 장치에 관한 기술이다. 테라헤르츠파 이물 검사장치는 영상 촬영을 통해 1mm 이상의 금속, 벌레, 플라스틱 등 경질성 이물과 연질성 이물질을 모두 검출할 수 있는 장치다.

물질 내부의 정밀한 모습을 보여준다는 점에서 엑스선과 비슷하지만 엑스선에 비해 인체에 해를 덜 미칠 뿐 아니라 사물의 성분을 좀 더 명확하게 파악할 수 있다. 뿐만 아니라 보안 분야, 의료진단 분야, 식품·농산물 검사 분야, 환경 분야 등 광범위 적용 기술로서 이 기술을 통해 암세포 조기발견이 가능하며 치아 내부 동공, 표면 에나멜층 손상 등의 치료에도 활용될 수 있는 우수한 기술이다.

차세대 디스플레이로 급부상하고 있는 OLED의 경우 시장규모가 지속 성장하면서 세계 디스플레이 시장에서 17.2%(2020년)를 점유할 것으로 예상되는데, 이에 따라 최근 대기업들의 OLED(유기발광다이오드)·LCD(액정화면)·투자가 늘면서 이 회사의 3년 사이 매출이 3배 이상 늘었다고 한다.

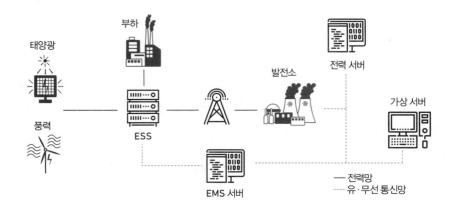

또한 국내 검사장비 업체로는 특이하게 삼성과 LG, 양쪽과 거래 중이며 디스플레이 검사장비는 LG디스플레이, 삼성전기 등을 고객사로 두고 있고, 2차전지 장비는 삼성SDI, LG화학 등에 공급하고 있으며 최근에는 중국 BOE 납품 물량도 늘고 있다고 한다.

이 회사는 다면화 영업 전략으로 국내외 디스플레이 생산 대기업 및 메이커에 다양한 모델의 제품을 공급하여 동종 업계 절대 우위시장 점유율을 확보하고 있는 상태이다. 이 회사는 세계 1, 2위 LCD, OLED 제조사 동시 납품으로 안정적인 수요가 확보된 기업이다. 이 회사의 안정된 장비기술 역량이 입증된 상태이며 초정밀 기계기술, 재료 등의 핵심 요소기술은 세계적인 수준이라고 말할 수 있다.

최근 LCD·OLED의 투자 확대가 진행되면서 회사의 성장세도 가파르다. 2013년 93억 원이었던 매출액은 2014년 125억 원, 2015년 237억 원으로 늘어나 향후 성장성이 더욱 기대되는 기업이다. 회사를 설립한 대표는 검사장비 분야에서만 28년 이상을 일해온 베테랑이라고 하는데 대부분의 검사장비 업체가 한 분야만 고집하는데 다양한 분야의 장비를 제조하면서 특정 사업의 리스크를 줄인 것이 이 회사의 강점이라고 할 수 있겠다.

뿐만 아니라 테라헤르츠파 검사장치 개발기술을 바탕으로 대량생산 체제를 구축해 국내시장은 물론 미국과 중국 등 해외신장 판로를 개척할 계획이라고 하는데, 이 회사의 기술력을 주목해도 좋을 것 같다.

지엔티파마

다음으로 소개할 기업은 바이오 신약 연구개발 업체로 뇌신경질환과 염증질환 환자를 위해 혁신적 치료제와 기술개발을 하고 있는 지엔티파마이다. 지엔티파마는 1998년에 설립되어 전 세계 6,000만 뇌졸중, 치매환자를 위한 치료제 개발, 염증질환 및 통증환자를 위한 안전한 소염진통제를 개발하고 있다. 뇌졸중 치료제 NEU-2000에 대한 임상 1상을 마친 상태이고, 현재 국내 임상 2상 진행, 중국 임상 2, 3상 동시 승인을 마친 상황이다. 신약개발에 있어 주요한 내용들을 성공적으로 진행하고 있는 기업이라고 할 수 있다.

신약개발이 성공적으로 이루어지기 위해서는 임상이 상당히 중요한 부분을 차지하는 과정이다. 제약회사의 경우 신약, 계량신약, 바이오시밀러, 제네릭 등 해당 물질에 대해 판매를 하기 위해서는 약품에 대한 허가가 필요하고, 허가를 받기 위해선 약물에 대한 데이터 확보가 필요하다.

임상실험은 약물을 환자에게 투여할 시 나오는 데이터를 확보하는 과정이라고 생각하면 된다. 그런데 이 과정이 결코 쉽지만은 않다. 보통 임상실험 하면 쥐 실험을 생각하는데, 동물 임상은 사람에게 투여해도 될 것인지에 대한 기초 데이터를 확인하는 '전임상' 과정이라고 볼 수 있다. 전임상 과정에서 물질의 데이터가 확보되지 않으면 사람에게 투여하는 것은 불가능한 것이기 때문이다.

신약의 경우 전임상이 끝나고 나면 일반 소수 인원들은 대상으로 1상 임상을 시작한다. 1상 임상은 이 약을 투여해도 사람에게 크게 해가 없을지를 확인하는 단계라고 볼 수 있다. 2상 임상에서는 기초적인 안정성을 바탕으로 어느 정도의 투여량이 안정성과 효과가 있는지, 적정 투여량과 최대 투여량이 어느 정도인지를 확인하는 단계라고 볼 수 있다. 3상에서는 신약 유효성의 구체적인 데이터를 확인하는 과정으로 많은 수의 환자를 대상으로 여러 국가에서 진행하는 경우가 많다. 그래서 기업 입장에서는 각국의 허가사항도 신경써야 하고, 임상 진행 과정에서 많은 비용이 소요되기 때문에 그 자금 또한 부담이 된다.

이러한 많은 과정들을 거쳐 신약의 유효성이 확보되면 바로 제품 생산에 들어가는 경우도 있고, 그 이전에 기술이전을 통한 매출 수요를 발생시키기도 한다.

다음으로 회사의 연혁을 살펴보자.

⊙ 회사 연혁
- 2008. Neu-2000 미국 임상 1상 완료
- 2009. Neu-2000 중국 쟈웬 사와 공동개발 및 기술이전 계약 체결
- 2010. AAD-2004 물질특허 미국, 일본, 중국 등록 / 한국 임상 1상 개시
- 2011. Neu-2000 급성 뇌졸중 환자 대상 임상 2상 한국식약청 승인
- 2014. Neu-2000 중국 식약청 임상연구 1-3상 연구 승인
- 2014. AAD-2004 우울증치료 해외 특허 등록(유럽, 일본)
- 2014. AAD-2004 관절염, 췌장염, 당뇨병 등 염증질환치료 특허 등록(미국, 중국, 일본, 유럽)
- 2015. Neu-2000 세계 의약품시장 권리 확보(한국, 미국, 중국, 일본, 유럽 특허 등록)-
  2016. Neu-2000 국내 및 중국 임상 2상 진행(완료 후 상장 추진 예정)

다음으로 주주현황 및 투자 포인트를 알아보자. 액면가 500원으로 총 주식수는 1,200만 주이다. 대표이사 지분 75%, 지엔티 홀딩스 15%, 기타주주 10%로 구성되어 있다. 대주주 지분율이 매우 높은 것이 특징적이다. 주권 형태는 통일주권으로 계좌이체가 가능하고 회사에서 한국경제TV를 통해 언론 발표한 내용으로는 2017년 예정으로 상장 일정을 추진하고 있다.

그 자신감의 배경으로는 현재 개발 중인 뇌졸중, 치매, 통증치료 신약개발 12개 질병 관련 3개의 파이프라인을 가지고 있고, 뇌졸중 치료제 NEU-2000은 미국·중국 임상 1상을 마친 상태이며, 치매 관련 ADD-2004는 치매환자 및 파킨슨병 치료 최초의 멀티 타깃 드러그로 전 세계 4,400만 명의 환자를 위한 약물이 있고, 마지막으로 ADD-2004OAC는 차세대 소염진통제로 표적-MPGES-1을 억제하는 제재를 개발해냈다.

좀 더 구체적으로 살펴보면, 뇌졸중 치료제 Neu-2000은 현재 미국과 중

국 임상 1상 시험을 통해 효용 800배를 투여해도 부작용이 없을 정도로 탁월한 약물 안정성을 확인했다. 그리고 현재까지 전 세계에서 허가받은 유일한 혈전용해제 'tPA'가 있는데, 이 혈전용해제도 뇌졸중 발생 후 3시간에서 최대 4~5시간 이내에 투여해야 효과를 볼 수 있고, 그 시간이 넘어서면 효과가 낮고 추가적인 부작용이 발생하게 된다.

하지만 이 회사의 Neu-2000은 임상을 통한 약물 부작용 안정성과 더불어 적정 투여시한 골든타임을 8~48시간으로 늘릴 수 있게 되었다.

국내 임상 2상을 본격적으로 진행하고, 최근 중국 임상 2상과 3상을 동시에 승인받았다. 지엔티파마의 중국 임상시험은 중국 파트너사인 아펠로아제약 연구팀과 공동으로 진행되고, 2018년까지 중국에서 Neu-2000의 임상 3상을 마무리하고 현지 시장에 제품을 출시할 수 있을 것으로 기대하고 있다. 2016년 5월 시작된 국내 임상 2상도 순조롭게 진행되고 있어 2017년 중 연구를 완료하고, 다국적 제약사들에게 기술수출 계약을 추진할 계획이다.

미래산업자원부 뇌 프론티어 사업단 지원으로 개발한 치매치료제 ADD-2004OAC는 보건복지부 제1호 대형 실용화 과제로 선정되어 영국에서 전임상 진행을 완료했고, 2011년 국내에서 정상인을 대상으로 연구 진행한 임상 단계에 진입한 세계 최초의 MPGES-1 억제제이다. MPGES-1 억제제는 현재 글로벌 제약사에서도 안전한 차세대 소염제로 개발 진행 중이지만 그 기업들 중 지엔티파마의 신약이 독보적 우위를 보이고 있다.

ADD-2004OAC는 강력한 활성산소 억제작용을 보유한 다중표적 약물로, 치매와 파킨슨병, 우울증 동물 모델에서 강력한 약효가 입증되었다. 사람에게서도 안전성이 확보되었기 때문에 신약개발로의 가능성이 매우 높은 것이다.

현재 전 세계적으로 매년 뇌졸중 환자가 1,500만 명이 발생해 약 600만 명이 사망하고 500만 명이 영구장애의 고통을 겪고 있다. 그런데 뇌질환 신약의 임상 성공 가능성이 6.2%로 타 질환의 13.3%에 비해 매우 낮은 편이고, 임상에 소요되는 시간과 비용 소모가 만만치 않기 때문에 뇌졸중 분야의 치료제들은 임상 실패로 개발을 중단하는 상황들이 빈번해서 글로벌 제약기업들의 뇌졸중 신약개발은 잠정적으로 중단되어 있는 상황이기도 하다. 이러한 상황에서 이 회사의 뇌졸중 치료제 Neu-2000의 개발은 시장의 많은 관심을 받고 있다.

특히 Neu-2000은 글루타메이트와 활성산소의 독성을 동시에 막아주는 최초의 다중표적 약물이다. 과거에는 뇌신경 전달물질 글루타메이트만 막으면 뇌졸중을 치료할 수 있다는 단일 경로만 생각했었다. 무슨 얘기인가 하면, 뇌졸중이 일어나면 글루타메이트가 과량으로 방출되고 이 물질이 신경세포를 과도하게 활성화시켜 신경세포를 죽이게 된다는 것이다. 이 과정에서 칼슘이 과량으로 축적되고 활성산소가 만들어져 뇌 세포가 사멸하게 된다는 것이 1990년대까지의 생각이었다.

하지만 뇌 과학자인 지엔티파마의 대표가 신경질환연구소에서 연구한 결과, 단일경로가 아닌 다중경로라는 것을 발견했다. 즉 글루타메이트와 활성산소는 따로 존재한다는 것이다. 글루타메이트를 막아도 활성산소가 존재하기 때문에 뇌경색을 막기 힘들고 반대로 활성산소만 막아도 글루타메이트가 존재해 한계가 있다는 것이다. 결국 둘 다를 막아야지만 가장 좋은 효과를 본다는 것이다.

사측은 Neu-2000의 다중 억제 기능이 글루타메이트 독성이나 활성산소 하나만을 억제하는 기능을 가진 약물보다 탁월한 약효를 보이고, 독성을 억제하는 양이 현격히 높으며, 현재 활성산소를 억제하는 효과가 기존 치료약물인 에다라본보다도 뛰어난 것으로 확인되었다고 발표했다.

지엔티파마는 뇌신경 과학, 약리학, 세포 생물학 등의 분야에서 뇌신경질환과 염증질환의 발병기전 및 치료기술을 연구하던 8명의 교수진이 전 세계적으로 심각한 사회경제적 문제로 부각되고 있는 뇌질환 치료제를 개발하기 위해 설립되었다.

그 과정에서의 신약개발은 미래창조과학부의 선도 기술개발사업 책임기업의 프로젝트 결과물로서 그 약효와 관련 신약개발 업계에서 갖는 의미가 크다고 할 수 있으며, 전 세계 7,000만 명의 뇌졸중. 치매환자, 15억 명의 통증환자 치료제 사업의 선도적 성장 기업이 될 것으로 전망하고 있다.

아이비피(IBP)

다음으로 소개할 기업은 공진형 고주파 자기장 유도 가열 제품을 생산하고 있는 기업이다. 주력 생산 제품으로는 언더렌지, 히팅시스템, 식기세척기 등의 전자제품을 제조 판매하고 있는 기업 아이비피다. 아이비피는 세계 최초로 테이블 아래 설치하여 상단의 용기를 유도 가열하는 인덕션 기술인 '언더렌지' 생산업체로 주목받고 있다.

2014년에 설립되어 적극적인 R&D 개발과 우수한 인적 인프라 구성 등으로 품질혁신을 이뤄내고 창조적인 경영을 펼쳐내어 공진형 고주파 유도가열 조리기 시장에서 리딩 컴퍼니로 부상하고 있는 기업이다. 또한 2015년 12월 25일에 중국 심양에서 한중 합작법인을 설립했고, 중국 고속철에 부품을 공급하는 심양유한공사로부터 5,000만 위안, 즉 한화로 약 93억 원을 투자받아 심양의 생산기지에서 원판형 유도가열 시스템을 이용한 1구 언더렌지를 비롯해 2구, 3구 점프렌지 등 인덕션 렌지 제품을 연 500만 대 이상 생산할 수 있는 능력을 갖추게 된 대단히 비전이 있는 기업이다.

이 회사의 주력 상품은 청정가열 방식의 친환경 제품인 '미테'이다. 미테는 테이블 밑에 붙이는 인덕션 렌지 제품으로 이 회사가 연구개발한 독보적인 고주파 유도가열 기술력을 바탕으로 최대 5cm 두께의 테이블 밑에 부착해 음식을 조리할 수 있는 혁신적인 제품이다. 온라인 쇼핑몰과 오프라인 대리점 영업 등을 통해 2015년에만 60만 대를 판매했다고 한다.

미테는 조리할 때 불꽃이 전혀 없기 때문에 화재나 화상의 위험이 없고 음식이 넘쳐도 불에 타지 않는다는 장점이 있다. 연소작용이 없는 직접가열 방식을 채택하여 유해가스 발생이 없어 밀폐된 공간이나 좁은 주방에서도 쾌적한 사용이 가능하다. 뿐만 아니라 50mm 내 이격된 상태에서도 냄비가 과열되면 자동으로 전원이 차단되는 기술을 적용하고 안전패드가 없이는 작동을 하지 않도록 하여 빈 용기나 핸드폰, 시계 등이 가열되는 오동작을 없애서 안전하게 사용이 가능하다.

또한 가스렌지, 하이라이트렌지보다 가열 속도가 빨라 전기 절감효과를 가져옴과 동시에 열효율이 뛰어나며 휴대성이 용이해 전기 콘센트가 있는 곳 어디에서나 간편하게 사용할 수 있는 편리성이 돋보이는 등 다양한 장점을 가지고 있다.

미테는 기존의 여타 전기렌지나 도시가스 등과 비교하여 에너지 효율이 탁월함을 인정받아 '2015 창조경영(기술혁신) 대상', '2015 혁신제품(전기렌지 부문) 대상' 수상 등의 영예를 안기도 할 만큼 뛰어난 제품이라고 볼 수 있다.

다음으로 회사의 연혁을 살펴보자.

⊙ 회사 연혁
- 2014. 02 언더렌지 제조공장 IBP 공장 설립
- 2014. 06 언더렌지 '미테' 공식 론칭
- 2014. 08 전자파적합 인증서 획득, KC전기안전인증 획득
- 2014. 09 미국 지사 설립

- 2014. 11 베트남, 호주 지사 설립
- 2014. 12 다목적 렌지 '미테' 신제품 개발 완료 / 전자파 인증 획득
- 2015. 04 3구 인덕션 점프렌지 개발 완료
- 2015. 07 인도네시아 지사 설립 및 제2공장 협의 중
- 2015. 12 중국 심양 한중 합작법인 '심양IBP전자유한책임공사' 설립(연간 500만 대 생산시설)
- 2016. 01 중국 심양철료경무유한공사 5,000만 위엔(한화 약 93억 원) 투자유치

다음으로 주주현황과 투자 포인트를 살펴보자. 액면가 500원으로 총 주식수는 410만 주이다. 대표이사 지분 43%, 특수관계인 40%, 연구소장 6%, 국내총판 대표 및 기타주주 11%로 구성되어 있다. 주권 형태는 통일주권으로 계좌이체가 가능하며 주관 증권사는 선정 중에 있다.

다음으로 이 회사의 기술력을 살펴보자. 환경오염 문제를 해결하기 위해 전 세계적으로 연구개발이 활발하게 이루어지고 있다. 그중 유도가열 기술은 청정에너지를 사용하여 환경오염을 저감할 수 있는 기술로 주목받고 있지만 유도가열 이격거리가 5mm 미만으로 효율성이 떨어지는 문제점이 있었다. 이때 이 회사에서 세계 최초 한국기술로 공진형 고주파 유도가열 기술을 이용하여 원하는 거리만큼 유도 가열할 수 있는 기술개발에 성공하여 업계의 이목을 끌었다.

특히 이 회사는 7여 년 동안 기술개발에 매진하여 공진형 고주파 유도가열 기술을 개발해냈다. 이를 적용한 첫 번째 제품이 바로 언더렌지 '미테'이다.

이산화탄소와 유해가스가 발생하지 않는 청정가열 방식을 사용한 이 신개념 인덕션 렌지는 언더렌지라는 새로운 고유명사를 탄생시켰다. 이 회사는 언더렌지 '미테'뿐만 아니라 식기세척기 '테르메', 인덕션 고화력 렌지 '라바'를 개발하여 주방기기 업계에 새로운 패러다임을 가져오고 있다.

제품제원

제품명	언더렌지 미테	제품 사이즈	290 × 430 × 85mm [가로(W) × 세로(L) ×높이(H)]
모델명	MITTE-1500IR-M	제품중량	4.5kg
정격전압	AC 220V / 60Hz	색상	블랙
소비전력	1500W	제조사	㈜ IBP
상판재질 / 두께	세라믹 유리 / 4mm	안전장치	과전류 차단 휴즈, 과열 차단 휴즈, 과열 방지 프로그램

이 회사에서 출시한 언더렌지는 일반 가정에서뿐만 아니라 여러 식당에서도 인기가 높다. 특히 프렌차이즈 업체 등과의 사업 제휴를 통해 전국 곳곳에 이 제품이 납품되고 있기도 하다.

앞서 말한 것처럼 식탁 아래에 설치하여 오직 냄비만을 유도가열하여 편리성과 안전성을 갖추고 있기 때문이다. 주력 제품인 미테가 국내에서 꾸준한 판매에 힘입어 미국, 일본, 베트남 등 해외 7개국과 MOU 및 LOI 계약을 완료했고, 최근에는 숙박 플랫폼 신기술 '키위페이 단말기' 개발에도 성공했다고 언론을 통해 발표했다.

블록체인과 IOT 기술을 접목해 숙박 플랫폼 사업을 출범한 키위솔루션과 업무제휴를 통해 전국 무인텔 6만 8,000객실(1,700개 업소)에 '키위페이 단말기' 공급계약을 완료했다고 밝혔다. 향후 국내와 세계 각국에서 급성장이 기대된다.

세계 최초!
플러그(콘센트연결) 방식이 가능한
업소용 식기세척기 **테르메!**

제품제원

제품명	식기세척기 테르메	세척시간(초)	20s~100s / 5초 단위 변경
모델명	TERME 2.8K	헹굼시간(초)	6s~24s / 1초 단위 변경
설치규격(M/M)	650(W) × 750(D) × 1380(H) mm	세척탱크용량	42리터
세척모터(단상)	0.96kw/h	헹굼탱크용량	26리터
헹굼모터(단상)	0.1kw/h	최대사용전력	2.8K

타사 제품과 비교 불가한 효율성을 갖춘
15Kw의 최고효율을 갖춘
친환경렌지 **라바!**
100인분 끓이는 데 소요시간 **20분!**

제품제원

제품명	인덕션 고화력렌지 라바	설치규격(M/M)	840(W) × 950(D) × 800(H) mm
모델명	LAVA T – 15K	전기	380v 1500w
연료방식	공진형고주파유도가열	용량	60리터

또한 이 회사의 대표는 2016년 언론 보도 등을 통해 "21세기는 친환경 녹색 시대로써 당사는 앞으로도 이와 같이 시대적인 배경에 부응하는 제품개발에 지속적인 연구와 투자에 적극적으로 나설 것"이라는 포부를 밝혔는데, 특허를 기반으로 공진형 고주파 유도가열 기술을 보유하고 있으며 보유한 원천기술 이용을 통해 향후 개발될 다양한 제품군을 기대해볼 수 있겠다.

다음으로 성장 가능성에 대해 살펴보자. 현재 중국, 미국, 인도네시아, 베트남, 호주 등 지사계약이 완료된 상태이며 세계 20여 개국 진출을 준비하고 있다. 또한 중국 합작법인 심양IBP전자유한책임공사 준공을 통해 연 500만 대 이상 생산시설을 갖춘 상태이며, 국내에서는 지역별 15개 총판을 이용한 영업 및

AS 대리점을 계약했고, 국내 20여 개 백화점 납품 계약이 완료된 상태이다. 또한 주요 제품인 언더렌지 미테-1은 국내 지역총판 판매 중이며 2015년 11월에 출시된 미테-2는 홈쇼핑 론칭을 준비 중이다.

또한 3구 점프렌지 '탤런트', 유도가열 식기세척기 '볼테이노', 유도가열 순간온수기 및 가열보일러 기술개발을 완료하면서 주요 제품군별 차별화 전략을 통해 지속적인 매출 성장이 기대되는 기업이다.

이 회사의 주력 제품인 '미테'는 현재 전국 대리점을 통해, 또는 온라인 쇼핑몰 등을 통해 지속적으로 판매되고 있는 제품이다. 특히 대형 프렌차이즈 업체 등과 계약을 맺고 있다는 소식이 들려오고 있기도 해 아이비피의 주력 제품인 언더렌지 '미테'를 주목할 필요가 있겠다.

20

공모가 산정
평가 방법

이후 기업은 주주, 투자자, 애널리스트 등에게 회사의 사업내용, 경영전략, 장래 비전 등에 관한 정보를 제공함으로써 기업의 이미지를 향상시키고 시장으로부터 적절한 평가를 받기 위해 기업설명회를 실시한다. 궁극적으로는 주식시장과 회사의 신뢰관계를 구축하기 위한 것으로써 상장 이후에도 정기적으로 IR을 개최하는 것이 좋다.

실제 사례를 통한 공모가 산정 방법

공모가격 결정

상장에 있어서 공모가격의 결정은 매우 중요한 이슈 중의 하나로, 먼저 대표주관회사가 회사의 가치를 가장 적절하게 평가할 수 있는 분석 방법을 사용하여 공모희망가격을 밴드로 제시한다. 과거에는 '증권 인수업무 등에 관한 규정'에서 공모가 산정 방법을 정의하고 있어 비교적 정형화된 방법으로 산정했으나, 현재는 대표주관회사가 회사의 가치를 적절히 평가할 수 있도록 공모가 산정 방법이 자율화되었다.

이때 대표주관회사는 Due-Diligence 실시 후 다양한 방법으로 회사의 가치를 평가하여 적정 가격을 산정하고, 상장 신청인과 협의된 적절한 할인율을 반영하여 공모희망가격(밴드)을 결정한다.

한편 Due diligence의 사전적 의미는 어떠한 사업에 있어 의사결정 이전에 적절한 주의를 다하고 계획을 수립하여 수행해야 하는 주체의 책임이라고 할 수 있다. 다시 말해 소정의 절차에 따른 조사행위라고 해석할 수 있다. Due diligence란 지분 혹은 자본구조에서의 변화나 거래가 있는 기업에 대한 재무적·영업적 활동에 대해 조사하는 용역이다.

이후 기업은 주주, 투자자, 애널리스트 등에게 회사의 사업내용, 경영전략, 장래 비전 등에 관한 정보를 제공함으로써 기업의 이미지를 향상시키고 시장

주요 벨류에이션 평가 방법 및 할인율

구분		특징
상대적 평가 방법	PER	– 주당 수익력의 Multiple 비교 – 주식시장에서 판단지표로서 가장 널리 사용 – 객관적으로 이해하기 쉬움 – 장점: 개념이 명확하고 계산이 용이 – 단점: 주가가 순이익에만 영향을 받는다는 단순한 가정 때문에 기타 요소들이 배제될 수 있음
	EV / EBITDA	– 순현금을 제외한 영업가치의 Multiple 비교 – 영업활동으로 인한 현금흐름을 강조 – 전체 기업성과를 바탕으로 하여 자본비율에 따른 기업 간 차이 분석에 효과적 – 장점: 객관적 평가가 가능하고 자본시장의 수요와 공급에 의한 가격 정보 제공 가능 – 단점: 시장의 효율성이 결여될 경우 왜곡되기 쉬움
	PBR	– 주당 순자산가치(장부가) 비교 – 미래 가치보다는 역사적 가치를 중요시 – 금융기관 평가나 장치산업에 주로 사용 – 장점: 일관성 있는 회계원칙을 사용할 경우 기업의 가치평가에 유용 – 단점: 회계원칙이 상이한 기업에는 적용하기 어려움
절대적 평가방법	DCF	– 향후 5~10년간의 영업현금흐름을 추정하여 가중평균 – 가중평균자본비용(WACC)으로 할인한 현재가치로 기업가치를 평가하는 방법 – 가격에 영향을 주는 변수들의 검증 가능성이 낮아 국내 IPO 평가 방법으로는 거의 사용되지 못함 – 장점: 이론적으로 가장 우수 – 단점: 재무자료, 자본비용, 성장률에 대한 추정으로 객관성이 부족하고, 평가 과정이 복잡하여 검증 가능성이 낮음
	본질가치	– 주당 순자산가치와 주당 수익가치를 각각 1:1.5로 가중평균하여 산정하는 방법 – 과거 증권 인수업무에 관한 규정상의 평가 방식 – 합병비율, 상증세법 평가 및 유사회사 부재 시 사용 – 수익가치를 할인하기 위한 자본환원율은 회사가 상환해야 할 모든 차입금의 가중평균이자율의 1.5배와 기획재정부 장관이 정하여 고시하는 이율 중 높은 이율을 적용

으로부터 적절한 평가를 받기 위해 기업설명회를 실시한다. 궁극적으로는 주식시장과 회사의 신뢰관계를 구축하기 위한 것으로써 상장 이후에도 정기적으로 IR을 개최하는 것이 좋다.

일반적으로 기업공개 및 신규 상장과 관련하여 실시하는 IR은 증권신고서 효력 발생 이후 수요예측 실시 전까지 약 1주일간 집중적으로 실시한다. 기업은 독자적으로 IR을 실시할 수 있으며, 대표주관회사 또는 IR을 전문적으로 지원하는 회사(IR 대행업체) 등과 협의하여 실시할 수도 있다.

이때 대표주관회사 또는 IR 대행업체의 역할은 기관투자자·애널리스트 등 핵심 투자자를 선정·초청하고, IR과 관련한 전문적인 도움을 주는 것이다. 거래소 역시 상장 예정기업이 요청하는 경우에 IR 개최 장소와 설비 등을 지원한다.

IR은 그 규모에 따라 1:1 IR, 소규모 IR, 대규모 IR 등으로 구분할 수 있다. 1:1 IR은 국내외 대형 자산운용회사, 투자신탁회사 등 약 10여 개 대형 기관투자자를 개별 방문하여 IR을 실시하는 것이다. 반면 소규모 IR은 중소형 기관투자자, 은행, 투자매매업자, 투자중개업자, 보험사 및 업종 애널리스트를 대상으로, 대규모 IR은 일반투자자 등 불특정 다수를 대상으로 실시되는 것이다.

소수의 주주만으로 구성되었던 비공개기업이 갑자기 투자자 유치와 기업 홍보를 위해 IR 활동을 개최하는 건 쉬운 일이 아니다. 따라서 대다수의 기업이 IR 전문업체를 통해 IR을 실시하고 있다.

한국 IR협의회(http://www.kirs.or.kr)는 전문 IR 지원기관으로 상장기업이라면 누구나 가입할 수 있다. 한국 IR협의회는 IR 주선과 지원 업무뿐만 아니라 IR 전문가 양성을 위한 교육 서비스도 제공한다. IR 관련 이슈와 현안을 포함하여 경제나 증권 현안에 대한 강연회를 실시하고 있어 상장업체 간 유대와 친목도모의 자리도 제공하고 있다.

기업은 주식을 공모함에 있어 인수가격을 결정하기 위해 대표주관회사가 발행주식의 공모희망가격(밴드)을 제시하고, 그에 대한 수요상황(가격 및 수량)을 파악하기 위해 수요예측(Book Building)을 진행한다. 수요예측은 공모주식 중 우리사주조합 배정분과 일반청약자 배정분을 제외한 기관투자자 배정분을 대상으로 실시하며, '증권 인수업무 등에 관한 규정'에서 정하는 기관투자자가 수요예측에 참여할 수 있다.

기관투자자는 일반투자자에 비해 정보 수집력과 분석 능력이 우수하므로 대표주관회사가 제시한 공모희망가격의 적정성을 일반투자자를 대신하여 검증할 수 있다. 따라서 대표주관회사와 발행회사는 이러한 수요예측 결과를 감안하여 최종적인 공모가격을 결정하게 된다. 다만 '증권 인수업무 등에 관한 규정'에 의하면 공모예정금액이 50억 원 미만인 경우에는 수요예측 방법에 의하지 않고 공모가격을 결정할 수 있다.

바이오·제약 기업의 기업가치 산정 기준

최근 상장한 제약 바이오기업의 경우 안정적인 수익 모델보다 연구개발에 투자가 대부분이다. 현재는 비록 기업이 돈을 벌고 있지는 못하지만 기업이 가지고 있는 막강한 기술력으로 어려운 임상실험을 모두 통과한 후 식품의약국(FDA)의 판매 승인 또는 특허로 미래 성장성을 담보로 기업가치를 평가하고, 추정 당기순이익을 적용 동종 업계 비교대상 기업 선정 후 평균 PER을 적용해 산출한다.

바이오기업은 상장 시 대부분 적자 상태이며, 심한 경우 부분자본잠식에도 노출되어 공모가격 산정에 어려움이 있다. 미래에 임상실험과 식품의약국 승인 완료 후에 어느 정도의 매출과 이익이 발생되는 것을 가정하여 그 값을 현재 가치로 환산하여 공모가격을 정하게 되는데, 이런 기업들의 상장 진행 방식을 가리켜 자본시장에서 기술성장기업 상장특례라고 일컫는다.

기술성장기업 상장특례는 당장 손익에 대한 실적은 없지만 기술력이 높은 기업의 자본조달을 위해 마련한 제도로 기술력이 있는 기업들이 당장의 자본조달이 어렵기 때문에 이 제도를 적극 활용하면 자금에 숨통이 트이고 연구개발에만 매진할 수 있다.

다음으로 공모가 산정 방법에 대해 사례를 통해 알아보자.

사례 1. 삼성바이오로직스

삼성바이오로직스는 2016년 매출액 2946억 원, 영업손실 304억을 기록했다. 매출액은 전년 913억 원에 비해 223% 증가한 수준이고 영업적자는 전년 2,036억 원에서 1,736억 원 줄어든 규모이다. 삼성바이오로직스가 제시한 희망공모가는 11만 3,000~13만 6,000원이다.

CMO 부문의 스위스 론자를, 바이오시밀러 부문은 셀트리온과 미국 코히러스바이오사이언시스를 유사기업으로 선정했다. 비교기업인 스위스 론자보다 10배가 높게 공모가가 측정됐으며 삼성바이오로직스 기업가치는 이전과는 다른 방식으로 책정되었다. EV/Capa(생산 능력당 기업가치), EV/Sales(매출액당 기업가치), EV/Pipeline(파이프라인당 기업가치) 등으로 산출했으며 론자의 경우 EV/Sales는 2.71배, 삼성바이오로직스는 26.18배, 론자의 매출액 성장률은 5.33%, 삼성바이오로직스는 2015~2021년 연평균 예상 성장률 51.45%로 성장률 10배, 공모가 고평가 논란의 여지가 있는 부분이다.

현실적으로 보면 론자는 흑자, 삼성바이오로직스는 적자를 내고 있다. 론자는 2016년 매출액 약 4조 3,504억, 영업이익 약 5,021억 1,000만 원, 삼성바이오로직스는 2016년 매출 912억, 영업손실 2,036억 원을 기록했다. 실적이나 자산 규모를 기준으로 공모가를 산출하는 것이 일반적이지만 적자를 내고 있는 삼성바이오로직스의 경우 미래 성장성을 담보로 기업가치를 평가했기 때문에 고평가되었다고 할 수 있는 것이다. 결론적으로 투자자들이 기업가치의 적정성을 어떻게 받아들일지가 관건이 될 것이다.

공모가를 산정하면서 상장 주관사가 2030년까지 잉여현금흐름 전망과 삼성바이오에피스 지분 50% 가치를 선반영하여 기존 공모추진 기업들의 기업가치

삼성바이오로직스 공모 청약 일정

희망 공모가	11만 3,000원 ~ 13만 6,000원
공모 규모	1조 8,691억 원 ~ 2조 2,496억 원
예상 시가 총액	7조 4,700억 원 ~ 9조 원
수요예측	10월 26일 ~ 27일
공모가 확정일	10월 28일
공모주 청약일	11월 2일 ~ 3일

삼성바이오로직스 자금조달금액 / 발행제비용의 내역
(전자공시시스템 DART 참고)

가. 자금조달금액

단위: 백만 원

구분	금액
모집 및 매출 총액(1)	2,249,617
매출대금(2)	749,869
발행제비용(3)	15,985
순조달금액[(1)-(2)-(3)]	1,483,763

주 1) 모집총액, 발행제비용은 확정공모가액인 136,000원 기준이다.
주 2) 발행제비용은 당사가 부담하는 비용만을 포함했다.

나. 발행제비용의 내역

단위: 백만 원

구분	금액	계산근거	비고
인수 및 업무수수료	11,998	신주 발행금액의 0.8%	주 2)
발행분담금	270	신주 발행금액의 0.018%	주 3)
등록서	110	증자 자본금의 0.4%	
교육서	22	등록세의 20%	
상장심사수수료	5	상장심사수수료: 500만 원	
상장수수료	80	상장수수료: 7,890만 원 + 5조 원 초과금액의 10억 원당 5,000원 (최대한도: 8,000만 원)	주 4)
기타 비용	3,500	당사가 부담하는 법률자문 수수료, 회계법인 수수료, IR비용 등 제반비용	
합계	15,985	-	

주 1) 인수 수수료 등 상기 발행제비용은 확정공모가액인 136,000원 기준이다.
주 2) 인수 수수료는 총 공모금액의 0.8%에 해당하는 금액을 인수비율에 따라 모든 인수단 구성원에게 지급한다. 이와는 별도로 발행회사 및 매출주주는 각 인수단 구성원에게 각 인수단 구성원별 인수금액의 0.2%의 범위 내에서 각 인수단 구성원의 상장 관련 업무 성실도, 기여도 등을 종합적으로 감안하여 각 인수단 구성원에게 추가적인 수수료를 차등하여 지급한다.
주 3) 신주모집에 대한 발행분담금이며, 구주매출에 대한 발행분담금은 구주매출대상자가 부담한다. 신주모집과 구주매출에 대한 발행분담금의 합계액은 404,931,070원이다.
주 4) 상장금액 5조 원 초과

다. 채무증권 상환

당사의 채무증권 상환을 위하여 사용할 자금의 내역은 다음과 같습니다.

단위: 백만 원

구분	주관회사	권면액	채권자	만기	금리	상환 예정액	상환 예정일
무보증 사모 사채(제2회)	케이비 투자증권	40,000	금융기관	2017.01.28	2.38%	40,000	2017.01.28
무보증 사모 사채(제3회)	케이비 투자증권, 한국투자 증권	80,000	금융기관	2017.03.31	2.28%	80,000	2017.03.31
무보증 사모 사채(제4회)	하이투자 증권	50,000	금융기관	2017.08.12	2.00%	50,000	2017.08.12
계		170,000				170,000	

라. 장기차입금 상환

당사의 장기차입금 상환을 위하여 사용할 자금의 내역은 다음과 같습니다.

단위: 백만 원

구분	차입처	내역	이자율(%)	만기	금액
장기차입금 상환	한국산업은행	산업시설 자금대출	4.00	2017.08.21	20,000
장기차입금 상환	한국산업은행	사업시설 자금대출	3.79	2017.08.21	30,000
장기차입금 상환	한국 수출입은행	수입자금대출	2.54	2017.06.23	6,988
장기차입금 상환	호주뉴질랜드은행	외화대출	2.49	2017.04.28	11,263
장기차입금 상환	호주뉴질랜드은행	외화대출	2.49	2017.07.25	12,008
장기차입금 상환	호주뉴질랜드은행	외화대출	2.49	2017.09.22	11,670
장기차입금 상환	미즈호은행	외화대출	2.02	2017.11.28	30,743
장기차입금 상환	미즈호은행	외화대출	1.99	2017.12.26	8,068
장기차입금 상환	미즈호은행1)	외화대출	1.98	2018.02.12	3,023
장기차입금 상환 계				-	133,763

주 1) 미즈호은행 총액은 86억 원으로 상기 기재한 상환 예정액을 제외한 나머지 금액에 대하여는 자체 영업자금 또는 차환 발행 등으로 상환 예정

산정 방식과 다르게 진행됐다는 지적이 있으며 이 때문에 동종 업종의 경쟁사보다 최대 10배가량 고평가됐을 수 있다는 시각도 존재하나 바이오주의 특성상 미래 성장성에 기대수요가 있다.

사례 2. 제일모직

다음으로 2014년 12월 18일에 상장된 제일모직의 사례를 살펴보자. 제일모직의 수요예측에는 앞서 유가증권시장에 상장된 삼성SDS의 463조 원보다는 적은 금액인 425조 원을 웃도는 국내외 기관투자가들의 청약이 몰렸다. 이는 삼성SDS 수요예측 때와는 달리 금융투자협회가 연기금이 기관투자가를 통해

대리 청약하는 것을 금지했기 때문에 연기금이 제일모직 수요예측에 직간접적으로 이중 청약하지 못한 것이 주요 작용했기 때문으로 풀이된다.

2014년 12월 제일모직의 공모주식수는 2874만 9950주로 구주 매출 1,874만 9,950주(KCC: 750만 주, 삼성SDI: 500만 주, 삼성카드: 620만 주), 신주발행 1,000만 주이다. 최대주주인 이재용의 지분은 23.24%가 되며 보호예수는 소액주주를 제외한 기존 주주가 6개월, 공모주 중 우리사주만 1년으로 유통주식수는 2,587만 9,560주이다.

제일모직과 주관사는 기관 대상의 수요예측 결과와 증시 상황을 고려해 공모가는 희망공모가 범위(밴드)인 4만 5,000~5만 3,000원으로 기관투자가들이 전망했으며 실제 공모가는 5만 3,000원으로 결정됐다. 공모가 밴드는 인수단이 산정한 시가총액 7조 3,286억에 2.37%에서 17.1%의 할인율을 적용한 것이다(가총액 밴드로는 6조 750억~7조 1,550억). 단, 순차입금 산정 시 신주발행에 따른 현금성자산 유입을 공모가 하단가격을 적용했기 때문에 상단가격을 적용하는 경우 할인율이 적용되지 않은 최초 시가총액은 800억이 증가한 약 7조 4,000억이 된다.

제일모직은 상장 첫날 공모가격의 2배로 출발해 시초가 대비 6%대 오름세로 첫 거래일을 마쳤었다. 제일모직 상장 당일 거래대금은 오후 3시 기준 1조 3652억 원으로 집계되어 상장일 역대 최대 거래대금 기록을 세웠다. 당일 유가증권시장 전체 대금의 27%가 제일모직이었던 셈이다.

사례 3. 미래에셋생명

다음으로 2015년 7월에 상장한 미래에셋생명의 공모가 산정에 대해 알아보자. 미래에셋생명보험이 금융위원회에 제출한 증권신고서에 따르면 총 공모주식수는 4,539만 9,976주이며, 주당 공모희망가는 8,200~1만 원으로 되어 있다. 이 회사는 이번 공모를 통해 약 3,722억~4,539억 원을 조달할 것으로 예상된다.

미래에셋생명보험의 공모예정가액 산정을 위한 평가가치 산출을 위해 상대가치평가 방법인 P/EV(Price/Embedded value Ratio)가 적용됐다. 미래에셋생명보험의 상장 주관사들은 P/EV의 기준이 되는 내재가치가 생명보험사의 본질적 기업가치를 나타내는 지표이고, 특히 내재가치는 보조적 투자지표뿐 아니라 회사가 단순 양적 성장에 치우쳤는지, 혹은 균형 잡힌 수익성 성장을 이루고 있는지 판단하는 데 좋은 평가도구라고 주장했다.

보험회사를 평가하는 데 보험상품에 내재된 현금흐름의 장기성으로 인해 재무제표를 중심으로 분석하는 전통적인 평가 방식에 한계가 존재하며, 주주에게 귀속되는 장래 현금흐름의 현재 가치를 반영할 수 있는 내재가치가 기업가치를 결정하는 주요한 요소가 된다는 것이 P/EV 선정 이유이다. 또한 미래에셋생명보험은 상대적 가치평가 방법인 PER(주가수익비율), EV/EBITDA, PBR(주가순자산비율), PSR(주가매출비율) 등의 평가 방법은 적용하지 않았다.

삼성증권 등 상장 주관사들은 공모예정가액 평가가치 산출 과정에서 1차 유사회사로 삼성생명보험, 한화생명보험, 동양생명보험 등 3개사를 선정했다. 이어 1차 유사회사로 선정된 3개사 중 재무적 유사성을 기준으로 2차 유사회사를 선정했는데 세부 기준으로는 2014년도 EV가 미래에셋생명 EV의 10배 미만, 2015년도 1분기 자본총계가 미래에셋생명 총자본의 10배 미만, 2015년도 1분기 당기순이익이 미래에셋생명 당기순이익의 10배 미만인 회사를 고르면서 삼성생명보험은 자동 탈락됐다. 삼성생명의 탈락 원인은 기업가치와 총자본, 당기순이익 등이 미래에셋생명보다 훨씬 컸기 때문인 것으로 보인다.

상장 주관사들은 한화생명보험과 동양생명보험을 비교대상으로 삼아 2014년 말 기준 P/EV를 산정한 결과, 적용 배수인 0.77을 결론지었다. 미래에셋생명 공모가는 P/EV 배수 0.77을 적용해 주당가치 9,041원로 나타났고 공모가 밴드 90.7~110.6%를 적용해 공모희망가 8,200~1만 원을 도출해냈다.

그러나 2015년 1분기 말을 기준으로 한 PBR은 8,693원으로 나타나 P/EV에 의한 공모가 산정 방법이 PBR보다 348원 많은 것으로 나타났다. 미래에셋생명은 2014년 영업수익 3조 9,283억 원, 영업이익 1,516억 원, 순이익 1,210억 원을 기록해 2013년의 실적을 훌쩍 뛰어넘었다.

2015년 영업수익 4조 2,729억 원, 영업이익 1,228억 원, 당기순이익 1,223억 원을 기록했다. 2013년에는 영업수익 2조 9,245억 원, 영업이익 420억 원, 순이

미래에셋생명보험 상장 추진 개요

구분	세부 내역
공모가(원)	8,200~10,000
공모주식수	45,399,976
액면가(원)	5,000
공모금액(원)	372,279,803,200 ~ 453,999,760,000
대표 주관사	삼성증권, 씨티그룹 글로벌마켓증권, 다이와증권 캐피탈마켓 코리아
인수 수수료	총 공모금액의 1.9%에 해당하는 금액
가치산출 방법	P/EV 법
배정 방법	일반 20%, 기관 50%, 하이일드 10%, 우리사주 20%
수요예측 기간	2015.06.22 ~ 2015.06.23
청약기일	2015.06.29 ~ 2015.06.30
납입기일	2015.07.02
상장일	2015.07.08

자료: 금융감독원 전자공시. 작성: 2015년 5월 26일 글로벌이코노믹

익 287억 원에 불과했다.

미래에셋생명의 주주 분포는 미래에셋증권이 지분 27.42%인 2,884만 3,450주를 갖고 있는 최대주주이며 최대주주 및 특수관계인이 지분 68.60%를 차지하고 있다.

사례 4. 넥스트엔터테인먼트

다음으로 2014년에 상장한 기업 넥스트엔터테인먼트(NEW)의 사례를 살펴보자. 넥스트엔터테인먼트는 밸류에이션 방법을 비교기업 주가수익비율(PER)이 아닌 주가순자산비율(PBR)로 변경했다. 2013년도 실적 대비 2014년도 순이익이 급감하자 원하는 공모가를 받고자 밸류에이션 방법을 바꾼 것으로 예상된다. 동종 업체인 미디어플렉스도 2006년 상장 당시 실적이 부진하자 PBR로 밸류에이션을 실시했다. NEW는 2014년 3월 20일 거래소에 코스닥 상장 예비심사를 청구했다. 심사청구가는 1만 9,000~2만 9,000원으로 제시했다. 2013년 순이익 187억 원과 비교기업인 CJ E&M 등의 평균 PER 20~30배를 적용한 수치였다.

통상 45영업일(9주) 걸리는 심사가 거래소의 자료제출 요구 등으로 지연되면서 반년이 2014년 9월 25일 상장 예심을 통과했다. 이후 10월 NEW는 중국 최대 드라마 제작업체인 화책미디어로부터 주당 3만 원에 536억 원의 자금을 유치했다. 화책미디어는 15%의 지분을 확보하면서 김우택 대표(45%)에 이어 2대주주가 됐다. 경영권에 중대한 변동이 발생하면서 NEW는 10월 27일 공모를 철회하고 새로 상장 예심을 청구했다. 지난 13일 예심을 통과하면서 다음 날 신고서를 제출했다.

심사가 길어져 공모가의 기준이 되는 실적이 2013년에서 2014년으로 바뀌면서 NEW는 PER을 이용한 밸류에이션에 부담을 느낀 것으로 보인다. 2013년

187억 원에 달했던 NEW의 순이익은 2014년 3분기 누적 순이익이 42억 원으로 급감했다. 2013년 7번방의 선물, 신세계 등 개봉작들이 잇따라 히트했지만 2014년은 흥행 성적이 2013년보다 좋지 않았기 때문이다. 2014년 연환산 순이익 56억 원에 상장 후 주식수인 1,402만 주를 나누면 주당순이익(EPS)은 400원이 된다. 기존에 적용됐던 PER 20~30배를 EPS에 적용할 경우 공모가는 7,991~1만 1,987원으로 산정된다.

NEW는 계획했던 PER에서 PBR로 변경해 희망 공모가를 산정했다. 증권신고서에 따르면 NEW의 2014년 3분기 자기자본은 448억 원이었는데 10월 화책미디어가 536억 원을 출자하면서 자기자본이 984억 원으로 2배가량 늘었다. 비교기업인 CJ CGV와 미디어플렉스의 평균 PBR 2.59배와 1,402만 주를 적용하면 주당순자산(BPS)은 1만 9,840원으로 계산된다. 여기에 NEW는 할인율 17.84~35.99%를 적용해 희망 공모가를 1만 2,700~1만 6,300원으로 책정했다.

업계 관계자는 "순이익의 변동폭이 큰 영화 배급업은 적정 주가를 산정하는 데 어려움이 있다"며 "판권 등 자산가치가 많고 자기자본 투자가 많은 배급사의 특징을 고려했을 때 PBR로 밸류에이션을 하는 것에 무리가 없다"고 밝힌 바 있다.

사례 5. 다윈텍(한컴지엠디)

마지막으로 2004년에 상장했던 다윈텍의 사례를 살펴보자. 주문형 반도체(ASIC) 전문업체인 다윈텍의 희망 공모가액은 2만~2만 4,000원(액면가 500원)이었다. 당시 다윈텍의 대표주관회사인 교보증권이 비교가치 산정을 위해 선정한 유사회사는 엠텍비젼과 상화마이크로 등이다.

다윈텍의 유사회사 산업 특성 및 각 투자지표의 특성 등을 감안하여 PER,

EV/EBITDA를 적용했다. 단일 연도의 실적만으로 가치를 산정한 이유는 주가가 과거의 실적보다는 현재의 실적과 향후 기대되는 수익에 더 큰 영향을 받기 때문이다.

　이러한 측면에서 다윈텍의 경우, 2003년 매출액 증가율과 당기순이익 증가율이 각각 82.03%, 106.97%로 동종 업종 평균인 18.16%, 흑자 전환에 비해 높은 수준을 유지하고 있는바, 이러한 매출 및 순이익 증가 부문을 주가에 적절하게 반영하기 위해서는 최근 자료가 더 유의성이 크다고 판단하여 2003년도 단일로 비교가치를 산정했다.

부록

장외주식의 세금, 회계
그리고 사후관리

1. 장외주식 세금 종류 및 실무 가이드

■ 장내시장은 증권선물거래소가 운영하는 유가증권시장과 코스닥 시장을 말하며, 장외시장(場外市場, off board market)은 말 그대로 공인된 시장 밖에서 거래되는 주식시장이다. 장내에서 주식이 거래되려면 기업공개 절차를 거쳐 상장되어야 한다.

■ 장외시장에는 장내시장의 증권선물거래소처럼 주식의 거래를 단일하게 관리해주는 주체가 없다. 장외주식 거래를 중개해주는 몇몇 전문 중개업체들이 있지만 기본적으로 매개자가 없는 개인 대 개인 간 직접거래이다. 현재 장외주식 관련 정보는 대부분 전문 정보제공 업체들의 홈페이지를 통해 제공되고 있으며, 이 홈페이지에 올라 있는 장외주식의 가격이나 수량 등을 검색한 후 개인들끼리 거래하는 방식이다.

■ 장내시장은 경쟁매매 방식을 취하고 있으므로 특정한 시점의 특정 종목 가격은 하나밖에 존재하지 않지만, 장외시장에서는 개별적인 협상에 의해 가격이 결정되므로 동일 종목이 동일 시각에 거래되는 경우에도 둘 이상의 복수가격이 형성될 수 있다.

■ 결국 장외거래는 당사자 간에 직접 이뤄지기 때문에 각별한 주의가 필요하다. 매매에서 발생할 수 있는 피해가 전적으로 투자자 스스로에게 돌아오기 때문이다.

● 상장회사, 코넥스, 장외주식의 세금 종류(양도세, 증여세, 상속세, 증권거래세)

■ 상장주식 거래 후 발생하는 비용 중 증권사의 취급수수료 외에 발생하는 세금의 경우 국내에서 거래된 대부분의 주식은 매매가액의 0.5%에 해당하는 증권거래세를 양도인이 납부한다. 물론 상장주식도 과세대상이 된다.

■ 비상장주식은 거래 시에 통상 증권거래세와 양도소득세, 주민세를 신고·납부해야 한다. 예외적으로 조세특례제한법에 따라 중소기업인 벤처기업의 소액주주는 양도소득세가 비과세된다.

■ 비상장주식은 거래가격이 쌍방의 협의로 결정되는 것이 대부분이며 비상장주식의 실질가치와는 상관없이 계약가격은 당사자 간 합의된 가액을 말한다. 거래 쌍방이 세법에서 규정하는 특수관계자가 아니라면 계약가격이 양도가액이 된다. 다만 특수관계자 간의 거래 시에는 세법상의 비상장주식 평가 후 고가 혹은 저가 양수도 여부를 파악해 증여세나 양도소득세가 추가로 부과될 수 있다.

■ 주식양도 시 적용되는 양도세율은 일반 부동산 양도 때와는 다른 세율을 적용하며, 통상 비상장주식에는 10%의 양도세율이 적용된다. 다만 대주주가 양도하는 중소기업이 아닌 일반 회사의 주식은 1년 미만 보유 시 30%, 1년 이상 보유 시 20%의 세율이 적용된다. 대주주가 아니더라도 중소기업이 아닌 회사의 비상장주식을 거래하거나 비중소기업 상장주식을 장외거래할 경우에는 20%의 양도세율이 적용된다.

주식 양도소득세율

구분			세율
비상장 주식		중소기업 발행주식	10%
	대기업 발행주식	소액주주, 대주주 1년 이상 보유	20%
		대주주 1년 미만 보유	30%
상장·코스닥 상장 주식	대주주	중소기업 발행주식	10%
		대기업 발행주식 1년 이상 보유	20%
		대기업 발행주식 1년 미만 보유	30%
	소액주주(장내거래)		비과세

※ 양도소득세 납부 시 지방소득세(양도소득세의 10%)를 별도 납부해야 함.

■ 즉 대부분의 상장주식은 증권거래세만 납부하면 된다. 하지만 예외적으로 대주주가 보유한 상장주식과 장외거래를 하는 주식은 양도소득세와 주민세를 자진 신고 납부해야 한다. 예를 들어 1,000만 원에 매수한 주식을 1,500만 원에 매도했다면 장내거래의 경우 1,500만 원의 0.5%

인 7만 500원의 증권거래세만 납부하면 된다.

　장외거래의 경우는 500만 원에서 증권거래세 및 기본공제 250만 원을 공제한 금액의 10%인 24만 2,500원의 양도세와 주민세 2만 4250원을 자진 신고 납부해야 한다. 총 부담할 세액은 34만 1,750원이 된다. 주의할 것은 1년 중 2회 이상의 장외거래가 있을 때 기본공제는 최초 1회만 가능하다는 것이다.

　■ 국내 투자자들이 해외에 상장된 주식에도 관심이 있다. 해외 상장주식에는 거래 시에 해당 국가에서 부과하는 수수료나 세금이 별도로 있을 수 있고, 국내에서는 양도소득세와 주민세가 부과된다. 즉 증권거래세는 부과대상이 아니다. 해외주식의 양도세율은 20%, 주민세율은 2%이다.

● 대주주와 소액주주의 차등 과세

　■ 주권상장법인(코스닥 포함)의 대주주가 소유한 주식을 양도하는 경우에는 단 1주만 양도해도 양도소득세 과세대상이다. 다만 주권상장법인의 소액주주가 소유한 주식을 장내매매(한국거래소)한 경우에는 과세대상이 아니며, 이때 대주주를 판정함에 있어 행사 가능한 신주인수권은 주식수에 포함하여 계산한다.

　■ 또한 주권상장법인의 소액주주라 하더라도 소유한 주식을 유가증권시장(한국거래소)을 통하지 아니하고 양도하는 경우에는 모두 과세대상이다. 정규시장 외 장외시장인 시간외시장은 시간외종가매매, 시간외단일가매매, 시간외대량매매, 시간외바스켓매매로 구분(유가증권시장업무규정 제33조)되는데 이는 장내매매로 보지 않는다.

구분	내용
대주주의 범위	지분율 2(4)% 이상 또는 시가총액 50(40)억 원 이상 주식 보유
과세대상	1주의 양도라도 모두 과세

　■ 비상장법인의 주식을 양도하는 경우에는 대주주 및 소액주주의 구분 없이 모두 양도소득세 과세대상이다.

　■ 마지막으로 소득세법시행령 제158조에 규정된 특정 주식, 부동산 과다 보유법인 주식에 해당되면 상장법인의 주주가 소유한 주식을 양도하는 경우에도 모두 양도소득세 과세대상이다.

특정 주식 해당 요건

요건		특정주식	부동산 과다보유 법인 주식
당해법인	부동산비율	자산총액의 50% 상	자산총액의 80% 이상
	업종	제한 없음	골프장, 스키장, 휴양콘도미니엄, 전문휴양시설 영위법인
당해법인	지분비율	주주 1인의 주식 합계액이 50% 이상	–
	양도비율	소급하여 3년간 50% 이상 양도하는 경우	–

● **세금신고 실무 절차(기한, 준비서류, 신고 절차 등)**

■ 주식거래로 양도소득세와 증권거래세 신고 납부 시 준비해야 할 서류는 다음과 같다.

양도소득세 준비서류

실거래가액 신고	고시가액 신고*
· 회사의 주주명부 사본 · 취득시 매매계약서 사본 · 거래가액을 확인할 수 있는 기타증빙 · 설립시 취득한 것은 주식인수증이나 주주출자 확인서 · 매도자 거래사실확인서 및 인감 · 양도시 계약한 매매계약서 사본 · 거래가액을 확인할 수 있는 기타증빙 · 매수자의 거래사실확인서 및 인감	· 양도자의 주민등록등본 · 회사의 주주명부 사본 · 회사의 직전년도 법인결산자료 · 양도/양수자 인감증명사본 · 거래사실확인서 사본

* 상속세 및 증여세법 제60조 3항 및 동시 행령 제54조(비상장주식 보충적 평가)

증권거래세 준비서류

세목	준비서류
증권거래세	· 증권거래세과세표준 및 신고서 · 매매계약서 사본

■ 주식거래로 회사 및 양도자와 양수자가 보관해야 할 서류는 다음과 같다.

회사	양도자	양수자
• 계약서 원본 • 주식양도통보서 • 양도/양수자 인감증명서사본 • 거래사실확인서 사본	• 계약서 원본 • 주식양도소득세 신고서 사본	• 계약서 원본 • 양도자의 인감증명 • 거래사실확인서(추후 양도세 신고 시 사용)

■ 이해당사자자별 비상장주식의 상세거래 절차는 다음과 같다.

① 매매 당사자 간에 '주식양도양수계약서'를 작성하여 양도자는 양도소득세를 신고하고, 양수자는 회사에 통보하여 주주명부에 주주로 등재한다.

② 양도자는 양도세 신고 시 양수자로부터 거래사실확인서와 인감증명서를 수령하여(또는 제3자가 입회한 내용을 계약서상에 기재하여 거래가액을 객관적으로 입증할 수 있게 작성함) 계약서상의 양도가액을 증명한다.

③ 취득가액인 매매계약서 금액(증자가액 또는 설립 시 주금납입증명서 가액이나, 미확인 시 주주명부 사본의 액면가액)과의 차액에 대해 양도소득세를 신고해야 한다. 원칙적으로 실거래가액으로 신고하며 실거래가액이 불분명 시에는 기준시가로 양도차액을 계산한다.

④ 양수자는 양도자가 추후 주식양도 사실이 없다고 주장할 수 있으므로 거래계약서와 거래사실확인서(양도자의 인감증명서를 첨부)를 받아두는 것이 일반적이며, 추후 주식양도 시 취득가액으로도 증명해야 한다.

⑤ 국세청으로부터 취득자금 출처 소명요구를 받을 수 있으므로 자금흐름을 준비하고, 실거래라는 것을 증명할 수 있도록 가능하다면 통장에 입출금이 노출되어야 한다.

2. 장외주식의 투자흐름(process)

■ 장외주식은 공인된 거래소를 가지고 있지 않기 때문에 장외주식을 사려면 양도자를 찾아야 하고 주식을 받고 돈을 보내는, 즉 개인끼리 직접 매매를 해야 한다. 따라서 장외주식을 거래할 때에는 상대방의 신분 확인이 필수적이다.

■ 상대방의 직장과 신분이 확실하다면 굳이 만나지 않고 증권계좌를 통해 이체를 하며 은행계좌를 통해 송금을 하는 것이 일반적이다.

■ 상장회사의 주식을 거래하는 것보다 장외거래를 투자하고자 하는 투자자들 입장에서는 신규 종목을 발굴하는 것부터 투자하는 절차, 그리고 사후관리가 상대적으로 어려운 부분이 있기 때문에 장외거래가 상대적으로 활성화되어 있지 않다.

■ 따라서 이러한 장외종목 발굴 및 투자 프로세스 이해를 통해 장외종목 투자에 관심이 있

는 투자자들에게 도움이 될 것으로 보인다.

상장 일정을 간략히 정리하면 다음과 같다.

① 종목 발굴

벤처케피탈, 기관투자자, 창투사, 투자자문사, 장외종목 전문 브로커(38사이트 등), 자체 발굴한 비상장회사 중 재무 상황이 좋고, 수익성 있는 아이템을 보유하고 있고, 임직원의 건전한 경영 마인드가 있는 회사를 발굴한다.

비상장회사 발굴 시 투자 심사기준을 통과한 회사들만 종목 추천을 한다.

② 종목 매입지원

전문실사기관(회계법인, 법무법인, 기술평가법인 등)의 기업실사 및 기업탐방을 통해 회사의 실제 제조시설 보유현황 및 가동상태, 임원 면담을 통한 건전한 경영 마인드 확인, 기술연구부서의 실질적 운영 상황, 특허권 보유현황 검토, 회사 내부 통제 시스템의 운영현황 등을 검토하여 비상장회사 분석보고서를 작성하여 배포한다. 기업 본질 가치 및 미래 가치를 반영하여 기업성장 가능성 등도 검토하여 분석보고서에 포함한다.

이러한 분석보고서를 통해 적정한 투자배수 및 투자가격을 제시하고 관심 있는 투자자들이 안심하고 적정한 가격으로 참여할 수 있도록 한다.

③ 회사 진행 정보 제공

투자회사에 투자가 이루어지면 분기별, 반기별, 연간 실적 및 사업계획 자료를 투자회사로부터 입수하여 공유한다. 투자회사의 정보 공유가 원활하지 않으면 일반적으로 투자자들에게는 투자위험과 투자손실 가능성이 높아질 수 있으므로 주기적인 정보 제공은 필수적인 절차이다.

즉 정보의 비대칭성으로 인한 특정 이해관계가 있는 투자자들에게만 정보 제공을 통해 이득이 편취되는 경우에는 법적 처벌을 받을 수 있기 때문에 투명하고 공정한 정보 제공이 장외주식투자 시 중요한 사항이다.

④ 매도시점 추천

장외주식을 보유하고 있는 투자자들은 Exit 전략을 사전에 마련하여 매도시점을 파악한다. 즉 투자회사의 IPO 일정 등에 따라 IPO 이전에 매도하거나 IPO 이후 장내에서 매도하는 시점을 투자자 성향에 따라 결정할 수 있다.

투자자가 장외주식 보유기간이 장기일 경우에는 일정 수익률이 확보되는 시점에 IPO 이전이라도 매수하고자 하는 대상이 출현하게 되면 매도를 할 수 있다.

⑤ 매도지원 및 사후관리

일반적으로 장외주식 매도는 특별한 호재가 존재하지 않은 이상 IPO 또는 상장 직전에 매도를 진행하고 있다. 상장 이후 주가 변화는 예측이 불가능하기 때문에 투자 리스크를 회피하기 위한 전략으로 이해된다.

3. 장외주식 회계 및 사후관리

① 일반적으로 피투자회사는 투자유치를 받을 경우 CB나 BW 등 사채를 발행하는 방법과 유상증자 또는 구주의 매각을 통해 자금을 조달하는 방법을 사용한다.

② CB 등 사채 발행은 회사의 부채로 분류되어 부채비율이 증가하는 반면, 미래에 회사의 재무 상황이 개선되어 사채 원금을 상환할 수 있다. 저렴한 조달비용을 활용하는 데 용이하고 경영권의 직접 개입을 방지할 수 있다.

③ 유상증자 또는 구주매각의 경우에는 자본에 직접적인 영향을 주기 때문에 부채비율을 낮추는 데 기여할 수 있어서 재무비율 개선효과를 통해 신용평가 결과가 높아질 수 있다. 그리고 상환의무가 없어서 장기적으로 회사의 운전자본과 투자금액에 안정적으로 사용할 수 있다. 기존 경영권을 보유하고 있는 대주주와 신규 주주들 간의 이해상충이 발생할 경우에는 경영권 분쟁이 발생할 수 있다.

④ 장외주식 투자자들은 피투자회사가 통일주권을 발행한 경우 한국예탁결제원에서 위탁하여 실물관리를 하고 있으며, 미발생주식의 경우에는 매매계약서 및 주주명부, 주식변동상황

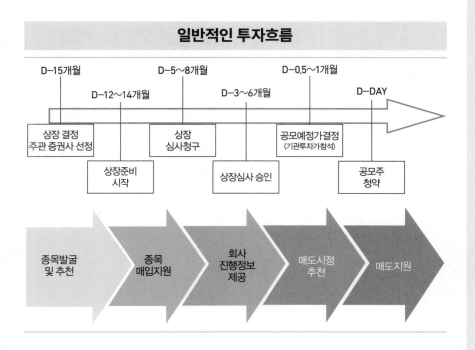

명세서 등을 통해 주주변경 내역을 회사가 관리해야 한다.

⑤ 장외주식 투자자가 일반회사인 경우 장외주식을 비유동성 항목인 매도가능증권에 반영하고, 매 결산 시 피투자회사의 재무 상황을 고려하여 평가를 해야 한다. 평가 결과에 대해서는 당기손익이 아닌 기타 포괄손익누계액에 반영한다. 즉 장외주식을 보유하고 있는 회사는 피투자회사의 감사보고서, 결산자료, 사업계획서 등을 주기적으로 징구하여 회사의 재무 상황을 판단해 투자금액과 피투자회사의 순자산금액을 비교하여 평가손익을 인식한다.

4. 기타 유의사항

① 장외주식 투자자들은 가치주 위주의 투자를 진행하지 않을 경우 일정 기간 경과 후 보유주식이 휴지조각 또는 무수익자산으로 될 가능성이 있다. 고수익 고위험(high risk high return)의 함정과 덫에 걸려 투기로 변질될 수 있으니 투자 시 특히 유념해야 한다.

② 장외주식 투지 시 피투자회사의 CEO 마인드, 임직원의 과거 회계분석 경력, 자금횡령 가능성 등 기술연구와 생산성 개선활동보다 자본거래에 관심이 더 있을 경우에는 자금유용 가능성이 있음을 유의해야 한다.

③ 피투자회사의 임직원 근속연수, 이직률, 생산시설 보유, 연구부서 활동상황, 기술력 우위, 특허권 등 무형자산의 보유 상황, 소송사건, 우발 상황 등 전반적 사항을 검토하여 가치투자 요건에 부합하는지 상세히 검토해야 한다.

④ 위의 내용은 일반적으로 외부 전문가에 의한 철저한 투자심사와 분석보고서 또는 실사보고서에 반영되어 있으므로 충분히 검토 후 투자 진행을 해야 한다.

⑤ 장외거래는 항시 정보의 비대칭성이 상존하고 있으므로 상장회사 대비 왜곡된 정보가 투자자들에게 제공되어 투자자들을 현혹시키거나 왜곡된 의사결정을 할 수 있음을 유의해야 한다.

⑥ 따라서 투자자들은 주기적으로 회사 주식 담당자 또는 CFO, CEO에 대해 미팅 일정을 포함시켜 정례화하여 소통이 원활히 진행될 수 있도록 투자약정서상에 해당 내용을 포함시켜야 한다.

장외·장내주식 주사용 용어

장외주식도 상장을 하고 나면 장내로 입성하게 되는 것이다. 장외뿐 아니라 장내주식에서 주로 사용하는 용어도 알아두면 좋을 것이다.

장외시장

장외시장이란 증권거래소에 상장되거나 코스닥에도 등록되지 못했고, 또한 제3시장에서 도 거래되지 않고 있는 종목들이 거래되는 시장이다. 장외시장은 크게 증권회사의 창구에서 고객과 증권회사 간에 이루어지는 '점두매매시장'과 증권회사가 개입되지 않고 매매 당사자 간에 개별적으로 거래가 이루어지는 '직접매매시장'으로 나누어져 있다. 최근 들어 인터넷 사 용자의 급증으로 인터넷 사이트상에서 직접매매가 이루어지는 직접매매시장이 급부상하고 있다.

명의개서

기명주식의 양도 및 상속이 있었던 경우에 양수인이나 상속인의 이름과 주소를 회사의 주 주명부에 기재하여 주주명의를 변경하는 것으로 명의개서를 하지 않으면 회사에 대해 주주로 서의 권리를 주장할 수 없다. 명의개서는 양수인이나 상속인의 청구에 의해 언제든지 할 수 있 으나 주주명부 폐쇄기간 중에는 정지된다.

공모주청약

기업이 공개를 할 때 새로운 주식을 발행하거나, 기존 주식을 일반인에게 팔게 된다. 투자자 가 이 공개한 기업의 주식을 사겠다고 하는 것을 청약이라고 하고, 그 청약에 대해 기업이 주식 을 나누어 주는 것을 배정이라고 한다.

권리락

권리락이란 권리를 받을 수 있는 자격이 소멸된다는 말이다. 주식시장에서 권리란 유·무상 증자와 배당에 참여할 수 있는 자격을 말한다. 이들 권리가 소멸되는 것을 권리락이라고 한다. 우리나라의 주식거래제도는 3일 결제이기 때문에 유·무상증자 등 기준일 바로 전일이 권리락 이 된다. 권리를 가지기 위해서는 기준일 이틀 전에는 매수해야 한다. 배당락의 경우에는 사업 연도 결산일 전일부터는 주가가 결산일 2일 전보다 과거 배당락만큼 하락하는 배당락 조치가 취해진다.

무상증자

기존 주주에게 무상으로 새로 발행하는 신주를 배정해주는 것을 말한다. 무상이라고 해서 주주의 가치가 증가하는 것은 아니다. 무상증자로 증자비율만큼 주가가 하락해 주주의 보유총 액은 거의 변동이 없기 때문이다. 무상증자는 다음 두 가지 형태로 나눌 수 있다.

첫째, 사내유보로서 적립되어 온 준비금을 자본에 전입하는 형태로서의 무상증자이다. 주 식회사는 영업활동에서 생기는 이익 중 일부를 주주에게 배당하지 않고 준비금으로 적립하게 된다. 일정 기간이 지나 자본금과 준비금 사이에 불균형이 생기는 경우에 자본 구성의 시정을 위해 준비금의 일부 또는 전부를 자본에 전입하게 된다.

둘째, 재평가 적립금을 자본에 전입하는 형태의 무상증자다. 통화가치의 하락과 자산가치 상승 등의 이유로 회사 자산의 실질 가치는 장부상 가치와 차이가 발생하게 된다. 이렇게 되면 회사는 감가상각 등을 하기 위해 자산 재평가를 실시하여 장부상의 가치와 실질 가치를 일치 시키려 한다. 이때 발생하는 장부상의 가치와 실질 가치의 차액을 자본에 적립하게 된다.

배당

배당이란 주주가 기업에 출자한 자본의 대가로 받는 이익배분을 말한다. 기업은 1년 동안의 영업실적에 따라 주주총회에서 배당률을 결정한다. 매년 영업실적이 다르기 때문에 배당률은 일정하지 않다. 12월이 결산법인인 경우 기업은 3개월 이내에 주주총회를 개최해 배당률을 정 하고, 그로부터 한 달 이내인 4월까지 지급하게 된다. 배당률은 주당 액면가 배당제로 1주의 액 면가 기준으로 얼마를 배당하는지를 보여주는 지표이다. 배당에는 배당을 현금으로 하는 현금 배당과 주식으로 하는 주식배당이 있다.

스톡옵션

한 회사가 임직원에게 일정 기간이 지난 후에 자기 회사의 주식을 약정 당시의 가격으로 살 수 있는 자격을 부여하는 제도이다. 스톡옵션 보유자는 주식가격이 약정 당시 가격보다 오를 경우에는 싼값(약정 당시 가격)으로 살 수 있어 이익을 거둘 수 있다. 이 제도는 임직원의 근로 의욕을 높이는 제도로 많이 이용되고 있다.

액면분할

액면분할이란 주식의 액면금액을 줄이는 것을 말한다. 그러나 액면금액이 줄어드는 비율만큼 주식수가 증가하기 때문에 자본금 또는 보유총액에는 변동이 없다. 예를 들어 액면금액이 5,000원인 주식을 500원으로 줄이면 주식수는 이전보다 10배로 늘어나게 되는데, 이를 액면분할이라 한다. 액면분할과 비슷한 제도로 주식분할이 있다. 주식분할은 주권에 액면금액이 표시되지 않은 무액면 주식의 경우에 현재 갖고 있는 주식 1주를 2주 혹은 3주로 교환하는 것이다. 액면분할이나 주식분할 모두 자본금의 변동 없이 주식수만 늘어나게 된다.

우선주

우선주는 배당이나 기업이 해산 시 잔여재산의 분배 등에서 우선권을 갖되, 주주의 의결권에는 제한을 받는 주식을 말한다. 우선주에도 여러 종류가 있다. 배당을 실시한 후에도 이익이 충분히 남아 있을 때 남아 있는 이익을 받을 수 있는 우선주가 있다. 또한 보통주로 전환할 수 있는 것과 확정이자의 배당수익을 얻을 수 있는 사채형 우선주도 있다.

유상증자

유상증자란 기업이 시설 확장 등으로 자금이 필요할 때 새로이 주식을 발행해서 기존 주주들에게 시장 시세보다 싼값으로 파는 것을 말한다. 주식을 배정받은 주주는 일정한 금액(발행가액 × 배정 주식수)을 증권회사를 통해 기업에 납부해야 배정된 주식을 자신의 소유로 할 수 있다. 과거에는 발행가액이 대부분 액면금액과 같았으나 최근에는 액면금액보다 높은 가격으로 발행되고 있다. 예를 들어 25% 유상증자라고 하면 100주를 가지고 있는 주주에게는 25주가 새로이 배정된다는 뜻이다.

주가수익비율(PER)

주가수익비율[(PER=주가÷주당순이익(EPS)]은 주가를 1주당 당기순이익으로 나눈 것으로 주가가 1주당 순이익의 몇 배인가를 나타내주는 비율이다. 즉 PER은 주가가 주당순이익의 몇 배가 되는가를 나타내는 지표로서 주가의 적정 수준을 판단하는 지표로 이용되고 있다. 일반적으로 PER의 크기는 주가가 내재가치에 비해 고평가·저평가되어 있는가의 판단 기준으로 이용된다. 그러나 PER이 적정 주가수준을 결정하는 절대적인 기준은 아니다. 왜냐하면 일부 회사에서 그때그때의 필요에 따라 여러 가지 방법으로 이익을 늘리거나 줄여 실적을 발표하기 때문이다. 그래서 동일 업종, 경쟁 회사의 PER과 비교하면서 판단하는 것이 필요하다.

구주와 신주

구주는 이미 발행되어 있는 주식이며, 신주는 회사가 증자나 합병 등으로 새로이 주식을 발행하여 최초의 결산기가 지나지 않은 주식을 말하는 것으로서 주식의 내용에는 큰 차이가 없다. 개정상법에서는 회사 정관으로 신주의 배당기산일을 직전 영업연도 말로 소급할 수 있게 하여(시행일 1996년 10월 1일) 신주가 발행된 날이 속하는 영업연도의 배당금 전액을 신주의 주주에게 지급할 수 있는 길을 마련한다.

권리락

주식회사가 증자를 하는 경우에 신주인수권을 확정하기 위해 신주배정 기준일을 정하는데, 이때 그 기준일의 익일 이후에 결제되는 주권에는 신주인수권이 없어지는 것을 말한다. 따라서 거래소에서는 배당락 시와 마찬가지로 신주배정기준일 전일에 실제로 당해 종목에 권리락 조치를 취함으로써 주가가 합리적으로 형성되도록 관리한다. 즉 신주배정기준일 이틀 전까지가 권리부가 되어 인수권을 가진다.

> 유상증자의 경우 이론권리락의 주가 = [기준주가 + (시가발행가액 × 증자비율)] ÷ 1 + 증자비율

> 무상증자의 경우 이론권리락 주가 = 기준주가 ÷ 1 + 증자비율

주당순이익(EPS)

EPS(Earning Per Share)란 1주당 세후순이익을 말한다(EPS=세후순이익÷주식수). 순이익이 높으면 대체로 주가가 같이 올라가는 것이 보통이므로 어느 기업의 EPS 증가는 향후 그 기업의 주가가 상승할 수 있는 여력이 많다고 볼 수 있다. EPS와 상관관계가 높은 종목은 주로 성숙기로 접어든 업종이라 할 수 있으며, 내재가치의 증가가 주가 움직임을 좌우하게 된다.

주식매수청구권

영업 전부 또는 일부의 양도·양수, 영업 전부의 임대, 합병 등을 위한 이사회 결의가 있을 경우 그 결의에 반대하는 주주가 주총 전 회사에 대해 보유 주식을 공정한 가격으로 매수할 것을

청구하는 권리를 말한다. 이 권리를 행사하기 위해서는 주총일로부터 20일 이내에 주식의 종류와 수를 기재한 서면을 제출하여 청구의 통지를 해야 하며, 당해 법인은 2개월 이내에 이를 매수해야 한다. 이때 매수가격은 원칙적으로 회사와 청구자 간의 합의에 의하고 합의가 이루어지지 않는 경우에는 이사회 결의 전 60일간의 평균 가격으로 산정되며 회사는 매수청구에 의해 매수한 주식을 매수일로부터 1년 이내에 처분해야 한다.

종합주가지수(綜合株價指數)

증권시장에 상장된 전 종목의 주가 변동을 날마다 종합한 지표가 종합주가지수(composite stock price index)이다. 종합주가지수는 시장 전체의 주가 움직임을 측정하는 지표로 이용되는 것 외에도 투자성과의 측정 척도, 다른 금융상품과의 수익률 비교 척도, 경제 상황 예측지표 등으로도 유용하게 쓰인다. 현재 증권거래소는 1980년 1월 4일을 기준 시점으로 하여 이날의 종합주가지수를 100으로 정하고 이에 대비한 지수를 매일 발표하고 있다. 따라서 종합주가지수가 1000포인트 선을 넘었다는 것은 그동안 국내 상장주식들의 주가 수준이 10배로 상승했다는 의미가 된다.

> 종합주가지수 = (비교 시점의 시가총액 ÷ 기준 시점의 시가총액) × 100

가격제한폭

주가가 실세를 반영하지 않고 수급의 불균형이나 과당투기 등으로 폭등·폭락하면 투자자들은 예상하지 못했던 손해를 입을 수 있다. 이것을 방지하기 위해 증권거래소에서는 하루 동안에 주가가 움직일 수 있는 범위를 제한하고 있다. 이 가격폭 제한은 주식의 경우 원칙적으로 기세를 포함한 전일 종가를 기준으로 하여 주가가 당일의 가격폭 상한선까지 오른 경우를 상한가, 하한선까지 내린 경우를 하한가로 한다. 이러한 가격제한폭에 대한 비율은 정하는 바에 따라 변할 수도 있다.

감리종목

증권감독기관이 증권거래법, 증권거래소의 정관 및 업무 규정에 의거하여 증권시장에서의 비정상적인 주가의 움직임이나 매매 행위를 조사하여 감독하는 것을 감리제도라 하고, 그 대상이 된 종목을 감리종목이라 한다. 감리종목의 지정 및 해제는 시황 등을 감안하여 예외적으로 증권거래소가 지정 및 해제를 행할 수 있다. 그리고 증권거래소는 관리 및 감리종목에 대해 시장 관리상 필요하다고 인정될 때에는 일정 기간 동안 매매거래를 정지시킬 수 있다. 감리종목은 관리종목과 마찬가지로 대용증권으로서의 활용이 불가능하며 신용거래가 중단된다.

감사의견(auditor's opinion)

회사의 재무제표 정확성 여부를 공인회계사가 객관적으로 감사하여 그 의견을 표시하는 것.

① 적정의견: 재무제표의 모든 항목이 적절히 작성되어 기업회계기준에 일치하고 불확실한 사실이 없을 때 표시하는 의견.

② 한정의견: 회계처리 방법과 재무제표 표시 방법 중 일부가 기업회계에 위배되거나, 재무제표의 항목에서 합리적인 증거를 모두 얻지는 못하고 있어 관련되는 사항이 재무제표에 영향을 주거나 줄 수 있다고 인정되는 경우는 이런 영향을 제외하거나 없다는 것을 조건으로 내세워 기업의 재무제표가 기업회계기준에 적정하게 표시하고 있다는 의견.

③ 부적정의견: 재무제표가 전체적으로 합리적으로 기재되지 못하고 왜곡 표시됨으로써 무의미하다고 인정되는 경우를 표시하는 의견.

④ 의견거절: 감사의견을 형성하는 데 필요한 합리적 증거물을 얻지 못하여 재무제표 전체에 대한 의견표명이 불가능한 경우, 또는 기업 존립에 관계될 정도의 객관적 사항이 특히 중대한 경우, 또는 감사의 독립성이 결여되어 있는 경우 등은 이러한 사유를 기재하고 이 때문에 재무제표에 대한 의견을 표명할 수 없음을 표시하는 의견.

감사증명(audit report)

회사의 재무제표 내용이 기업회계 기준에 맞도록 공정 타당하게 작성되었는지의 여부를 증명하는 것이다. 우리는 증권거래법으로 상장회사의 사업보고서에 공인회계사의 감사증명을 첨부케 하여 투자자들을 보호하고 있다.

강세

앞으로의 시세가 강해질 것이라고 보는 견해 또는 그렇게 예상되는 시장의 인기를 말한다. 주가예측에 있어서 항상 강세의 견해를 갖고 있는 사람을 강세투자자라고 한다.

관리대상 종목

상장회사가 영업정지나 부도 발생 등으로 주권이 상장폐지 기준에 해당되면 증권거래소는 이들 기업을 관리대상 종목으로 분리해 별도로 관리한다. 관리대상 종목은 신용거래가 불가능하고 가격도 30분 간격으로 변동하기 때문에 투자자들은 이들 종목의 투자에 신중해야 한다.

개장(開場)

1년 중 처음 열리는 증권시장.

거래대금

거래대금은 증권시장에서 해당 종목의 시장가격에 거래량을 곱한 것으로 거래대금이 많다는 것은 일반적으로 거래가 활발하며 시장인기도가 높다고 할 수 있다. 그러나 때때로 대량의 자전거래나 종목별 호재(풍문)로 인해 거래대금이 급격히 증가한 종목들도 있으므로 이에 유의해야 한다.

거래량(trading volume)

주가의 변동은 반드시 거래량 및 매매대금 등으로 나타나는 시장 에너지의 변화와 관련한다. 특히 주가가 천장권을 형성할 때 등 시세의 중요한 포인트에 있어서 거래량과 매매대금은 지극히 특징적인 움직임을 나타낸다. 거래량 및 매매대금은 상승세 때에는 상대적으로 매입 수요가 증대하기 때문에 증가 경향을 보이게 되고, 반대로 하락세일 때에는 매입 수요가 감소하기 때문에 감소 경향을 보이게 된다. 또 천장권에서는 주가가 상승해도 거래량은 감소 경향을 보이게 되고, 바닥권에서는 주가의 하락에도 불구하고 거래량은 증가 경향을 보이게 된다. 일반적으로 거래량은 주가에 선행한다고 일컬어지고 있으므로 거래량의 동향을 분석하는 일은 주가를 예측하기 위해 유효한 수단이라 할 수 있다.

거래원(회원)

거래원이란, 증권거래소가 개설하는 정규의 상설시장에서 매매거래를 할 수 있는 자격을 가진 증권업자를 말한다. 거래원의 자격은 재무부 장관의 허가를 얻은 증권회사로서 증권거래소에 등록을 하면 주어지게 된다. 거래원은 거래소시장에서 매매거래의 주체가 되며, 투자자로부터 매매 주문을 받아 증권시장에서 매매를 대행하는 기관이 된다.

결산(closing an account)

회계연도 말에 계산을 종결하고 장부를 정리하여 재무제표를 작성하는 절차를 말한다. 결산은 계산을 구획하고 회계기간 중의 손익을 계산하여 재무 상태를 명확하게 하려는 데 목적이 있다. 기말 결산에서 결산 정리를 함에 있어서는 장부의 마감과 잔고 내지 합계 등에 대한 시산표(試算表)의 작성, 재고자산 등의 평가, 상품계정의 정리, 고정자산의 감가상각비의 계상, 대손충당금 내지 기타의 충당금 등을 계상한다. 이들 결과를 종합하여 대차대조표, 손익계산서가 작성되고, 나아가서 계상된 이익의 처분안 등이 작성된다. 주식회사의 경우에는 이렇게 하여 작성된 결산서를 주주총회에 제출하여 승인을 받아야 하는데, 이렇게 승인된 결산을 확정결산(確定決算)이라고 한다.

결산기

결산기(決算期)란 결산기 말의 줄임말로 결산일 또는 결산일이 속하는 월(月)과 혼용하여 사용되고 있는데, 1회계연도의 말일을 결산일이라고 한다.

결제(setting; clearing)

주식거래가 성립된 후 매매 당사자 간에 주식과 주식 매도·매수대금을 주고받는 거래. 현재 우리나라의 경우, 증권예탁원에서 모든 결제업무를 대행하고 있다. 현물시장에서의 주식거래는 3일 결제(보통거래)로 하고 있다. 즉 매매일을 포함해서 3일째 되는 날에 결제가 이루어진다.

고가(high price)

1일·1주일·1개월·1년 등 일정 기간 중에 성립된 가격(지수) 중 가장 높은 가격(지수)을 말한다.

고가주(高價株, high-priced stock)

상장주식의 주가 평균에 비해 주가가 높은 수준에 있는 주식을 말한다. 일반적으로 자본금이 적고 기업의 영업실적이나 업종 내용이 좋은 종목에 고가주가 많으며, 이러한 고가주를 고가우량주, 고가품귀주라고도 한다.

고객예탁금

고객들이 주식이나 채권 등을 사거나 신주를 청약할 때, 또는 신용거래를 하기 위한 담보금 등으로 증권사에 맡긴 돈으로 증시 주변의 자금 사정을 알아보는 주요한 지표로 활용된다.

골든 크로스(goldern cross GC)

단기주가이동평균선이 장기주가이동평균선을 급속히 상향돌파하는 것으로 강세장으로의 전환을 신호한다.

공개매수(tender offer)

주주들에게 그들이 가지고 있는 증권을 매입 또는 다른 증권과 교환하겠다는 것을 직접 제의하는 것을 말한다.

공매(margin buying)

신용거래를 이용하면 투자자는 대금을 일시불로 지불하지 않아도 일정한 위탁증거금만 적립하고 주식을 매입할 수 있다. 자금을 빌리기는 하지만 현물을 사기 때문에 현물거래인데 주식을 취득하는 것이 목적이 아니고 반대매매로써 시세차익을 얻는 것을 목적으로 하므로 공매라고 한다.

공매(short sale)

신용거래를 이용하면 현물이 없더라도 주식을 팔 수 있는데 이것은 증권회사나 증권금융회사로부터 빌린 주식을 시장에 파는 것으로, 형태적으로는 실물거래이지만 가지고 있지 않은 주식을 팔기 때문에 공매라고 한다. 이렇게 하여 판 주식의 가격이 하락하면 그 주식을 다시 매입하여 차익을 얻을 수 있다. 공매는 연계매도를 제외하면 앞으로 매입세력이 되므로 공매가 늘고 있다면 일반적으로 시세의 기조가 강해지고 있음을 의미한다.

공매도

공매도란 주식, 채권 등을 현재 현물로 보유하고 있지 않으면서 매도주문을 내는 것을 말한다. 주식시장에서 공매도를 한 경우에는 수도결제가 3일이기 때문에 매도 후 3일 내에 주식을 자기 계좌에 넣으면 된다. 예를 들어 오늘 장중에 어떤 주식을 10주 공매도했다면 장중에 동일한 주식 10주를 다시 매수하거나, 아니면 실물을 빌려 결제일 전에 가져다 넣으면 된다. 실제로는 기관만 일부 이용할 뿐 개인에게는 허용되지 않는다.

공모

회사를 새로 설립하거나 증자에 주주, 특정한 거래처 및 은행 등에 신주인수권을 주지 않고, 불특정 다수의 일반투자자를 대상으로 신주를 발행, 모집하는 것을 말한다. 발행회사가 공모하는 이유는 주주층을 넓히고 주식을 분산해서 시장성을 높이며, 매점 등에 대항하고, 재무제표상의 자본금을 조정하기 위해서이다.

관리종목

증권거래소가 유가증권 상장규정에 의거하여 상장폐지 기준에 해당되는 종목 가운데 특별히 지정한 종목을 말한다. 일반적으로 부도의 발생, 회사 정리, 절차 개시, 영업활동 정지 등의 사유로 관리종목으로 지정되므로 투자 시에는 주의가 필요하다. 관리종목은 제2부 종목과 마찬가지로 신용거래 대상에서 제외되며, 대용증권으로도 활용할 수 없고 매매 방법도 별도의 제한을 받아, 전장과 후장별로 매매입회기간 범위 내에서 접수된 호가를 동시호가로 취급하며, 가격결정은 단일가격에 의한 개별 경쟁매매의 방식을 취한다.

거래정지

증권거래소가 일정한 사유로 해당된 회원의 등락을 취소시켜 거래활동을 중지시키는 것을 말한다. 증권거래소는 회원이 법령, 행정명령, 거래소의 정관 또는 업무규정 등을 위반하여 거래소의 운영상 또는 투자자의 보호에 중대한 영향을 미쳤을 때, 재무부 장관의 승인을 얻어 회원의 등록을 취소할 수 있다. 또한 상장종목별로 해당 사유에 따라 거래의 중지, 중단 내지는 거래 유형을 달리할 수도 있다.

기간조정

보통 기간조정이라 함은 말 그대로 주가의 상승전환을 위해서는 조정기간이 필요하다는 뜻이며 조정의 폭이 크면 기간은 상대적으로 짧아질 수 있으나 주가하락 국면에서 언젠가는 반등한다는 잠재적 가능성 위에 반등을 위한 탐색과 종목재편 과정을 거치는 것을 일컫는다.

기관투자가

증권시장에서 대규모의 자금으로 투자활동을 하는 주체로 증권회사, 투자신탁회사, 보험회사, 은행, 투자금융회사, 종합금융회사, 상호신용금고, 연금기금 등이 이에 속한다.

기본적 분석

경제요인이나 산업요인 및 기업요인 등을 광범위하게 검토하고 기업의 재무제표를 분석하여 기업의 수익이나 배당력을 계량화함으로써 그 주식이 갖는 본질적 가치를 산출하고 이를 시장에서 형성되는 실제 주가와 비교하여 증권의 매수 또는 매도의 판단자료로 이용하고자 하는 것으로 증권시장에서 매수 또는 매도해야 할 주식을 선택하는 데 중요한 방법이라고 할 수 있다.

기술적 분석

기술적 분석이란 당해 종목의 과거의 가격, 거래량, 신용거래 상황 등 시장 내부요인에 관한 기록을 도표화하고 이를 분석함으로써 증권가격의 동향 판단에 도움을 주고자 하는 것으로 그래프 분석이 그 전형적인 예이다. 기술적 분석에는 개별 종목을 대상으로 하는 경우도 있으며 다우식 주가 평균이나 주가지수 등 시장지표를 대상으로 하는 경우도 있는데 이것은 시장요인을 분석하는 것이기 때문에 시장분석이라고도 한다.

기업공시

기업내용이나 투자신탁의 운용 내용을 일반투자자나 거래처, 채권자, 소비자 등 기업의 모든 이해관계자들에게 공개하여 당해 기업의 가치를 올바르게 평가할 수 있도록 하는 제도이다. 우리나라에서도 투자자 보호를 위해 공시주의를 채택하고 있는데 발행시장에서의 기업은 유가증권신고서를 일반인에게 열람할 수 있도록 해야 하고, 사업설명서를 작성하여 투자자에게 교부해야 하며, 유통시장에서는 사업보고서와 반기보고서를 계속적으로 공시해야 한다. 공시방법에는 서류 등의 비치, 열람, 시황방송에 의한 전달 등이 있으며 공시의 유형에는 직접공시와 간접공시, 조회공시가 있다.

기업어음(CP)

기업이 자기신용을 바탕으로 단기자금을 투자자로부터 직접 조달하기 위해 발행하는 약속어음.

기준시가총액

기준 시점 개별 종목 시가총액의 합계(개별 종목 주가 × 상장주식수)

기준일

회사가 일정한 날을 정하여 그날 현재까지 주주명부에 기재되어 있는 주주 또는 질권자를 권리행사의 자격자로서 간주하게 되는데 그 기준이 되는 날을 기준일이라고 한다. 기준일은 권리행사일 전 3개월 내의 날로 정해야 하며 기준일을 정한 경우는 기준일과 그 목적을 기준일 2주일 전에 공고해야 한다.

기준주가

주주배정 방식 및 주주우선공모 방식으로 유상증자를 하는 경우에는 신주배정기준일(주주우선공모 증자 시에는 주주확정일) 전 제5거래일을 기산일로 하여 소급한 1개월 평균종가, 1주일 평균종가 및 최근일 종가를 산술평균하여 산정하되, 그 산정가액이 최근일 종가를 상회하는 경우는 최근일 종가를 기준주가로 한다.

금융장세

금융장세란 금융완화를 재료로 하여 움직이는 주가시세를 말한다. 주가는 금리가 내리면 상승하게 된다. 실제로 금리가 계속적으로 내리는 상황이라면 경기는 좋지 않은 것이다. 불경기일수록 기업이나 사업을 하는 사람들이 돈을 빌리지 않기 때문에 은행의 돈은 남아돌게 된다. 이렇게 되면 은행은 금리를 내리고 이 단계에 이르기까지 주가는 불경기로 인해 계속 하락을 하는 것이 일반적이다. 이렇게 금리가 내리면 상대적으로 주식의 수익이 유리해지고 기업들의 금리부담이 줄어들어 영업실적에 좋은 영향을 미치므로 시중자금들이 증권시장으로 유입되면서 주가가 반등해 강세를 나타내는데 이를 금융장세라고 한다. 금융장세는 보통 불경기의 중반부터 호경기의 초기에 자주 발생한다. 금융장세에서는 경제 환경이 극히 악화되어 있기 때문에 어떤 업종이든 재무구조가 좋은 기업에 매수세가 몰리며 특히 금리민감주인 은행, 증권 등의 금융 관련 주식들이 주도주가 되는 경우가 많다.

납입자본금(paid-in capital)

발행된 주식에 대한 반대급부로 불입되는 주금을 납입자본금 또는 불입자본금이라고 한다. 일반적으로 납입자본금은 대차대조표상의 자본금과 일치하는데, 기간 중에 증자나 감자가 이루어졌을 때는 서로 다를 수 있다.

내부자

상장법인의 임직원이나 주요주주 등을 내부자라고 한다. 회사 내에서 차지하고 있는 위치로 인해 투자대중이 접근할 수 없는 정보에 접근이 가능한 사람으로, 회사와의 관계를 통해 정보의 원천에 접근이 가능한 외부인까지도 통칭하는 것이 일반적이다.

내부자거래

내부자들이 그 직무나 직위에 의해 얻은 내부 정보를 이용하여 자기 회사의 주식을 거래하는 것을 내부자거래라고 하는데 이들은 다른 일반투자자들보다 자기 회사의 주가에 영향을 미칠 만한 중요한 정보를 알게 될 기회가 많으므로 훨씬 유리한 입장에서 자기 회사의 주식을 매매하여 이익을 얻을 수 있다. 이에 반해 일반투자자는 손해를 보게 될 가능성이 많기 때문에 증권시장의 건전한 발전과 공정한 거래기반 조성을 위해 이러한 거래는 법적으로 규제하고 있다. (상장법인의 임직원이나 주요주주 이외 당해 법인에 대하여 법령에 의한 승인, 허가, 지도·감독 기타의 권한을 가지는 자, 당해 법인과 계약을 체결하고 있는 자, 업무 등과 관련하여 일반인에게 공개되지 않은 중요한 정보를 직무와 관련하여 알게 된 자, 이들로부터 당해 정보를 받은 자도 내부자로 구분하여 그 정보를 이용하거나 다른 사람으로 하여금 이를 이용하지 못하게 하고 있다.)

대용가격

증권매매에 있어서 위탁증거금으로 현금 대신 유가증권을 사용할 수 있는데 이때 그 대용 유가증권의 가격을 대용가격이라고 한다.

대용증권

증권거래소의 업무규정과 수탁계약준칙에 따르면, 투자자는 증거금이나 보증금을 납입할 때 현금 대신 유가증권을 사용할 수 있는데, 이때 쓰일 수 있도록 지정된 증권을 대용증권이라 한다. 일반적으로 상장회사의 주식, 공채, 기타 증권거래소가 지정하는 유가증권이 대용증권 으로 사용된다.

대주

신용거래제도의 경우 증권회사에서 투자자에게 빌려주는 주식을 대주, 투자자가 증권회사 로부터 빌린 주식을 시장에서 파는 것을 공매라고 한다. 증권회사는 고객으로부터 청탁된 주 식이 부족하거나 없으면 증권금융회사로부터 차입하여 고객에게 대출을 하는데, 이때 증권회 사와 증권금융회사의 관계를 대차거래라 하고, 증권회사와 고객의 관계를 신용거래라고 한다.

대주주

한 회사의 발행주식 가운데 많은 몫을 갖고 있는 주주를 대주주라고 한다. 그러나 회사의 규모나 주주의 지분 소유 분포에 따라 달라질 수 있기 때문에 대주주는 어디까지나 상대적인 개념에 불과하다.

대형주(large-capital stock)

대·중·소형주를 구분하는 뚜렷한 기준은 없지만, 현재 우리나라의 증권거래소에서는 상장 법인의 자본금 규모에 따라 다음과 같이 구분하고 있다. 대형주는 150억 원 이상의 자본금을 가진 회사의 주식을 말하고, 중형주는 50억 원 이상, 150억 원 미만을 말하며, 소형주는 50억 원 미만의 자본금을 가진 회사의 주식을 말한다. 대형주는 일반적으로 유동주식수가 많고 주 식 분포가 고르며, 기관투자자들이 많이 보유하고 있어 주가의 변동폭이 중·소형주에 비해 비 교적 작은 편이다.

데드크로스

단기주가이동평균선이 장기주가 이동평균선을 하향돌파하는 것으로 약세시장으로의 강력한 전환신호를 의미한다.

동시호가(同時呼價)

동시호가란, 호가시간의 선후를 구분하지 아니하는 호가로서 단일가격에 의한 개별 경쟁매매 방법으로 가격을 결정하는 경우에 참여하는 호가를 말한다. 동시호가 시에 매매를 성립시키는 순서는,

① 같은 가격이라면 수량이 많은 쪽이 우선이며,
② 가격·수량이 같을 때는 호가집계표상의 기재 순서에 따르고,
③ 위탁매매가 자기매매에 우선한다.

등락

상승은 주가가 오르는 것, 하락은 주가가 내리는 것을 의미하고, 보합은 전일 종가 대비 시세변동이 없는 것을 의미한다.

매도

일정량의 유가증권을 특정 가격으로 팔고자 하는 거래소 내에서 의사표시 또는 매도주문가격을 말하는데 오퍼가격(offered price)이라고도 한다.

매도가격

거래소시장에서의 매매거래는 경쟁매매에 의거하므로 불특정 다수인에 의한 수요와 공급의 일치점에서 가격이 결정되는데 이때 공급 측에서 본 가격을 매도가격, 수요 측에서 본 가격을 매수가격이라고 한다.

매도측(賣渡惻, seller, bear)

넓은 의미로는 주식을 파는 사람을 의미하지만, 좁은 뜻으로는 신용거래에서의 공매하는 사람을 가리킨다.

매매가격(actual price)

증권거래소 안에서 실제로 매매가 성립된 가격을 매매가격이라고 한다. 이에 대해 매매가 성립되지 않고 매수 또는 매도 호가만 있을 때는 기세라 하여 매매가격과 구별하고 있다.

매매계약 체결의 원칙

증권거래소에서는 원활한 수급의 경쟁관계를 유지하면서 공정한 가격 형성을 기하기 위해 일정한 매매계약 체결의 방법을 규정하고 있다. 현재 우리나라에서는 경쟁매매제도를 채택하고 있는데, 경쟁매매는 매도자와 매수자가 다수인 관계로 매매 방법이 매우 복잡하기 때문에 거래소에서는 다음 세 가지 원칙에 의해 계약을 체결시키고 있다.

① 가격 우선의 원칙으로, 저가의 매도 호가는 고가의 매도 호가에 우선하고, 고가의 매수 호가는 저가의 매수 호가에 우선한다는 원칙이다.
② 시간 우선의 원칙으로, 동일한 가격의 호가에 대해서는 먼저 접수된 호가가 나중에 접수된 호가에 우선한다는 원칙이다.
③ 수량 우선의 원칙으로, 동일한 가격의 호가 하에서는 많은 수량의 주문이 적은 수량의 주문에 우선한다는 원칙으로 동시호가 매매의 경우에만 적용된다.

수량 우선의 원칙으로도 순위가 정해지지 않으면 호가집계표상의 기재 순위에 따른다.

매매 단위(unit of trading)

증권거래소 안에서 매매되는 유가증권의 거래 단위를 말한다. 현재 우리나라의 경우 주식은 매매 단위가 10주 또는 경우에 따라서는 1주, 채권은 1만 원이다.

매매수수료(trading commission)

고객이 증권회사에 위탁하여 증권을 사거나 팔았을 때 증권회사에 지불해야 하는 수수료를 말한다. 우리나라의 경우, 증권시장 자율화 조치 이후에도 담합의 형태를 유지하던 국내 각 증권사의 위탁매매 수수료율은 1989년 1월 자유경쟁 체제로 들어갔다.

매수측(buyer, bull)

본뜻은 주식을 매입하는 사람이지만, 신용거래에서는 한 종목을 일괄해서 계속 매입하는 사람을 가리키는 경우가 많다.

모집

불특정 다수의 공중에게 동일한 조건으로 유가증권의 취득청약을 권유하는 것을 말한다.

뮤추얼 펀드

미국 투자신탁의 주류를 이루고 있는 펀드 현태로 개방형, 회사형 성격을 띤다. 개방형이란 투자자들의 펀드 가입, 탈퇴가 자유로운 것을 의미하며, 회사형이란 투자자들이 증권투자를 목적으로 하는 회사의 주식을 소유하는 형태를 말한다. 즉 뮤추얼 펀드는 증권투자자들이 이 펀드의 주식을 매입해 주주로서 참여하는 한편, 원할 때는 언제든지 주식의 추가 발행, 환매가 가능한 투자신탁을 말하며 투자회사 자체를 지칭하거나 투자회사의 1개 펀드를 지칭한다.

미수금

보통거래 및 신용거래와 관련하여 고객이 증권회사에 납부해야 할 현금, 즉 매수대금의 미납금, 신용상환의 결제 부족금, 무상주에 대한 제세금 미납분을 말한다. 미수금이 많이 발생했을 경우에는 미수금 정리를 위한 매도물량이 늘어나기 때문에 장세도 영향을 받게 되며, 따라서 미수물량의 증감이 시장의 강약을 갈음하는 척도가 되기도 한다.

반대매매

신용거래에서의 결제 방법 중 하나로서 상환기한 이전에 융자분은 매도, 대주분은 매수하여 그 자금을 처리하는 방법을 말하는 것이나 보통 미수금의 임의상환을 위한 임의매매를 일컫는 말로 사용되기도 한다.

반등

하락이던 주가가 갑자기 큰 폭으로 상승하는 것으로 반발과 같은 의미이지만, 반등이 그 정도가 더 크다.

반락

시세가 상승하는 과정에서 일시적으로 하락하는 것을 반락이라고 하는데, 특히 주가가 큰 폭으로 급격히 하락하는 것을 급락이라고 한다.

발행시장

증권시장은 유가증권을 발행, 인수 모집하는 발행시장과 발행된 증권을 매매하는 유통시장으로 나눌 수 있는데 발행시장은 장소가 정해진 구체적인 시장이 아니라 추상적인 시장이다.

배당

주식회사가 주주에게 출자 자본에 대한 대가로서 지불하는 것으로, 이익의 분배에 속한다. 일반적으로 현금으로 지불되며, 이것을 배당금이라고 하는데, 상법의 규정으로는 주식으로 지불할 수도 있으며, 이를 주식배당이라 한다.

배당락

배당기준일이 지나 배당금을 받을 수 없는 상태를 말한다. 배당금은 회사 결산일 현재 주주에게 지급되는 것이므로 주주명부가 폐쇄되기 전까지 명의개서를 못 하면 주식을 매입했더라도 배당을 받을 수 없다. 따라서 배당기준일 다음 날의 주가는 전일보다 배당금만큼 낮아지는 것이 일반적이다.

배당률

1주당 액면금액에 대해 지급되는 배당금의 비율로서 회사의 수익성에 따라 결정되며, 배당률의 높고 낮음은 대외적으로 그 사업이나 기업에 대한 신용 및 비판의 근거가 된다.

보통주

우선주나 후배주와 같이 특별한 권리 내용을 갖지 않은 주식을 말하는데, 이익배당 또는 잔여재산의 분배를 받는 순위에 있어서 우선주 다음이다.

보합(no change, stationary)

보합이란 시세가 특별한 변동을 보이지 않고 계속 유지되는 것을 말한다. 시세가 상승한 상태에서 보합 상태를 유지하는 것을 강보합, 시세가 하락한 상태에서 보합 상태를 유지하는 것을 약보합이라고 한다.

부채비율

자본구성의 건전성 여부를 판단하는 대표적인 지표로서, 기업이 소유하고 있는 재산 중 부채가 어느 정도 차지하고 있는가를 나타내는 비율을 말한다. 일반적으로 100% 이하는 표준비율로 보고 있으나 업종에 따라서 차이가 있다. 이의 산출식은 다음과 같다.

$$\text{부채비율} = \text{타인자본(부채총계)} \div \text{자기자본(자본총계)} \times 100$$

블루칩

위험이 작고 가치 하락의 가능성이 매우 낮은 우량 투자종목으로 이 용어는 주로 오랜 기간 안정적인 이익창출과 배당지급을 실행해온 기업의 주식을 의미한다.

상승률

주가 수준이 종목별로 다르기 때문에 단순한 상승폭인 전일비와 상승률인 전일 대비 비율을 함께 비교해봄으로써 주가의 상대적인 상승 정도를 알 수 있다.

상장주(上場株, listed stock)

유가증권 상장규정에 따라 소정의 절차를 밟고 증권시장에 상장되어 매매가 이루어지고 있는 주식을 말한다. 상장주는 비상장주에 비해 발행회사의 사회적 신뢰도와 당해 증권의 환금성을 제고시키고, 증자 및 기채를 용이하게 하며, 회사로 하여금 주식을 고가치의 담보로 활용할 수 있도록 하는 등의 이점을 갖게 된다.

상장폐지(上場廢止. delisting)

상장법인의 신청 또는 상장폐지 기준 해당 등의 이유로 증권거래소가 증권관리위원회의 승인을 얻어 회사 또는 유가증권으로부터 증권시장에서의 매매 자격을 박탈하는 것을 말한다.

상한가

상한가는 주식의 시세가 하루 동안 최대한 오를 수 있는 상한가격을 말하는데 현재 우리나라 주식시장에서는 전일 종가 기준으로 상하 정율을 적용한다. 이는 격심한 시세변동을 억제함으로써 일시적인 주가급등에 대해 투자자를 보호하기 위한 제도이다. 가격제한폭의 설정은 현재 증권거래소에서 주관하고 있다.

선도주

시장의 평균적 움직임에 선행하여 주가가 변동하는 주식을 말한다.

선물거래

증권에서 선물거래란 일정한 기간 후에 증권이나 현금을 수도결제하기로 하고 계약을 체결하는 거래 방식으로 이것은 계약 후 수도결제일까지의 기간에 전매 또는 환매가 인정되는데 청산거래라고도 한다. 선물거래에는 결제일에 실물거래의 방식으로 수도결제하는 방법이 있다.

성장주

주식의 가격이 장기적으로 상승할 가능성이 있는 우량주식으로, 매출액과 이익성장률이 급속하게 성장하는 기업의 주식을 말한다. 성장주의 요건으로는 기업의 재무구조가 양호하고 경영자가 능력이 있어야 하며, 동일 업계에서의 시장점유율 등 경제적 지위가 우월하고 신제품 개발 능력이 우수하며 영업실적이 지속적인 증가 추세에 있어야 한다.

소강국면

증권시장은 호재, 악재 등 투자자들의 심리를 자극할 만한 재료에 의해 등락을 반복하게 된다. 그러나 때로는 장세를 움직일 만한 특별한 재료가 증권시장에 유입되지 않는 경우, 투자자들의 매매심리를 자극하지 못하여 거래량이 대폭 감소하고 주가도 커다란 변동을 보이지 않는 시기가 발생하는데 이를 소강국면이라고 한다.

소형주(small-capital stock)

대형주에 반대되는 개념으로서, 자본금이 적은 회사의 주식을 소형주라 한다. 소형주의 특징은 대형주에 비해 비교적 적은 유통 자금에 의해서도 주가가 크게 움직인다는 점이다.

수익률

수익률이란, 연간 배당금 또는 이자를 증권의 매입가격으로 나눈 수치를 백분율로 표시한 것이다. 이것은 투자자금이 연간 배당이나 이자로서 얼마의 이익을 올리는가를 나타내는 수치로, 주식의 경우 연간 배당금을 주가로 나눈 표면수익률과 증자 등을 감안한 투자수익률이 있다.

수익증권

수익증권이란 원금 또는 신탁재산의 운용에서 발생하는 이익을 분배받을 권리를 표시한 유가증권을 말하며, 증권투자신탁업법에 따라 위탁자가 발행하는 수익증권과 신탁업법에 따라 신탁회사가 발행하는 수익증권으로 나눌 수 있다.

수정주가(adjusted stock price)

유상증자나 무상증자 또는 액면분할 등이 실시된 경우에 나타나는 주식가격의 차이를 수정한 주가를 말한다. 이것에는 단순평균하여 수정하는 단순수정주가와 상장주식 등으로 가중평균하여 수정하는 가중수정주가가 있다. 또 이론주가를 기준으로 수정주가를 산출하는 다우식과 권리락 가격에서 권리부 가격으로 환원하여 수정주가를 구하는 환원식이 있다.

수정주가평균(修正株價平均)

유·무상 증자에 의한 권리락 등이 발생하는 경우에는 권리락 전일의 주가평균과 권리락 당일의 주가평균 사이에 단층이 생기므로 주가평균은 연속성을 잃게 된다. 이러한 결점을 없애기 위해 주가를 수정하게 되는데, 이것을 수정주가평균이라 한다. 우리나라에서는 다우식 수정법이 채용되고 있는데, 다우식은 권리부 최종가를 기준으로 하여 권리락의 이론주가를 계산하고 다시 이들로부터 항상제수를 산출하여 수정하는 것이다.

순환매

주가가 상승할 때에는 업종과 종목별로 매기가 순환하면서 전체적으로 종합주가지수를 올려놓게 되는 것이 보통이다. 시장에는 물론 인기주라는 것이 있지만 아주 특별히 강력한 호재를 지속적으로 가진 업종이나 주식이 아니면 인기는 바뀌게 마련이다. 그리고 투자자들은 인기주가 어느 정도 올라서 시세차익이 나면 이식을 하고 상대적으로 싼 주식을 다시 사려고 한다. 그 때문에 급등한 주식은 언제까지나 급등하는 것이 아니고 시세가 꺾이면서 다른 업종으로 매기가 이동한다. 이러한 일련의 주가순환 과정을 순환매라고 한다.

시가발행

신주를 발행할 때 액변을 상회하는 금액으로 발행가격을 결정하는 것. 말하자면 주식시장의 시가를 기준으로 신주 발행가격을 결정하는 것을 일컫는다. 공모에 의한 발행이기 때문에 공모가 발행이라고도 하며 다음과 같은 이점을 갖고 있다.

① 적은 방행주수로 많은 자금을 조달할 수 있고, 자본 코스트 인하와 자기자본충실이라는 면에서 유리하다.
② 액면발행의 경우 반드시 일어나는 주가의 대폭적인 변동이나 불확정한 증자 기대도 없어지기 때문에 주가도 안정된다.
③ 주가에 대한 경영자의 의식 향상, 프라이스 메커니즘의 확립 등의 이점을 들 수 있다.

국내에서도 이 같은 제도를 채택하고 있는데 시가 대비 할인율은 30% 이하에서 자율적으로 결정하도록 되어 있다.

시가총액

전상장 주식을 시가로 평가한 금액을 말하는 것으로 전상장 종목별로 그날 종가에 상장주식수를 곱한 후 합계하여 산출하는데, 거래소에서 산출, 발표하고 있다. 시가총액은 각 상장종목의 상장주식수에 그때의 주가를 곱하여 산출한다. 그러므로 시가총액은 주가의 변동과 함께 시시각각 변한다. 물론 주가가 변하지 않더라도 상장주식수가 증자·CB의 주식 전환 혹은 감자 등에 의해 변하면 시가총액도 변한다. 상장주식 전체의 시가총액은 주식 형태를 취한 금융자산의 시가평가액이 되는데, 이것과 금융자산 전체와의 비교, 명목 GNP 등 거시적 경제지표와의 비교도 흔히 화제가 된다. 시가총액의 업종별 점유율도 주목된다. 주가가 기업의 장래성을 표현하는 것이라는 데에서 이것은 성장산업, 산업구조의 장래상을 선취하고 있다고 할 수 있기 때문이다.

시가(始價, opening price)

시가는 전장 및 후장 중 형성되는 최초의 가격(지수)을 말한다.

시간외종가매매

장이 끝난 이후인 시간외 시장의 매매 거래시간인 오후 3시 40분부터 4시까지 호가를 접수받아 20분간 당일 종가로 매매를 성립시키는 것. 동시호가와 거의 흡사하나 가격은 종가를 기준으로 하고 수량만 기입한다.

시장가 / 조건부 지정가 주문

시장가주문이란 종목, 수량은 지정하되 가격은 지정하지 않는 주문으로서 시장에 접수된 시점에서 매매 가능한 가장 유리한 가격으로 매매를 성립시키는 것으로 하고 내는 주문이다. 이에 따라 시장가호가는 지정가호가보다 가격적으로 우선하되 매도 시장가호가와 하한가의 매도 지정가호가, 매수 시장호가와 상한가의 매수 지정가호가는 동일한 가격의 호가로 보아 처리한다.

조건부 지정가주문이란 후장 종료 시의 가격을 단일가격에 의한 개별 경쟁매매 방법으로 결정하는 경우 시장가주문으로 전환할 것을 조건으로 하는 지정가주문이다. 즉 시장 중에 일정한 가격을 정해 주문을 냈으나 매매체결이 안 된 경우 후장마감 동시호가에 자동적으로 시장가주문 방식으로 전환되는 주문이다.

신용거래

유가증권 매매에서 증권회사가 고객에게 현금을 융자하거나 유가증권을 대여하는 것을 말한다. 고객으로부터 매도, 매입의 위탁을 받는 증권회사는 일정률의 보증금을 받고 고객의 위탁분에 대한 결제 시 매수대금 또는 매도증권을 대여하여 결제해주며 매수증권 및 매도대금을 담보로 보관하게 된다. 신용거래는 신용공여의 대상이 자금이냐 유가증권이냐에 따라 융자와 대주로 구분되고 신용공여의 재원에 따라 증권회사가 고객 예탁금 또는 자체 보유자금이나 유가증권으로 고객에게 빌려주는 자기신용과 증권회사가 증권금융회사로부터 대출받아 고객에게 빌려주는 유통금융으로 나뉜다. 그런데 증권회사는 동일인이 매도한 당해 유가증권을 같은 날에 매수하는 데 필요한 신용거래 융자를 하지 못하며 또 융자 또는 대주를 상환하기 위해 같은 날 동일인이 동일 종목에 대한 매도 및 매수의 방법으로 행하는 융자 및 대주를 하지 못하게 되어 있다.

신용거래담보

신용거래 시 증권회사가 징수하는 담보는 융자의 경우에는 융자대금으로 매수한 주식이며, 대주의 경우에는 빌린 주식을 판 매도대금이다. 또한 신용거래 보증금으로 납부한 현금 또는 대용증권도 담보로 된다. 그리고 융자에 의해 매수한 주식 또는 대주에 의해 매도한 주식이나 신용거래 보증금으로 납부한 대용증권의 시세변동으로 담보가액의 총액이 당해 신용거래 융자액 또는 신용거래 대주시가 상당액의 일정 비율(담보유지 비율이라 하며 현재 130퍼센트임)에 미달하는 경우 증권회사는 지체 없이 추가담보를 징구해야 한다.

신용거래종목

신용거래의 대상이 되는 종목으로 거래소시장 1부 전 종목이 신용거래종목에 해당된다. 따라서 신용거래종목이 거래소시장 제2부 종목으로 소속부 변경이 된 때에는 신규의 신용거래를 할 수 없으며 이미 이루어진 신용거래의 상환만 이루어지게 된다.

신용잔고

신용잔고란 신용거래에서 미결제로 남아 있는 주식주, 즉 신용거래를 한 투자자가 증권회사에 갚아야 할 기한부 부채이다. 신용잔고는 거의 대부분이 단기적인 시세차익을 노리고 투자된 자금이기 때문에 언제나 매도기회만을 노리는 잠재적 매도세력이다. 그러므로 신용사고가 그 종목의 자본금 규모에 비해 지나치게 비대해져 버리면 주가의 상승탄력이 현저하게 줄어들게 된다. 특히 신용잔고가 크게 늘어나 있는 종목은 더 이상의 상승여력을 상실하고 있는 경우가 많으므로 투자에 신중을 기해야 할 것이다.

신주인수권

회사가 신주를 발행할 때 그것을 배정받을 권리를 신주인수권이라 한다. 이 인수권을 구주주에게 주는 것을 주주할당, 연고자 등에게 주는 것을 제3자 할당이라고 하는데, 신주인수권을 누구에게 줄 것인가는 이사회의 권한이다.

실권주

회사가 유상증자를 실시할 때 주주는 정해진 날짜에 자신에게 배정된 유상증자분을 인수하겠다는 청약을 하고 해당 금액을 납입하게 된다. 그러나 청약기일까지 청약하지 않거나 청약을 했더라도 납입기일까지 납입을 하지 않으면 유상신주를 인수할 권리를 상실하게 되는데 이로 인해 발생한 잔여 주식을 실권주라고 한다.

실적장세

경기 전체 또는 각 기업의 실적 향상에 의해 주가가 상승하는 경우의 장세를 말하며, 업적장세라고도 표현한다. 이 시기에는 장세 전반은 소재산업이, 후반에는 가공산업이 주도하며 거의 전 업종에 걸친 순환상승세가 나타나고 경기순환상으로도 2~3년간에 걸친 비교적 장기간 동안 지속되는 특징을 갖고 있다. 경기 호황에 따른 실적장세가 어느 정도 지속되면 자금 수요가 너무 활성화되어 금융 핍박감이 나타나며 정책당국도 인플레, 국제수지 불균형 등을 우려하여 금융긴축에 나서게 된다. 그 결과 금리는 상승하고 주가는 급락하게 되는데 이러한 상황을 역금융장세라고 한다.

업종별 지수(業種別 指數, stock price index by industry)

산업별 주가지수, 업종별 주가지수라고도 한다. 종합주가지수가 여러 가지 주가의 움직임을 종합적으로 표시하는 종합지수인 데 비해 산업별 주가지수는 산업별 주가 움직임을 단면적으로 파악하기 위한 지표이다. 산업별 주가지수는 산업별 주가 동향의 파악은 물론 투자자의 산업별 투자결정에 도움이 되는 지표로서,

① 산업의 선정 및 분산범위의 결정
② 선정된 산업에서의 투자종목의 결정
③ 선정된 종목의 적정 주가수준의 결정 등에 활용되는 지표이다.

역외펀드

제3국에서 조성된 투자기금. 역외펀드는 금융기관이 해외에서 펀드를 설립할 때 우리 관계 당국의 허가를 받지 않고 설립된 것으로 정식 설립 인가를 받은 해외 펀드와는 구분된다. 따라서 회계장부에 자산 정도만 잡힐 뿐 차입금 등 대부분의 내용 파악이 어렵다.

우량주

업적과 경영 내용이 좋고 배당률도 높은 회사의 주식을 말한다. 우량주에 관한 정확한 기준이나 개념이 정립되어 있는 것은 아니지만 일반적으로 당해 회사의 재무 내용이 좋고 사업의 안정성이 높고 안정 배당 및 성장성이 있으며 유동성이 높은 주식을 말한다.

위탁증거금

증권회사가 고객으로부터 유가증권의 매매거래 위탁을 할 경우, 위탁매매 계약과 관련하여 고객에게서 받은 현금 또는 유가증권을 말한다.

유가증권(有價證券)

일반적으로 민법 또는 상법상에 보장된 재산권 또는 재산적 이익을 받을 자격을 나타내는 증권을 유가증권(value instrument papers)이라고 하는데, 증권거래법에서 규정하는 유가증권에는 다음과 같은 것들이 있다.

① 국채증권
② 지방채증권
③ 특별한 법률에 의해 설립된 법인이 발행한 출자증권
④ 사채권
⑤ 주권 또는 신주인수권을 표시하는 증서
⑥ 외국인 또는 외국 법인이 발행한 증권 또는 증서로서 제1항 내지 제5항의 증권이나 증서의 성질을 구비한 것 중 재무부 장관이 지정하는 것
⑦ 제1항 내지 제6항의 증권 또는 증서와 유사한 것으로서 대통령이 정하는 것

보통 증권시장에서 사용되는 '증권'이라는 말은 상장되어 있는 주식 및 채권을 가리킨다.

유동부채

단기부채라고도 하며 부채를 지급기한의 장단에 따라 분류할 때 일반적으로 대차대조표 일자로부터 1년 이내에 상환해야 할 부채를 말한다. 유동부채의 종류는 업종이나 경영 규모에 따라 일치하지는 않지만 대체로 외상매입금, 미지급금, 지급어음, 단기차입금, 미지금비용, 선수금, 순수수익, 예수금, 기수금, 당좌차월 등이 있다.

유동비율

유동부채에 대한 유동자산의 비율로서, 이 비율이 높을수록 기업의 지급 능력은 양호하다고 할 수 있으며 일반적으로 200% 이상이면 건전한 상태라고 보고 있다. 그러나 유동비율의 표준비율이 절대적인 것은 아니므로 기업을 적절히 평가하기 위해서는 업종, 기업 규모, 경기동향, 영업활동의 계절성, 조업도, 유동자산의 질적 구성 내용 및 유동부채의 상환기한 등의 실질적인 내용을 검토해야 한다.

유동자산

유동자산은 1년 또는 기업의 정상 영업주기 중 더 긴 기간 내에 현금으로 전환되거나 소비될 것으로 예상되는 재산을 말한다. 유동자산에는 당좌자산과 재고자산, 기타 유동자산이 있으며, 당좌자산 항목에는 현금, 예금, 유가증권, 외상매출금, 받을 어음, 단기대여금, 미수금, 미수수익 등이 있고 재고자산 항목에는 상품, 제품, 반제품, 재고품, 원재료 등이 있으며, 기타 유동자산에는 선급금과 선급비용이 있다.

이동평균선

주식시장에서의 거래량, 매매대금, 주가 등을 과거의 평균적 수치에서 현상을 판단하여 장래를 예측하고자 하는 지표이다. 현재 사용되고 있는 이동평균선으로는 기간에 따라서 6일, 25일, 75일, 150일, 200일 이동평균선이 있는데 여기서 6일을 단기선, 25일, 75일을 중기선, 150일, 200일을 장기선이라고 한다.

6일 이동평균선 = 6일간 종가 합계 ÷ 6

일임매매

증권회사가 고객으로부터 유가증권의 매매거래의 종류별 및 종목별 수량과 가격의 결정을 위임받아 당해 고객의 계산으로 하는 위탁매매를 말한다.

자기매매

증권회사가 자기의 계산 하에 자기의 자금으로 유가증권을 매매하는 것을 말하며, 딜러 업무라고도 한다.

자기자본(networth, owned capital)

마르크스 경제학에서는 자본을 불변자본과 가변자본으로 나누는데, 경영용어로서는 자기자본과 타인자본으로 나눈다. 자기자본은 자본금, 법정준비금(자본준비금, 이익준비금, 재평가적립금), 잉여금을 말하고, 타인자본은 사채나 장단기 차입금을 말한다. 따라서 기업 경영을 건전하게 하기 위해서는 자기자본이 충실해야 한다.

자기자본비율(自己資本比率)

자기자본과 타인자본을 합친 총자본 중에서 자기자본이 차지하는 비율을 말한다.

자본잠식

기업의 자본은 납입자본금과 내부 유보된 잉여금으로 구성된다. 이때 회사의 적자폭이 커져 잉여금이 바닥나고 납입자본금을 까먹기 시작하면 이를 자본잠식 또는 부분잠식 상태라고 한다. 특히 누적적자가 많아져 잉여금은 물론 납입자본금마저 모두 잠식하면 결국 자본이 모두 바닥나게 되고 자본총계가 마이너스로 접어들게 되는데 이를 자본전액잠식 또는 완전자본잠식이라 부른다.

자사주

자기주라고도 하는데, 회사가 자신이 발행한 주를 가지는 것, 또는 그 주식을 말한다.

자사주 매입

자사주 매입은 발행주식의 5% 이내로 이익배당한도 내에서 당해 연도 배당분과 증관위가 정하는 적립금(기업 합리화 적립금, 재무구조 개선 적립금)을 차감한 가처분 이익잉여금을 재원으로 매입할 수 있다.

자산재평가제

자산재평가란 취득 원가로 표시됐던 부동산 및 생산설비 등 기업의 고정자산을 현재 가격이 적절하게 반영되도록 바꾸어 계산하는 작업을 말한다. 현행 재평가법에선 재평가일 현제 자산가격이 취득일보다 생산자 물가지수 기준 25% 이상 올랐을 때만 재평가를 할 수 있도록 하고 있다. 재평가를 하면 자산가액의 현실화로 증자 등을 통한 자금 동원이 쉬워지고 시설개체를 위한 적정 감가상각이 가능해진다. 반면 재평가는 고정자산의 장부가 증가로 감가상각비 부담이 늘어나 기업의 수익이 줄어드는 효과를 초래하기도 한다.

자전매매

한 증권회사가 고객들로부터 한 가지 주식에 대해 동일 수량의 매입과 매도 주문을 동시에 받았을 때 주로 이루어지는 거래로서 증권회사가 거래소시장에서 신고를 통한 동일 종류, 동일 수량, 동일 가격의 매도와 매수를 동시에 실시하는 매매를 말한다.

자회사

모회사의 지배 하에 있는 회사를 말하는 것으로 상법에서는 주식회사가 다른 주식회사 또는 유한회사의 기 발행주식수 또는 출자액의 40%를 소유하고 있을 때 그 회사를 모회사라고 하며 그 회사에 주식 또는 출자를 소유당하고 있는 회사를 자회사라고 규정짓고 있다.

잔액인수

유가증권 인수 방법의 한 형태로서 발행기관이 발행자로부터 위탁받은 증권의 발행 사무를 담당하고 만약 모집기간 중에 소화시키지 못한 발행증권의 잔량이 있으면 그 잔량을 발행기관이 인수하는 것으로 청부모집이라고도 한다.

저가(low price)

1일·1주일·1개월·1년 등의 기간에 거래된 가격(지수) 중에서 가장 낮은 가격을 '저가'라고 한다. "오늘의 저가는 7,000원이었다" 혹은 "이달의 저가는 8,000원이었다" 등으로 표현된다. 주가가 저가에 접근해 있을 때 "저가권 내에 있다"고 한다.

저항선

어떤 증권이나 시장 전체가 상당한 매물 압박을 받는 가격으로 투자자들이 주가하락 바로 전에 대량의 주식을 매입하고 나서 주가가 매입가 수준으로 다시 회복될 때 매도하기로 결정했을 경우 형성된다.

적정의견

재무제표에 대한 감사인의 감사의견 중의 하나로 다음과 같은 경우에 적정의견을 진술한다.

① 감사인이 회계감사 기준에 근거하여 감사를 수행한 결과 재무제표의 모든 항목이 합리적인 증거를 기초로 하여 작성되었으며, 재무제표 작성에 적용된 회계처리 방법과 재무제표 표시 방법이 기업회계 기준에 일치하고 재무제표에 중요한 영향을 미칠 수 있는 불확실한 사항이 없다고 인정되는 경우
② 재무제표 작성에 적용된 회계처리 방법이 전년도의 회계처리 방법과 다른 경우 그 변경의 정당성이 인정되고 변경된 회계처리 방법이 당기 이후의 기간에 적용되는 경우

전일고가

전일에 거래된 가격(지수) 중에서 가장 높은 가격(지수)을 전일고가라고 한다.

전일대비

전일대비 = 현재가(지수) − 전일종가(지수)

전일시가

전일에 최초로 성립된 가격(지수)을 말한다.

전일저가

전일에 거래된 가격(지수) 중에서 가장 낮은 가격(지수)을 전일저가라고 한다.

전일종가

전일에 형성된 가격(지수) 중 가장 마지막으로 형성된 가격(지수)을 말하며, 기세를 포함한다. 전일종가는 가격제한폭의 기준가격이 되며 복수가격에 의한 개별 경쟁매매 방법에 의해 결정되는 것이 일반적이나 거래소가 따로 정하는 종목은 단일가격에 의한 개별 경쟁매매 방법에 의할 수도 있다.

전환사채

사채권자의 청구에 의해 미리 정해진 일정 조건에 따라 발행자의 주식으로 전환할 수 있는 권리가 부여된 사채. 전환청구권이 부여되어 있는 대신 시중금리보다 낮게 발행되는 사채로 전

환권 행사 이후에는 사채가 소멸되고 주식으로 존재한다. 전환 청구 시 발행사는 신주를 발행하여 기 발행된 사채를 상환한다.

접속매매

거래소에 상장된 주식이나 채권 등을 종목별로 나누어 거래소에 설정되어 있는 포스트 안에서 매매계약을 체결시키는 거래제도를 말한다. 접속매매는 개별 종목별로 경쟁관계가 지속되므로 개별적 경쟁매매에 속한다. 접속매매는 포스트 단위로 거래가 행해지기 때문에 '포스트 매매'라고도 한다.

종가(closing price)

종가는 전장 및 후장 중 형성되는 최종 가격(기세를 포함한다)을 말한다. 흔히 종가는 그날의 대표 가격으로서 중요시되고 있다.

종목(種目, name, issue)

종목이란 증권거래소에서 거래의 대상이 되고 있는 유가증권의 명칭 또는 고유 번호를 말한다. 예를 들면 강원산업주식회사의 종목 명칭은 '강원산업'인 셈이다. 만약 증자를 해서 신주가 나오면, 강원산업주는 구주와 신주를 구별해서 다른 종목으로 취급되며, 우선주·보통주도 구별하여 별도의 종목으로 취급된다. 단, 한 번의 배당을 거치면 신주와 구주는 통합된다.

주가(株價, stock price)

주식의 가격은 투자가치에 의해 정해진다고 할 수 있는데, 주식의 투자가치를 보는 관점에는 크게 두 가지가 있다. 한 가지는 배당금 혹은 그 근원인 수익에 의해 주가가 결정된다고 하는, 다시 말해 주식을 이윤증권(利潤證券)으로서 보는 입장이다. 다른 한 가지는 회사 자산에 주목하여 주식을 물적증권(物的證券)으로 보는 입장이다. 이것은 개별 자산의 매각 가치에 기초를 둔 것으로, 경제가 인플레 상태인 경우 등에 중시된다.

종래에는 배당을 주가로 나눈 주식 이율이나 1주의 가격을 주당순이익으로 나눈 주가수익률 등 이윤증권으로서의 측면이 주가 형성의 기본적 요인으로 생각되어 왔다. 그러나 고주가 시대로 들어선 현재 이런 척도를 가지고는 주가의 실체를 충분히 파악할 수 없게 되었다. 따라서 부동산이나 주식 등 많은 여유 자산을 가지고 있으리라고 추정되는 기업군의 주식인 이른바 여유 자산주가 각광을 받는 등 물적증권으로서의 부분이 클로즈업되어 있다.

또 이러한 주식의 투자가치를 직접 구성하는 것 외에 경제적 요인이나 정치·사회 등 기업 외적 동향도 주가 변동의 중요한 요인으로 작용하고 있다.

주가매출액비율

주가매출액비율(PSR)은 주가가 주당매출액의 몇 배인가를 나타내는 지표로서 주가를 1주당 매출액으로 나누어서 구한다. 주가수익비율(PER)이 회사의 수익을 근거로 한 투자지표인 데 비해 주가매출액비율(PSR)은 기업의 외형 및 성장성을 나타내는 매출액을 기반으로 한 투자지표라고 할 수 있다.

주가매출액비율이 낮을수록 기업의 외형이나 성장성에 비해 주가가 상대적으로 낮게 평가되었다는 의미다. 반면 이 비율이 높을수록 기업의 외형에 비해 주가가 상대적으로 높게 평가되었음을 의미한다.

주당매출액(SPS)

주당매출액(SPS)은 당해 기업의 연간 매출액을 총 발행주식수로 나눈 것으로 1주당 1년간 차지하는 매출액을 나타내는 지표로 주당매출액이 높을수록 해당 주식의 성장 가능성이 높아 투자가치가 높다.

주당매출액 = (당기 매출액 ÷ 총 발행주식수)

주가이동평균선

주가이동평균선은 일정 기간의 주가 평균치의 진행 방향과 매일 매일의 주가 움직임의 관계를 분석함으로써 향후의 주가 움직임을 예측하고자 하는 지표로 쓰인다. 이러한 주가이동평균선은 투자기간과 투자목적에 따라 기간의 장단을 기준으로 나누어볼 수 있는데, 장기적 투자를 위한 주 추세의 파악에는 150일이나 200일 이동평균선(장기이동평균선)을, 중기 추세의 파악에는 75일 이동평균선(중기이동평균선)을 보통 이용하며 단기적인 추가 흐름의 파악에는 6일이나 25일 이동평균선(단기이동평균선)을 이용한다.

주가수익률(PER: Price Earning Ratio)

주가수익률이란 1주의 시장가격을 1주당 순이익으로 나눈 것으로 주가가 1주당 이익금의 몇 배인가를 나타내는 지표이며, 투자 판단의 기준 자료로 사용되고 있다. 주가수익률에는 각 종목의 주가수익률의 수준을 표시하는 종목별 주가수익률과 시장 전체의 주가수익률을 표시하는 평균 주가수익률 그리고 산업별 주가수익률이 있다. 배당수익률은 배당률에만 중점을 둔 지표이나 주가수익률은 배당률을 결정하는 기업의 수익력, 즉 기업의 최대배당가능능력을 표시하고 있는 것이다.

> 주가수익률 = (1주당 시장가격 ÷ 1주당 순이익(세공제후)) × 100

예를 들어 A사의 주가가 3만 원, 1주당 순이익이 3,000원이라면, 30,000 ÷ 3,000 = 10으로, PER은 10(배)로 표시된다.

1주당 순이익(EPS)은 회사의 1회계연도에 발생한 당기순이익(세공제후)을 총 발행주식수로 나눈 것으로, 1주가 1년 동안 벌어들인 수익력을 나타낸다. 그러므로 결국 주가수익비율이란 주가와 수익력의 관계를 측정하는 기준이 되는 것이다. 이 비율이 낮을(높을)수록 기업 이익에 대한 시장가격이 과소(과대) 평가된 것으로 시장가격이 상승(하락)할 여력이 있음을 나타낸다.

주가순자산비율(price on book-value ratio)

주가가 그 회사의 1주당 순자산의 몇 배로 되었는지를 나타내는 지표로, 주가를 1주당 순자산으로 나누어 구한다.

> 주가순자산비율 = (기준 시점의 주가 ÷ 1주당 순자산) × 100

순자산이라는 것은 대차대조표상의 자기자본으로 자본금, 자본준비금, 이익준비금 등으로 구성된다. 또 부채에 포함되는 충당금 중에는 자본준비금이나 이익준비금 같은 내부유보(內部留保)의 성격이 강한 것도 있으므로 이것을 자기자본에 포함시켜서 실질순자산으로 하는 경우도 있다.

주가수익률이 회사의 수익을 기초로 한 투자지표인 데 비해 주가자산율은 회사의 채권·채무를 상쇄한 뒤에 남은 주주의 지분을 기초로 한 투자지표라 할 수 있다. 회사가 청산될 경우 과연 주주의 지분이 액면 그대로 전부 주주의 것이 될 수 있느냐 하는 문제가 있지만, 주가는 청산가치(회사의 순자산)를 밑돌지 않는다고 보면 주가가 1주당 순자산보다 낮은 경우는 싸다고 볼 수 있을 것이다. 일반적으로 주가순자산비율이 낮으면 수익력에 여유가 있고 높으면 생산비용의 압박이 있다고 볼 수 있다.

주당순자산은 당 회계연도의 순자산을 총 발행주식수로 나눈 것으로 회사청산 시 주주가 1주당 받게 되는 실질 가치가 높을수록 해당 주식의 투자가치는 높다. 일반적으로 순자산은 수익력의 기반이므로 주당순자산이 높을수록 투자수익률이 높아질 가능성이 크다.

| 주당순자산 = (자본총계 − 무형고정자산 − 이연자산 − 사외유출금 + 이연부채) ÷ 주식수 |

주가평균(stock price average)

일정 수의 종목에 대한 평균으로, 주식 시세의 변동을 파악하기 위한 지표이다. 증권거래소는 상장종목 중 거래된 종목에 대해 매일의 단순주가평균을 산출하여 발표하고 있다. 주가평균에는 단순주가평균, 수정주가평균, 가중주가평균 등이 있으며, 형성시점을 기준으로 하여 전일, 연초, 연중 최고, 연중 최저 등으로 구분하기도 한다.

주가현금흐름비율(PCR: Price Cashflow Ratio)

순이익과 사회로 유출되지 않은 비용(감가상각비 등)의 합계를 캐시플로(cashflow)라고 하며 그 총액을 기 발행 총주식수로 나눈 것을 1주당 캐시플로라고 한다. 또한 주가를 1주당 캐시플로로 나눈 것을 PCR이라고 한다.

| PCR = 주가 ÷ 1주당 캐시플로 |

PCR은 기업의 순이익에 감가상각비와 같은 비현금흐름을 고려해 기업의 수익성과 함께 투자여력을 가늠할 수 있는 미래지향적인 지표이다. PCR이 낮을수록 주가와 비교한 회사의 자기금융력이 큰 회사로 볼 수 있고 그만큼 재무안정성이 크다고 판단한다.

주당순자산(Boo value Per Share)

기업의 총자산에서 총부채를 뺀 것이 자기자본인데 여기서 무형고정자산, 이연자산 및 사외유출분(배당금, 임원상여금) 등을 제외한 것을 순자산이라고 하고, 순자산을 발행주식수로 나눈 것이 주당순자산(BPS)이다. 따라서 주당순자산이 크면 클수록 기업내용이 충실하다고 볼 수 있다.

주도주

장세의 흐름을 주도하는 업종군 또는 종목군을 주도주라 한다. 즉 어떤 업종군에 관련된 호재로 인하여 강세장세가 출현하는 경우 투자자들의 관심이 당해 업종군에 몰리게 됨으로써 그 업종의 주가는 크게 상승하나 여타 업종 등의 주가 및 거래량은 미미하여 전체 장세가 특정 업종 또는 특정 종목군의 향배에 크게 좌우되는 경우가 많다. 그러므로 투자자의 입장에서는 이 같은 장세를 선도하는 종목군에 투자하는 경우 큰 투자수익을 올릴 수 있으나 그렇지 못한 경우에는 전체적으로 주가지수는 상승했을지라도 개인의 입장에서는 큰 수익을 올리지 못하는 경우가 종종 발생하게 된다.

주문체결

고객의 매도, 매수거래를 성립시키는 것이다.

주식매매(stock trading)

주식매매는 증권거래소에서 행해지는 거래소 거래와 거래소 밖에서 행해지는 시장외 거래로 크게 나누어진다. 우리나라의 경우 대부분의 주식매매는 증권거래소를 통해 행해지고 있다. 한편 시장외 거래는 주로 증권회사의 점두시장 등에서 팔 사람과 살 사람의 교섭에 의한 상대매매의 형태로 행해지고 있다. 거래소 거래의 경우에는 경쟁매매가 기본이 되는데 이때에는,

① 가격 우선의 원칙
② 시간 우선의 원칙
③ 수량 우선의 원칙 등의 순서로 거래가 행해진다.

결제일을 기준으로 주식매매의 종류를 나누어보면,

① 매매계약성립일에 거래소의 정산 부서에서 주식의 대금을 주고받는 것에 의해 결제를 행하는 당일결제 거래
② 매매계약성립일로부터 계산해서 3일째(휴일은 제외한다), 3일째가 토요일인 경우에는 4일째에 결제를 완료하는 보통거래
③ 매매계약성립일부터 계산하여 15일 내의 정해진 날에 결제하는 특약일결제거래
④ 증자신주를 발행할 때, 미발행의 신주를 대상으로 매매계약을 하고, 신주 발행 후에 거래소가 지정한 날을 결제일로 하는 발행일결제거래 등이 있다.

이 중에서 보통거래가 가장 일반적이고, 주권과 대금을 수도결제하는 실물거래와 특정한 종목에 대해 증권회사가 고객에 신용을 공여하여 행하는 신용거래로 나누어진다. 또 주식을 매매했을 때, 투자자가 증권회사에 지불하는 수수료를 위탁(매매)수수료라 부르며, 매매금액에 따라서 약정액을 내면 된다.

주식매수청구권

영업 전부 또는 일부의 양도·양수, 영업 전부의 임대, 합병 등을 위한 이사회 결의가 있을 경우 그 결의에 반대하는 주주가 주총 전에 회사에 대해 보유주식을 공정한 가격으로 매수할 것을 청구하는 권리를 말한다. 이 권리를 행사하기 위해서는 주총일로부터 20일 이내에 주식의 종류와 수를 기재한 서면을 제출하여 청구의 통지를 해야 하며, 당해 법인은 2개월 이내에 이를 매수해야 한다. 이때 매수가격은 원칙적으로 회사와 청구자 간의 합의에 의하고 합의가 이루어지지 않을 경우에는 이사회 결의 전 60일간의 평균가격으로 산정되며 회사는 매수청구에 의해 매수한 주식을 매수일로부터 1년 이내에 처분해야 한다.

주식배당

이익배당의 전부 또는 일부를 주식으로 배당하는 것을 말한다. 즉 주주에게 배당금 명목으로 주식을 분배하여 이익잉여금이 자본전입에 의해 자본화되는 것을 뜻하는 것으로, 주주의 지분비율에 따라 비례적으로 주식을 분배받으므로 주주의 비례적 소유지분은 변동이 없는 것이다.

주식병합

1인의 주주에게 속하는 수개의 주식을 합하여 보다 적은 수의 주식으로 합하는 것으로 주식을 병합할 경우 회사는 3개월 이상의 기간을 정하여 병합을 한다는 것과 그 기간 내에 주권을 회사에 제공할 것을 공고하고 주주명부에 기재된 주주와 질권자에 대하여는 각별히 그 통지를 해야 한다.

주식분할

발행된 주식을 권리관계나 지분에 변동 없이 그 수만 증가시키는 것으로 주가가 지나치게 높아진 경우, 주식분할로 가격을 내려 시장에서의 유통성을 높이기 위해 주로 사용된다.

주식시장, 증권시장

실제로 주식의 매매가 행해지는 시장, 즉 증권거래소를 지칭하나 넓은 의미로는 주식이 발행되고부터 증권회사, 투자자로 유통하는 과정을 총칭한다. 주식시장의 경제적인 역할로서는 주식을 발행하여 기업이 필요로 하는 설비자금 등의 장기 안정자금의 공급과 주식에 유통성을 가지게 하여 주식투자라는 저축수단을 국민에게 제공하는 것을 들 수 있다.

중형주

자본금이 50~150억 원 미만인 기업의 주식

증거금률

신용거래로 주식을 매매할 경우, 약정대금의 일정한 비율에 해당하는 위탁보증금이 필요한데, 이 약정금액에 대해 필요로 하는 최저 위탁보증금의 비율을 증거금률이라고 한다.

증권거래소(securities exchange)

증권거래소는 유가증권을 매매하는 구체적인 장소로서, 유가증권의 유통을 원활하게 하고, 동시에 가격이 공정하게 형성되도록 관리하기 위해 설립된 기관이다. 증권거래소의 중요 업무에는 시세 공표, 회원의 관리 업무, 유가증권의 상장, 매매거래, 기업내용 공시, 매매심리 등이 있다. 주식의 상장 시가총액 및 매매대금을 기준으로 하면 뉴욕증권거래소가 최대이고, 그 다음이 도쿄증권거래소, 런던증권거래소의 순이며, 우리나라의 증권거래소도 세계 10위권에 접근하고 있다.

증시안정기금(증안금)

이 기금은 시장 내 초과 매도물량을 흡수함으로써 수급을 조절, 증시를 균형시키며 과열국면에서는 보유주식을 매각함으로써 장세를 안정시키는 역할을 한다.

증자

자본을 늘리는 것을 의미하는데 일반적으로 신주의 발행을 통한 자본금의 증가에 의한 자금조달을 말한다. 신주발행에는 이사회의 결의가 필요하며 이사회 상법의 신주발행 규정에 의거하여 증자의 전반적인 내용을 결정한다. 신주발행은 유상증자와 무상증자로 구분하는데, 유상증자는 설비자금이나 차입금 반제 등의 자금조달을 목적으로 행해지며 무상증자는 주권만 발행될 뿐 새로운 자금의 조달로는 연결되지 않는다.

지정가 주문

고객이 매매주문을 위탁할 때 매입가격, 매도가격을 지정하는 주문을 말한다. 가격을 지정해서 주문을 내기 때문에 매매체결 가격에는 착오가 없으나 가격변동이 심할 때에는 주문이 성립되지 않을 경우가 있다. 지정가 주문은 매도의 경우 그 지정가 또는 그보다 높은 가격으로 팔 수 있으며 매수의 경우에는 그 지정가 또는 그보다 낮은 가격으로도 살 수 있다.

지지선

주가 그래프에서 주가파동의 하한점들을 연결한 직선을 말한다. 주가가 일정 기간 보합권에 있을 때 그사이의 단기파동의 저점을 연결한 선으로서 그 부분에는 잠재적인 매수세가 대기해 있는 것으로 본다. 그 선을 돌파에서 주가가 하락했을 때 보합권 이탈이 일어났다고 판단한다.

직접공시

상장법인은 당해 기업이 발행한 유가증권의 투자판단에 영향을 미칠 수 있는 중요한 사실이 발생한 경우에 이를 즉시 확인, 발표하여 합리적인 투자판단 자료를 제공해야 하며, 그 방법으로는 직접 거래소 내의 시황방송망을 통해 내용을 공시하거나 거래소에 전화로 통보한 내용을 거래소가 녹음하여 시황방송망을 통해 공시하는 것을 말한다.

차익거래

차익거래는 동일한 물건이 두 시장에서 서로 다른 가격으로 거래되는 경우 높은 가격으로 거래되는 시장에서는 매도하고, 동시에 낮은 가격으로 거래되는 시장에서는 매수하여 이익을 취하는 거래를 말한다. 선물거래에서 차익거래란 선물가격이 현물을 기초로 산출되는 이론가격에서 크게 벗어나는 경우, 선물과 현물 중 상대적으로 가격이 높은 것을 매도하고 동시에 가격이 낮은 것을 매수한 후 양 가격이 정상적인 관계에 돌아왔을 때 반대매매해 이익을 얻는 거래를 뜻한다.

채권

국가나 지방공공단체, 회사 등의 불특정 다수 또는 특정의 투자자들로부터 자금을 차입하기 위한 위식배당(stock dividends, share dividends). 이익배당의 전부 또는 일부를 주식으로 배당하는 것에 발행하는 유가증권을 말한다. 일정한 기간 후에 원본을 변제할 것과 기간 중에 일정한 이자의 지불을 약속한 일종의 차용증서라 할 수 있는데 원본의 변제와 이자의 지불이 확실히 보증되어 있다는 점에서 확정이자부증권이라고도 한다.

테마주

증시 내외적인 이슈의 출현 시 이와 관련된 동일한 재료를 가지고서 움직이는 종목군을 총칭해서 일컫는 말이다. 통상 이러한 이슈는 특정 기업의 향후 성장성 및 미래 가치를 현격하게 향상시킬 것으로 기대되는 것이다. 우리나라 증시에서는 1992년 자본시장 개방 이후 기업의 기본적 분석 및 재료 민감도가 강화되면서 업종 및 가격대를 불문하고 일정한 조건 또는 재료에 부합되는 종목군이 급부상했으며 이에 대한 일련의 주가흐름을 테마주로서 분류하고 있다. 저 PER, 저 PBR, 지역민방, 멀티미디어, CATV, SOC 등 최근 수년간 증시를 선도했던 이슈들이 우리 증시의 테무주로 부각된 바 있다.

투자심리선

투자심리선이란 투자심리의 변화를 일정 기간 동안 파악하여 과열인가, 침체 상태인가를 나타내는 기법이다. 이는 최근 12일 동안 주가를 전일과 대비해서 상승한 일수와 하락한 일수를 계산하여 12일 중 상승일수가 며칠이었는가에 대한 비율을 말한다. 여기에서 12일로 기간을 한정한 것은 인간의 심리 변화에 12일이라는 원시적 리듬이 있다는 데 근거하고 있다. 이때 매일 매일의 계산에 있어서 13일 전의 주가는 제외되고 새로운 날의 주가를 첨가함으로써 새로운 12일간의 평균이 계산된다. 즉 (투자심리선 = 12일간의 주가 상승일수 / 12일 × 100) 12일 중에서 상승일수가 9일이면 투자심리선은 75%가 된다. 일반적으로 투자심리도가 75% 이상일 때의 시장 상황은 과열 상태로 판단하여 매도시점이 되고, 반대로 25% 이하일 경우에는 바닥권으로 보아 매입시점이 된다. 이것은 시장 상황의 과열이나 침체를 나타내는 지표이며 장기적인 매매시기 포착보다는 단기적인 매매시기 포착에 사용된다.

투자클럽

동창이나 친구, 직장 동료 등 가까운 사람들이 모여 기금을 마련해 주식이나 채권 등의 유가증권에 투자하여 증권투자에 관한 지식의 배양과 회원의 재산 증식을 도모하기 위해 공동운영하는 모임이다. 투자클럽의 장점은 회원 간의 다양한 의견 교환을 통해 의사를 결정하게 되므로 투자에 신중을 기하고 투자위험을 줄일 수 있다는 점이다.

펀드(fund)

본래 기금 또는 자금이라는 뜻으로 오늘날에는 주로 투자신탁의 신탁재산을 의미한다. 회사형 투자신탁에 있어서는 회사 자체가 펀드가 되며, 기관투자가가 관리하는 운용재산도 펀드라 한다.

포트폴리오(portfolio)

둘 이상의 증권의 결합 또는 결합 방식, 즉 여러 증권의 집합으로 이루어지는 증권의 군을 일컫는 것으로 분산투자를 통해 위험을 줄일 수 있기 때문에 이러한 포트폴리오를 구성한다.

파킹(Parking, 지분 감춰두기)

우호적인 제3자를 통해 지분을 확보하게 한 뒤 주총에서 기습적으로 표를 던져 경영권을 탈취하는 방법.

폐장

1년 중 마지막으로 열리는 증권시장.

프로그램 매매

선물을 이용한 재정거래에서 데이터, 계산, 판단 등의 프로그램이 컴퓨터에 입력되어 '매입', '매도' 지시가 자동으로 행해지는 것을 말한다. 이 시스템은 실제의 지수 선물가격이 이론상의 지수선물을 어느 정도 수준까지 상(하)회하였을 경우 매입(매도) 프로그램이 작동하는 것이다. '매입' 프로그램은 현물을 매입하고 선물을 매도하는 것을 말하며, '매도' 프로그램은 그 반대의 경우이다.

하락률

주가 수준이 종목별로 다르기 때문에 단순한 하락폭인 전일비와 상승률인 전일 대비 비율을 함께 비교해봄으로써 주가의 상대적인 하락 정도를 알 수 있다.

> 하락률 = (현재가 − 전일종가) ÷ 전일종가 × 100

한정의견

이는 재무제표 작성에 적용된 회계처리 방법과 재무제표 표시 방법 중 일부가 기업회계 기준에 위배되거나 감사 의견을 형성하는 데 필요한 합리적인 증거를 얻지 못하여 이에 관련되는 사항이 재무제표에 중요한 영향을 미치고 있거나 미칠 수도 있다고 인정할 경우, 이러한 영향이 없다는 것을 조건으로 할 경우 재무제표가 기업의 재무상태, 경영성과, 이익잉여금 처분 내용 및 재무상태 변동을 기업회계 기준에 따라 적정하게 표시하고 있다는 의견을 표명한 것을 말한다.

할인 브로커(discount brokerage firm)

개인투자자의 증권거래에 대해 수수료를 할인해주는 증권회사로 대부분의 할인 브로커는 제한된 투자자문을 제공하는 대신 50% 혹은 그 이상의 수수료를 할인해준다.

합병

2개 이상의 기업을 법률상 하나의 기업으로 합하는 것을 말하는데, 흡수합병과 신설합병이 있다. 흡수합병은 하나의 기업에서 다른 기업을 흡수함으로써 흡수된 기업이 소멸되는 형태이고, 신설합병은 두 기업이 하나로 합쳐져 새로운 회사가 만들어지는 형태이다. 주식회사가 합병을 하기 위해서는 주주총회의 특별승인을 얻어야 한다.

현금거래

당일 결제거래의 일종으로, 매매계약을 체결한 당일 거래소와 결제기구를 통해 매매 당사자 사이에 매도증권에 대한 매수대금을 현금으로 결제하는 방식을 말한다. 단, 매매 당사자 간의 합의에 의해 그다음 날까지 수도를 연기할 수 있다.

현금배당(cash dividends)

주식회사가 주주총회의 결의로 주주에게 현금으로 배당을 지급하는 형태를 말한다.

현금비율

신용거래를 할 때 위탁증거금 중에서 반드시 현금으로 납입하지 않으면 안 되는 부분의 비율을 말한다. 위탁증거금은 보통 유가증권의 대용이 인정되는데, 시세가 과열화하면 위탁증거금률의 인상과 함께 현금담보를 받거나 현금비율을 높이는 경우가 있다.

현금흐름비율(PCR: Price Cashflow Rate)

현금흐름비율(PCR)은 주가가 주당 현금흐름의 몇 배인가를 나타내는 지표로서 그 값이 작을수록 주가가 상대적으로 저평가되었다는 의미다.

현금흐름비율 = (주가 ÷ 주당현금흐름)

이 지표는 주가수익률의 연장이라고 볼 수 있다. 1950년대 미국에서 주가가 기업 수익에 관계없이 크게 상승함에 따라 주가수익률이 현저하게 높아지게 되었는데, 이는 기술혁신 등에 의해 생산설비가 크게 증대됨에 따라 기업의 감가상각비가 증가하게 되고, 이에 따라 수익의 신장은 억제되었다. 따라서 수익 신장을 둔화시킨 원인이 되고 있는 감가상각비를 고려해서 주가수익률을 구하려고 한 것이 현금흐름비율이다. 그러나 감가상각비는 기업 유지를 위해 이익으로부터 공제한다는 측면에서 이 지표에 대해 이의를 제기하는 견해도 있다.

주당현금흐름(CPS)은 순이익에다 지출을 수반하지 않는 비용, 즉 감가상각비 등을 더한 현금흐름을 총 발행주식수로 나눈 것으로서 CPS가 높을수록 투자가치가 높다.

> 주당현금흐름 = (당기순이익 + 감가상각비) ÷ 총 발행주식수

현재가

현시점의 매매체결가를 말한다(매매가 없을 경우 '전일 종가'를 의미하기도 한다).

호가(bid and offer)

거래소의 회원(매도자와 매수자)이 시장에서 매매거래를 하기 위해 매도 또는 매수의 의사표시를 하는 행위를 말하며, 다음과 같이 구분한다.

- 지정가호가: 상장유가증권 종목의 수량 및 가격 또는 수익률을 지정하는 호가
- 시장가호가: 종목, 수량은 지정하되, 가격 또는 수익률을 지정하지 아니하는 호가
- 조건부지정호가: 후장 종료 시의 가격을 단일가격에 의한 개별 경쟁매매의 방법으로 결정하는 경우 시장가호가로 전환할 것을 조건으로 하는 지정호가

홈트레이딩(home trading)

가정에서 전화나 퍼스널 컴퓨터 등을 이용한 증권거래를 말한다.

환매조건부채권 매도(repurchase agreement)

일정 기간 경과한 후에 다시 매입하는 조건으로 채권을 매도함으로써 자금의 수요자가 단기자금을 조달하는 금융수단으로 콜 자금과 같이 단기적인 자금 수요를 충족시키기 위해 생긴 것이다. 채권을 만기일까지 보유하고 있으면 최초 매입 시에 약속된 확정이자를 계속 받고 만기 시에 원금을 상환받게 되나, 만기 전에 환금의 필요성이 있을 때에는 이를 만기 전에 팔아야 하는데 이때 매매에 따르는 불이익이 생길 수 있다. 이러한 불이익을 방지하고 환금의 유동성을 제고하기 위한 제도가 바로 환매조건부채권 매매이다.

휴장

거래소에서 매매입회를 하지 않는 것을 말한다. 현재 휴장으로는 공휴일, 주식의 경우 연말 5일간, 수익증권 및 채권의 경우 연말 2일간(보통거래에 한하여 공휴일은 제외), 기타 거래소가 필요하다고 인정하는 날 등이 있다.